FMM

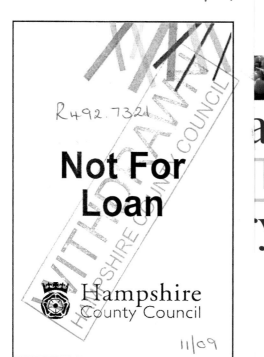

al

ry

3
TOP-FLITE
XL
Titleist

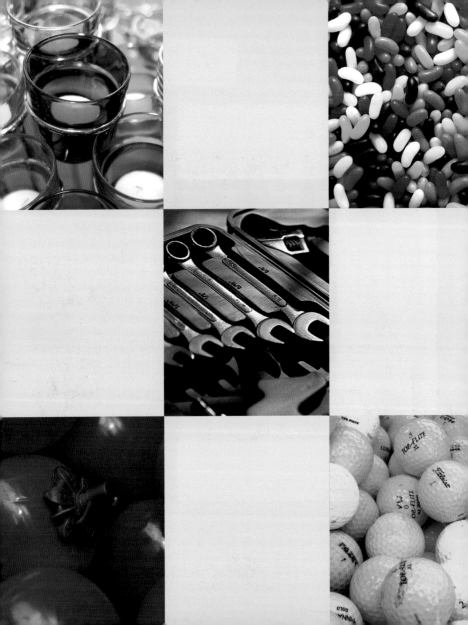

Bilingual VISUAL dictionary

A DORLING KINDERSLEY BOOK

Designed for Dorling Kindersley by WaltonCreative.com
Art Editor Colin Walton, assisted by Tracy Musson
Designers Peter Radcliffe, Earl Neish, Ann Cannings
Picture Research Marissa Keating

Arabic typesetting and layout for Dorling Kindersley by
g-and-w PUBLISHING
Translation by Samir Salih

First published in Great Britain in 2009 by
Dorling Kindersley Limited,
80 Strand, London WC2R 0RL

A Penguin Company

2 4 6 8 10 9 7 5 3 1

A CIP catalogue record for this book is available from
the British Library

ISBN 978-1-4053-4121-9

Printed by L. Rex Printing Co. Ltd, China

Discover more at
www.dk.com

المحتويات
al-muHtawayaat
contents

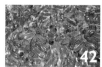

الصحة
aS-SiHHa
health

42

الأكل خارج المنزل
al-akl khaarij al-manzil
eating out

146

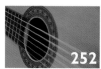

الترفيه
at-tarfeeh
leisure

252

عن القاموس
Aan al-qaamoos
about the dictionary

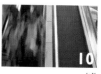

9

استعمال هذا الكتاب
istiAmaal haadhal-kitaab
how to use this book

10

الناس
an-naas
people

28

المظهر
al-mazhar
appearance

56

المسكن
al-maskan
home

92

الخدمات
al-khidmaat
services

102

التسوق
at-tasawwuq
shopping

116

المأكولات
al-ma'koolaat
food

160

الدراسة
ad-diraasa
study

170

العمل
al-Aamal
work

192

المواصلات
al-muwaaSalaat
transport

218

الرياضة
ar-riyaaDa
sports

278

البيئة
al-bee'a
environment

302

المرجع
al-marjiA
reference

324

الفهرست
al-fihrist
index

360

تنويه
tanweeh
acknowledgments

المحتويات al-muHtawayaat • CONTENTS

الناس an-naas • people

البدن al-badan | body 12
الوجه al-wajh | face 14
العضلات al-Aadalaat | muscles 16
الهيكل العظمي al-haykal al-Aazmee skeleton 17
الأعضاء الداخلية al-aAdaa' ad-daakhileeya | internal organs 18
أعضاء التكاثر Aadaa' at-takaathur reproductive organs 20
العائلة al-Aa'ila | family 22
العلاقات al-Ailaaqaat relationships 24
العواطف al-Aawaatif | emotions 25
أحداث الحياة aHdaath al-Hayaah life events 26

المظهر al-mazhar • appearance

ملابس الأطفال malaabis al-aTfaal children's clothing 30
ملابس الرجال malaabis ar-rijaal men's clothing 32
ملابس النساء malaabis an-nisaa' women's clothing 34
الكماليات kamaaliyyaat accessories 36
الشعر ash-shaAr | hair 38
الجمال al-jamaal | beauty 40

الصحة as-siHHa • health

المرض al-maraD | illness 44
الطبيب aT-Tabeeb | doctor 45
الإصابة al-isaaba | injury 46
إسعافات أولية isAaafaat awwaleeya first aid 47
المستشفى al-mustashfa | hospital 48
طبيب الأسنان Tabeeb al-asnaan dentist 50
طبيب العيون Tabeeb al-Auyoon optician 51
الحمل al-Haml | pregnancy 52
الولادة al-wilaada | childbirth 53
العلاج البديل al-Ailaaj al-badeel alternative therapy 54

المسكن al-maskan • home

المنزل al-manzil | house 58
الأنظمة الداخلية al-anzima ad-daakhileeya | internal systems 60
غرفة الجلوس ghurfat al-juloos living room 62
غرفة الطعام ghurfat aT-TaAaam dining room 64
المطبخ al-maTbakh | kitchen 66
أدوات المطبخ adawaat al-maTbakh kitchenware 68
غرفة النوم ghurfat an-nawm bedroom 70
الحمام al-Hammaam | bathroom 72
الحضانة al-HaDaana | nursery 74
غرفة المنافع ghurfat al-manaafiA utility room 76
ورشة العمل warshat al-Aamal workshop 78
صندوق العدة sandooq al-Aidda toolbox 80
التزيين at-tazyeen | decorating 82
الحديقة al-Hadeeqa | garden 84
نباتات الحديقة nabataat al-Hadeeqa garden plants 86
أدوات الحديقة adawaat al-Hadeeqa garden tools 88
البستنة al-bastana | gardening 90

الخدمات al-khidmaat • services

خدمات الطوارئ khidmaat aT-Tawaari' emergency services 94
البنك al-bank | bank 96
الاتصالات al-ittisaalaat communications 98
الفندق al-funduq | hotel 100

التسوق at-tasawwuq • shopping

مركز التسوق markaz at-tasawwuq shopping centre 104
متجر تجزئة كبير matjar tajzi'a kabeer | department store 105
سوبر ماركت soobir maarkit supermarket 106
الصيدلية as-saydaleeya | chemist 108
بائع الزهور baa'iA az-zuhoor | florist 110
بائع الجرائد baa'iA al-jaraa'id newsagent 112
محل الحلوى maHall al-Halwa confectioner 113
متاجر أخرى mataajir ukhra other shops 114

المأكولات al-ma'koolaat • food

اللحم al-laHm | meat 118
السمك as-samak | fish 120
الخضراوات al-khuDrawaat vegetables 122
الفواكه al-fawaakih | fruit 126
الحبوب والبقول al-Huboob wal-buqool | grains and pulses 130
الأعشاب والتوابل al-aAshaab wat-tawaabil | herbs and spices 132
الأغذية في زجاجات al-agh-dhiya fee zujaajaat | bottled foods 134
منتجات الألبان muntajaat al-albaan dairy produce 136
الخبز والدقيق al-khubz wad-daqeeq breads and flours 138
الكعك والحلويات al-kaak wal-Halaweeyaat | cakes and desserts 140
الأطعمة الخاصة al-aTaima al-khaassa | delicatessen 142
المشروبات mashroobaat | drinks 144

الأكل خارج المنزل al-akl khaarij al-manzil • eating out

المقهى al-maqha | café 148
البار al-baar | bar 150
المطعم al-maTAam | restaurant 152
المأكولات السريعة al-ma'koolaat as-sareeAa | fast food 154

المحتويات al-muHtawayaat • CONTENTS

الفطور al-fuTOOr | breakfast 156
العشاء al-Aashaa' | dinner 158

الدراسة ad-diraasa • study

المدرسة al-madrasa | school 162
الرياضيات ar-riyaaDiyaat | maths 164
العلوم al-Auloom | science 166
الجامعة al-jaamiAa | college 168

العمل al-Aamal • work

المكتب al-maktab | office 172
الكومبيوتر al-kompyootir | computer 176
الوسائط الإعلامية al-wasaa'iT al-iAlaameeya | media 178
القانون al-qaanoon | law 180
المزرعة al-mazraAa | farm 182
البناء al-binaa' | construction 186
المهن al-mihan | occupations 188

المواصلات al-muwaasalaat • transport

الطرق aT-Turuq | roads 194
الحافلة al-Haafila | bus 196
السيارة as-sayyaara | car 198
الدراجة البخارية ad-darraaja al-bukhaareeya | motorbike 204
الدراجة ad-darraaja | bicycle 206
القطار al-qiTaar | train 208
الطائرات aT-Taa'iraat | aircraft 210
المطار al-maTaar | airport 212
الباخرة al-baakhira | ship 214
الميناء al-meenaa' | port 216

الرياضة ar-riyaaDa • sports

كرة القدم الأمريكية kurat al-qadam al-amreekeeya | American football 220
الرجبي ar-rugbee | rugby 221
كرة القدم kurat al-qadam soccer 222
الهوكي al-hokee | hockey 224
الكريكيت al-kreeket | cricket 225
كرة السلة kurat as-salla basketball 226
البيسبول al-baysbool | baseball 228
التنس at-tenis | tennis 230
الجولف al-golf | golf 232
العاب القوى alAaab al-quwa athletics 234
العاب النزال alAaab an-nizaal combat sports 236
السباحة as-sibaaHa | swimming 238
الإبحار al-ibHaar | sailing 240
ركوب الخيل rukoob al-khayl horse riding 242
صيد السمك sayd as-samak | fishing 244
التزلج at-tazalluj | skiing 246
رياضات أخرى riyaaDaat ukhra other sports 248
اللياقة البدنية al-liyaaqa al-badaneeya | fitness 250

الترفيه at-tarfeeh • leisure

المسرح al-masraH | theatre 254
الاوركسترا al-orkestra | orchestra 256
الحفلة الموسيقية al-Hafla al-mooseeqeeya | concert 258
مشاهدة المعالم mushaahadat al-maAaalim | sightseeing 260
الأنشطة خارج المنزل al-anshiTa khaarij al-manzil | outdoor activities 262
الشاطئ ash-shaaTi' | beach 264
التخييم at-takhyeem | camping 266
الترفيه المنزلي at-tarfeeh al-manzilee | home entertainment 268
التصوير at-tasweer photography 270
اللعب al-luAab | games 272
الفنون والحِرف al-funoon wal-Hiraf arts and crafts 274

البيئة al-bee'a • environment

الفضاء al-faDaa' | space 280
الكرة الأرضية al-kura al-arDeeya Earth 282
المناظر الطبيعية al-manaazir aT-Tabeeaeeya | landscape 284
الجو al-jaww | weather 286
الصخور as-sukhoor | rocks 288
الصخور المعدنية as-sukoor al-miAdaneeya | minerals 289
الحيوانات al-Hayawaanaat | animals 290
النباتات an-nabataat | plants 296
المدينة al-madeena | town 298
الهندسة المعمارية al-handasa al-miAmaareeya | architecture 300

المرجع al-marjiA • reference

الوقت al-waqt | time 304
التقويم at-taqweem | calendar 306
الأرقام al-arqaam | numbers 308
الأوزان والمقاييس al-awzaan wal-maqaayees | weights and measures 310
خريطة العالم khareeTat al-Aaalam world map 312
الحروف والكلمات المناقضة al-Huroof wal-kalimaat al-munaaqiDa particles and antonyms 320
عبارات مفيدة Aibaaraat mufeeda useful phrases 322

عن القاموس

ثبت أن استخدام الصور يساعد على فهم وحفظ المعلومات في الذاكرة. وبناء على هذا المبدأ، فإن هذا القاموس الإنجليزي-العربي الغني بالصور يقدم مجموعة ضخمة من مفردات اللغة السارية المفيدة.

القاموس مقسم حسب الموضوعات ويشمل بالتفصيل معظم جوانب الحياة اليومية، من المطعم إلى الجمنازيوم، ومن المنزل إلى موقع العمل، ومن الفضاء الخارجي إلى عالم الحيوانات. كما ستجد كلمات وعبارات إضافية لاستخدامها في الحديث ولتوسيع نطاق مفرداتك اللغوية.

وهو أداة ضرورية لأي شخص مهتم باللغات – فهو عملي ومثير ويسهل استعماله.

بعض الأمور التي يجب ملاحظتها

إن الكلمات العربية في هذا القاموس مكتوبة بالحروف العربية وبالحروف اللاتينية أيضاً. عند قراءة النطق بالحروف اللاتينية راجع الدليل بهذه الصفحة.

كتبت الكلمات بنفس الترتيب: بالحروف العربية، ثم بالحروف اللاتينية ثم الإنجليزية.

أسد	حزام أمان
asad	Hizaam amaan
lion	**seat belt**

الأفعال يعبر عنها بالحرف **(v)** بعد الإنجليزية، مثلاً:

يحصد yaHsud | **harvest (v)**

كما أن للغتين فهرست خاص بهما في نهاية الكتاب، حيث يمكنك البحث عن كلمة سواء من النص الإنجليزي أو العربي ويتم إرشادك إلى رقم الصفحة أو الصفحات حيث تبدو الكلمة. للرجوع إلى نطق كلمة عربية محددة ابحث عن الكلمة في النص العربي أو الفهرست الإنجليزي، ثم اتجه إلى الصفحة المشار إليها.

about the dictionary

The use of pictures is proven to aid understanding and the retention of information. Working on this principle, this highly-illustrated English–Arabic bilingual dictionary presents a large range of useful current vocabulary.

The dictionary is divided thematically and covers most aspects of the everyday world in detail, from the restaurant to the gym, the home to the workplace, outer space to the animal kingdom. You will also find additional words and phrases for conversational use and for extending your vocabulary.

This is an essential reference tool for anyone interested in languages – practical, stimulating, and easy-to-use.

A few things to note

The Arabic in the dictionary is presented in Arabic script and romanized pronunciation. When reading the romanization, refer to the guide on this page

The entries are always presented in the same order – Arabic, Romanization, English – for example:

أسد	حزام أمان
asad	Hizaam amaan
lion	**seat belt**

Verbs are indicated by a **(v)** after the English, for example:

يحصد yaHsud | **harvest (v)**

Each language also has its own index at the back of the book. Here you can look up a word in either English or Arabic script and be referred to the page number(s) where it appears. To reference the pronunciation for a particular Arabic word, look it up in the Arabic script or English index and then go to the page indicated.

Pronunciation النطق

Many of the letters used in the Arabic pronunciation guide can be pronounced as they would be in English, but some require special explanation:

'	Represents a short pause, as when the tt in "bottle" is dropped.
A	A (ع) is a guttural sound unique to Arabic (rather like exclaiming "ah!" when a dentist touches a nerve). Pronouncing this sound correctly comes with listening and practice.
d/D	There are two d sounds: d (د) as in "ditch", and D (ض) with the tongue further back in the mouth, as in "doll".
gh	gh (غ) is a throaty r pronounced as in the French word "rue".
h/H	Arabic has two h sounds: h (ه) as in "hotel", and a second breathier sound, H (ح), as if breathing on glasses.
kh	kh (خ) is a throaty h pronounced like the ch in the Scottish word "loch".
s/S	There are two s sounds: s (س) as in "silly", and S (ص) as in "sorry" pronounced with the tongue further back in the mouth.
t/T	There are two t sounds: t (ت) as in "tilt", and the T (ط) as in "toll", with the tongue further back in the mouth.
z/Z	There are two z sounds: z (ز) as in "zebra", and Z (ظ), with the tongue further back in the mouth.

Arabic word stress is generally even, unless there is a long vowel (aa/ee/oo), in which case this is emphasized.

how to use this book

Whether you are learning a new language for business, pleasure, or in preparation for a holiday abroad, or are hoping to extend your vocabulary in an already familiar language, this dictionary is a valuable learning tool which you can use in a number of different ways.

When learning a new language, look out for cognates (words that are alike in different languages) and derivations (words that share a common root in a particular language). You can also see where the languages have influenced each other. For example, English has imported some terms for food from Arabic but, in turn, has exported terms used in technology and popular culture.

Practical learning activities

• As you move about your home, workplace, or college, try looking at the pages which cover that setting. You could then close the book, look around you and see how many of the objects and features you can name.
• Make flashcards for yourself with English on one side and Arabic on the other side. Carry the cards with you and test yourself frequently, making sure you shuffle them between each test.
• Challenge yourself to write a story, letter, or dialogue using as many of the terms on a particular page as possible. This will help you retain the vocabulary and remember the spelling. If you want to build up to writing a longer text, start with sentences incorporating 2–3 words.
• If you have a very visual memory, try drawing or tracing items from the book onto a piece of paper, then close the book and fill in the words below the picture.
• Once you are more confident, pick out words in the foreign language index and see if you know what they mean before turning to the relevant page to check if you were right.

استعمال هذا الكتاب

سواء كنت تتعلم لغة جديدة للعمل أو من أجل الاستمتاع أو استعداداً لرحلة عبر البحار أو على أمل توسيع نطاق مفرداتك اللغوية فإن هذا القاموس أداة تعلم قيمة يمكنك استخدامها بعدة طرق مختلفة.

عند تعلم لغة جديدة، انتبه للكلمات التي تتشابه في لغات مختلفة، والكلمات المشتقة، أي كلمات من أصل واحد في لغة معينة. كما يمكنك أيضا أن تلاحظ أين اثرت اللغات بعضها على بعض. مثلاً، الإنجليزية استوردت بعض الاصطلاحات عن الطعام من العربية، ولكن بدورها صدرت تعبيرات تستخدم في التكنولوجيا وفي الثقافة الشعبية.

أنشطة التعليم العملية

• حين تتجول في أنحاء مسكنك أو موقع عملك أو كليتك، حاول أن تتطلع على الصفحات التي تشمل هذا المكان. يمكنك حينذاك أن تغلق الكتاب وترى كم من الأشياء والسمات تتذكر.
• قم بإعداد بطاقات تذكرة سريعة لنفسك واكتب الكلمة بالإنجليزية على جانب، وبالعربية على الجانب الأخر. احمل البطاقات معك واختبر نفسك مرات عديدة، واخلط البطاقات بين الاختبارات.
• تحدي نفسك لكتابة قصة أو رسالة أو محاورة، مستخدماً أكبر قدر ممكن من الاصطلاحات بصفحة معينة. سوف يساعدك ذلك على بناء مفردات اللغة وعلى تذكر التهجئة. إن أردت أن تتقدم بكتابة نص أطول، ابدأ بجمل يشمل كلمتين أو ثلاثة.
• إذا كنت تتمتع بذاكرة تصويرية جداً، حاول أن ترسم أو أن تتبع شكل بنود من الكتاب على قطعة من الورق، ثم أغلق الكتاب واكتب الكلمات أسفل الصورة.
• بمجرد أن تصبح أكثر ثقة في نفسك اختر كلمات من فهرست اللغة الأجنبية وتحقق إن كنت تعرف معناها قبل أن تقلب الصفحة إلى الصفحة المناسبة لتتأكد إن كنت على حق أم لا.

البدن al-badan • body

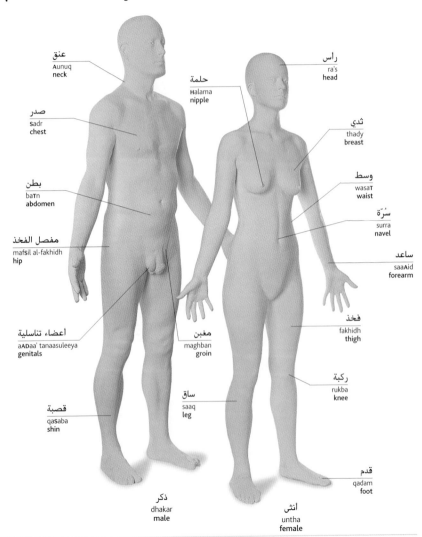

عنق
Aunuq
neck

صدر
Sadr
chest

بطن
baTn
abdomen

مفصل الفخذ
mafSil al-fakhidh
hip

أعضاء تناسلية
aADaa' tanaasuleeya
genitals

قصبة
qaSaba
shin

حلمة
Halama
nipple

مغبن
maghban
groin

ساق
saaq
leg

ذكر
dhakar
male

رأس
ra's
head

ثدي
thady
breast

وسط
wasaT
waist

سُرّة
surra
navel

ساعد
saaAid
forearm

فخذ
fakhidh
thigh

ركبة
rukba
knee

قدم
qadam
foot

أنش
untha
female

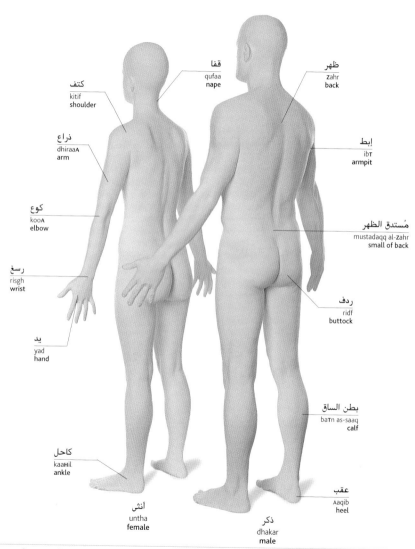

قفا
qufaa
nape
ظهر
zahr
back
كتف
kitif
shoulder
ذراع
dhiraaA
arm
إبط
ibT
armpit
كوع
kooA
elbow
مُستدق الظهر
mustadaqq al-zahr
small of back
رسغ
risgh
wrist
ردف
ridf
buttock
يد
yad
hand
بطن الساق
baTn as-saaq
calf
كاحل
kaaHil
ankle
عقب
Aaqib
heel
أنثى
untha
female
ذكر
dhakar
male

الوجه al-wajh • face

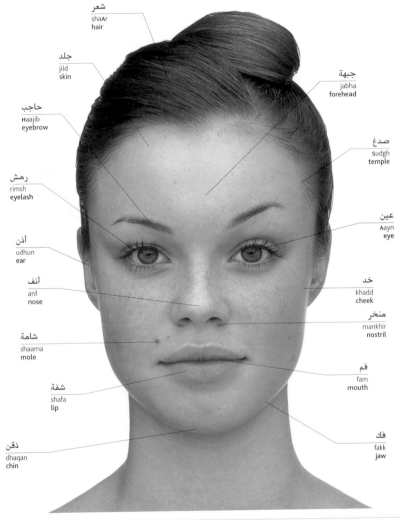

شعر
shaAr
hair
جلد
jild
skin
حاجب
Haajib
eyebrow
رمش
rimsh
eyelash
أذن
udhun
ear
أنف
anf
nose
شامة
shaama
mole
شفة
shafa
lip
ذقن
dhaqan
chin
جبهة
jabha
forehead
صدغ
sudgh
temple
عين
Aayn
eye
خد
khadd
cheek
منخر
mankhir
nostril
فم
fam
mouth
فك
fakk
jaw

جعدة
jaAda
wrinkle

نمش
namash
freckle

مسام
masaam
pores

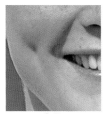

نقرة
nuqra
dimple

يد yad • hand

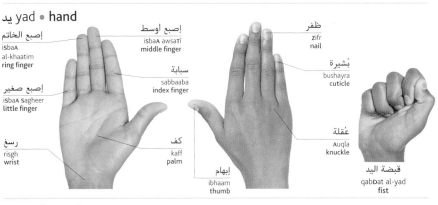

إصبع الخاتم
isbaA
al-khaatim
ring finger

إصبع صغير
isbaA sagheer
little finger

رسغ
risgh
wrist

إصبع أوسط
isbaA awsaTi
middle finger

سبابة
sabbaaba
index finger

كف
kaff
palm

إبهام
ibhaam
thumb

ظفر
zifr
nail

بُشيرة
bushayra
cuticle

عُقلة
Auqla
knuckle

قبضة اليد
qabDat al-yad
fist

قدم qadam • foot

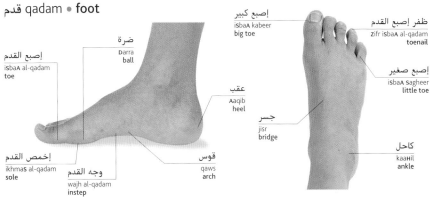

إصبع القدم
isbaA al-qadam
toe

إخمص القدم
ikhmaS al-qadam
sole

وجه القدم
wajh al-qadam
instep

ضرة
Darra
ball

قوس
qaws
arch

عقب
Aaqib
heel

جسر
jisr
bridge

إصبع كبير
isbaA kabeer
big toe

ظفر إصبع القدم
zifr isbaA al-qadam
toenail

إصبع صغير
isbaA sagheer
little toe

كاحل
kaaHil
ankle

العضلات al-AaDalaat • muscles

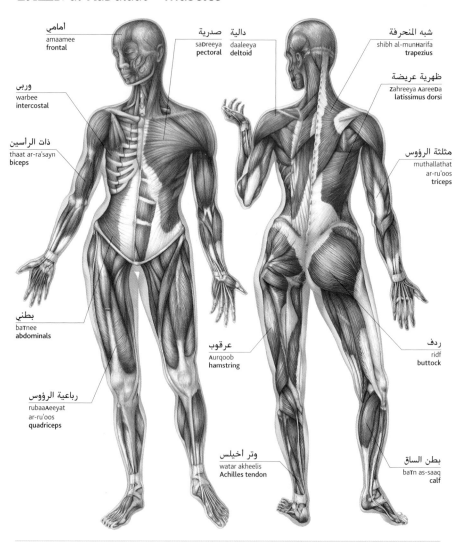

أمامي
amaamee
frontal
صدرية
saDreeya
pectoral
دالية
daaleeya
deltoid
شبه المنحرفة
shibh al-munHarifa
trapezius
وربي
warbee
intercostal
ظهرية عريضة
Zahreeya AareeDa
latissimus dorsi
ذات الرأسين
thaat ar-ra'sayn
biceps
مثلثة الرؤوس
muthallathat
ar-ru'oos
triceps
بطني
baTnee
abdominals
عرقوب
Aurqoob
hamstring
ردف
ridf
buttock
رباعية الرؤوس
rubaaAeeyat
ar-ru'oos
quadriceps
وتر أخيلس
watar akheelis
Achilles tendon
بطن الساق
baTn as-saaq
calf

الهيكل العظمي al-haykal al-AaZmee • skeleton

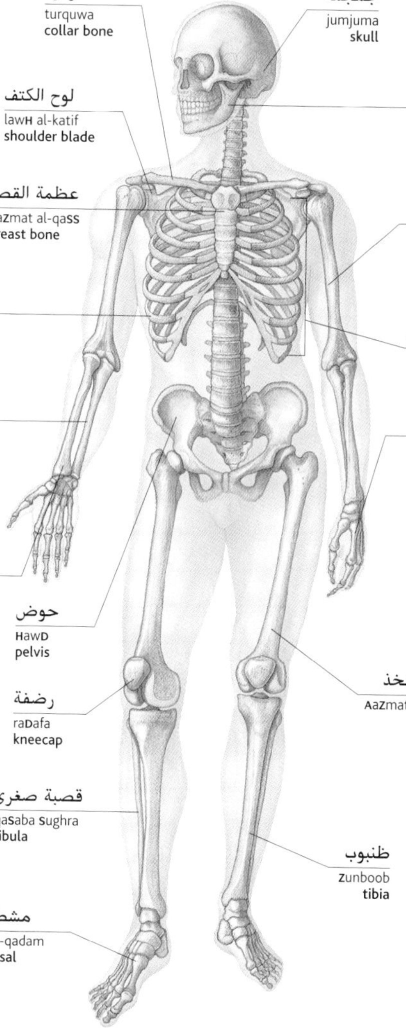

ترقوة
turquwa
collar bone
جمجمة
jumjuma
skull
لوح الكتف
lawH al-katif
shoulder blade
فك
fakk
jaw
عظمة القص
AaZmat al-qaSS
breast bone
عضد
Aadud
humerus
ضلع
DilA
rib
قفص صدري
qafaS Sadree
rib cage
زند
zand
ulna
مشط اليد
mishT al-yad
metacarpal
كعبرة
kuAbura
radius
حوض
HawD
pelvis
رضفة
raDafa
kneecap
عظمة الفخذ
AaZmat al-fakhidh
femur
قصبة صغرى
qaSaba Sughra
fibula
ظنبوب
Zunboob
tibia
مشط القدم
mishT al-qadam
metatarsal

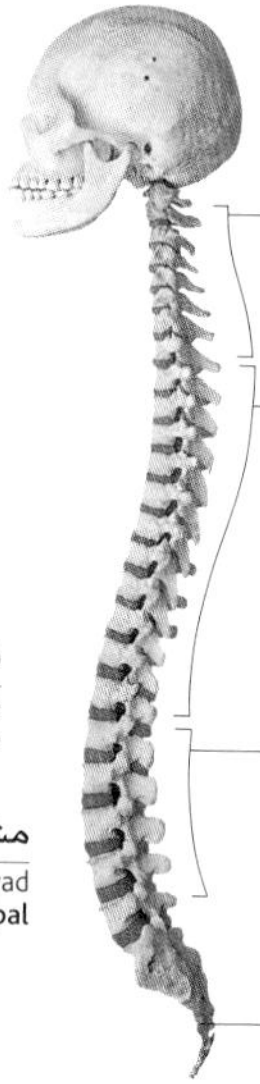

فقرات عنقية
faqraat Aunuqeeya
cervical vertebrae
فقرات صدرية
faqraat SiDreeya
thoracic vertebrae
فقرات قطنية
faqraat qaTaneeya
lumbar vertebrae
ذنب
thanab
tailbone
عمود فقري
Aamood faqree
spine

مفصل mafsil • joint

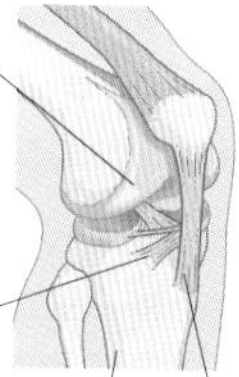

غضروف
ghuDroof
cartilage
رباط
ribaaT
ligament
عظمة
AaZma
bone
وتر
watar
tendon

الأعضاء الداخلية al-AaDaa' ad-daakhileeya • internal organs

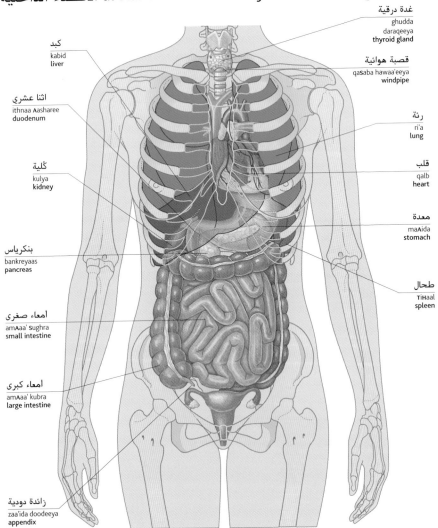

غدة درقية
ghudda
daraqeeya
thyroid gland

قصبة هوائية
qaSaba hawaa'eeya
windpipe

كبد
kabid
liver

اثنا عشري
ithnaa Aasharee
duodenum

رئة
ri'a
lung

كلية
kulya
kidney

قلب
qalb
heart

معدة
maAida
stomach

بنكرياس
bankreyaas
pancreas

طحال
TiHaal
spleen

أمعاء صغرى
amAaa' Sughra
small intestine

أمعاء كبرى
amAaa' kubra
large intestine

زائدة دودية
zaa'ida doodeeya
appendix

الرأس ar-ra's • head

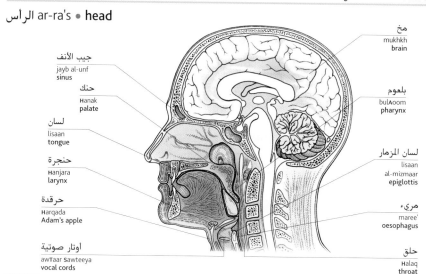

جيب الأنف
jayb al-unf
sinus

حنك
Hanak
palate

لسان
lisaan
tongue

حنجرة
Hanjara
larynx

حرقدة
Harqada
Adam's apple

أوتار صوتية
awTaar Sawteeya
vocal cords

مخ
mukhkh
brain

بلعوم
bulAoom
pharynx

لسان المزمار
lisaan
al-mizmaar
epiglottis

مريء
maree'
oesophagus

حلق
Halaq
throat

أجهزة الجسم ajhizat al-jism • body systems

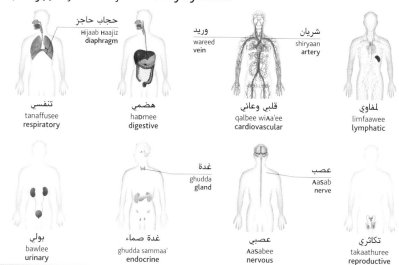

حجاب حاجز
Hijaab Haajiz
diaphragm

تنفسي
tanaffusee
respiratory

هضمي
haDmee
digestive

وريد
wareed
vein

شريان
shiryaan
artery

قلبي وعائي
qalbee wiAa'ee
cardiovascular

لمفاوي
limfaawee
lymphatic

غدة
ghudda
gland

عصب
AaSab
nerve

بولي
bawlee
urinary

غدة صماء
ghudda sammaa'
endocrine

عصبي
AaSabee
nervous

تكاثري
takaathuree
reproductive

أعضاء التكاثر AaDaa' at-takaathur • reproductive organs

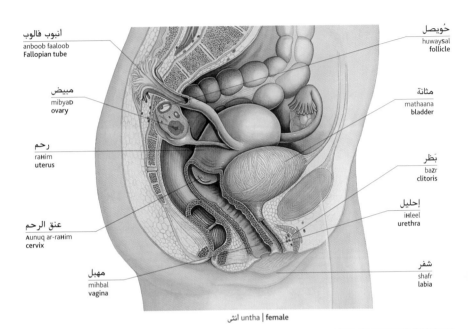

أنبوب فالوب
anboob faaloob
Fallopian tube
مبيض
mibyaD
ovary
رحم
raHim
uterus
عنق الرحم
Aunuq ar-raHim
cervix
مهبل
mihbal
vagina
حُويصل
huwaySal
follicle
مثانة
mathaana
bladder
بَظر
baZr
clitoris
إحليل
iHleel
urethra
شفر
shafr
labia

انثى untha | female

تكاثر takaathur • reproduction

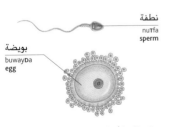

نطفة
nuTfa
sperm
بويضة
buwayDa
egg

خصوبة khusooba | fertilization

المفردات al-mufradaat • vocabulary

هرمون hormoon **hormone**	عنين Ainneen **impotent**	خصيب khaSeeb **fertile**
إباضة ibaaDa **ovulation**	تحمل taHmil **conceive**	ممارسة الجنس mumaarisat al-jins **intercourse**
عاقر Aaaqir **infertile**	حيض HayD **menstruation**	مرض ينتقل بممارسة الجنس maraD yantaqil bi-mumaarisat al-jins **sexually transmitted disease**

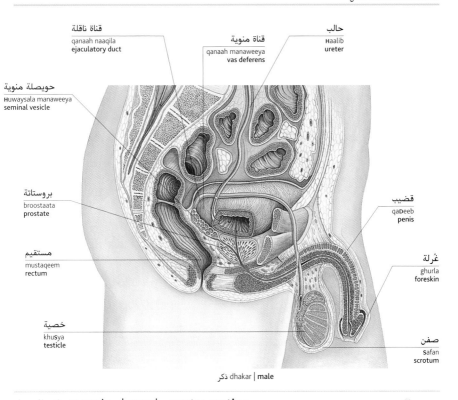

قناة ناقلة
qanaah naaqila
ejaculatory duct

قناة منوية
qanaah manaweeya
vas deferens

حالب
Haalib
ureter

حويصلة منوية
Huwaysala manaweeya
seminal vesicle

بروستاتة
broostaata
prostate

قضيب
qaDeeb
penis

مستقيم
mustaqeem
rectum

غُرلة
ghurla
foreskin

خصية
khuSya
testicle

صفن
Safan
scrotum

ذكر dhakar | male

مانع الحمل maaniA al-Haml • contraception

قلنسوة
qalansuwa
cap

حجاب حاجز
Hijaab Haajiz
diaphragm

جراب الذكر
jiraab adh-dhakar
condom

أداة منع الحمل
adaah manA al-Haml
IUD

حبة
Habba
pill

العائلة al-Aaʼila • family

جدة
jadda
grandmother

جد
jadd
grandfather

عم
Aamm
uncle (paternal)

عمة
Aamma
aunt (paternal)

أب
ab
father

أم
umm
mother

ابن/ابنة عم
ibn/ibnat Aamm
cousin (paternal)

أخ
akh
brother

أخت
ukht
sister

زوجة
zawja
wife

زوجة ابن
zawjat ibn
daughter-in-law

ابن
ibn
son

ابنة
ibna
daughter

زوج ابنة
zawj ibna
son-in-law

حفيد
Hafeed
grandson

حفيدة
Hafeeda
granddaughter

زوج
zawj
husband

المفردات al-mufradaat • vocabulary

أقارب aqaarib **relatives**	والدان waalidaan **parents**	أحفاد aHfaad **grandchildren**	خال khaal **maternal uncle**	زوجة الأب zawjat al-ab **stepmother**	رفيق/رفيقة rafeeq/rafeeqa **partner**
جيل jeel **generation**	أطفال aTfaal **children**	جد وجدة jadd wa-jadda **grandparents**	خالة khaala **maternal aunt**	زوج الأم zawj al-umm **stepfather**	توائم tawaa'im **twins**

حماة
Hamaah
mother-in-law

حم
Ham
father-in-law

زوج أخت/أخو زوج(ة)
zawj ukht/
akhoo zawj(a)
brother-in-law

زوجة أخ/أخت زوج(ة)
zawjat akh/
ukht zawj(a)
sister-in-law

ابنة أخ/أخت
ibnat akh/ukht
niece

ابن أخ/أخت
ibn akh/ukht
nephew

لقب laqab • titles

سيدة
sayyida
Mrs

سيد
sayyid
Mr

آنسة
aanisa
Miss

مراحل maraaHil • stages

رضيع
raDeeA
baby

طفل
Tifl
child

ولد
walad
boy

بنت
bint
girl

مراهق
muraaHiq
teenager

بالغ
baaligh
adult

رجل
rajul
man

امرأة
imra'a
woman

العلاقات al-Ailaaqaat • relationships

مدير
mudeer
manager

مساعد
musaaAid
assistant

شريك أعمال
shareek aAmaal
business partner

صاحب عمل
saaHib aAmaal
employer

موظف
muwaZZaf
employee

زميل
zameel
colleague

مكتب maktab | **office**

جار
jaar
neighbour

صديق
Sadeeq
friend

معرفة
maArifa
acquaintance

صديق مراسلة
Sadeeq muraasala
penfriend

رفيق
rafeeq
boyfriend

رفيقة
rafeeqa
girlfriend

خطيب
khaTeeb
fiancé

خطيبة
khaTeeba
fiancée

رفيقان rafeeqaan | **couple**

مخطوبان makhToobaan | **engaged couple**

العواطف al-AawaaTif • emotions

ابتسامة
ibtisaama
smile

سعيد
saAeed
happy

حزين
Hazeen
sad

مُثار
muthaar
excited

ضجر
Dajir
bored

مندهش
mundahish
surprised

مرتعب
murtaAib
scared

عبوس
Aaboos
frown

غاضب
ghaaDib
angry

مرتبك
murtabik
confused

قلق
qaliq
worried

عصبي
AaSabee
nervous

فخور
fakhoor
proud

واثق
waathiq
confident

محرج
muhraj
embarrassed

خجول
khajool
shy

المفردات al-mufradaat • vocabulary

منغص munaghghaS **upset**	يضحك yadHak **laugh (v)**	ينهّد yunahhid **sigh (v)**	يصيح yaSeeH **shout (v)**
مصدوم masdoom **shocked**	يبكي yabkee **cry (v)**	يُغمي عليه yughmee Aalayhi **faint (v)**	يتثاءب yatathaa'ab **yawn (v)**

أحداث الحياة aHdaath al-Hayaah • life events

يُولد
yuwallad
be born (v)

يبدأ الدراسة
yabda' ad-diraasa
start school (v)

يعقد صداقات
yaAqud Sadaaqaat
make friends (v)

يتخرج
yatakharraj
graduate (v)

يحصل على وظيفة
yaHsul Aala waZeefa
get a job (v)

يقع في الحب
yaqaA fil-Hubb
fall in love (v)

يتزوج
yatazawwaj
get married (v)

يرزق بمولود
yarzuq bi-mawlood
have a baby (v)

زفاف zifaaf | wedding

المفردات al-mufradaat • vocabulary

تعميد taAmeed **christening**	يكتب وصية yaktub waSiya **make a will (v)**
ذكرى dhikra **anniversary**	شهادة ميلاد shihaadat meelaad **birth certificate**
يهاجر yuhaajir **emigrate (v)**	حفل قران Hafl qiraan **wedding reception**
يتقاعد yataqaaAad **retire (v)**	شهر عسل shahr Aasal **honeymoon**
يموت yamoot **die (v)**	احتفال بلوغ عند اليهود iHtifaal buloogh Aand al-yahood **bar mitzvah**

طلاق
Talaaq
divorce

جنازة
jinaaza
funeral

الاحتفالات al-iHtifaalaat • celebrations

حفل عيد ميلاد
Hafl Aeed meelaad
birthday party

بطاقة
biTaaqa
card

هدية
hadeeya
present

يوم الميلاد
yawm al-meelaad
birthday

عيد ميلاد المسيح
Aeed meelaad al-miseeH
Christmas

رأس السنة
ra's as-sana
New Year

كرنفال
karnifaal
carnival

موكب
mawkib
procession

شريط
shareeT
ribbon

عيد الشكر
Aeed ash-shukr
Thanksgiving

عيد القيامة
Aeed al-qiyaama
Easter

عيد جميع القديسين
Aeed jameeA l-qiddeeseen
Halloween

أعياد aAyaad • festivals

عيد الفصح (لليهود)
Aeed al-fasH (lil-yahood)
Passover

رمضان
ramaDaan
Ramadan

عيد النور للهندوس
Aeed an-noor lil-hindoos
Diwali

المظهر al-mazhar
appearance

ملابس الأطفال malaabis al-aTfaal • children's clothing

رضيع raDeeA • baby

ثوب الثلج
thawb ath-thalj
snowsuit

صدرة
sudra
vest

حُلة
Hulla
babygro

كبّاس
kabbaas
popper

بذلة للنوم
badhla lin-nawm
sleepsuit

ثوب فضفاض
thawb fiDfaaD
romper suit

صدرية
sadreeya
bib

قفاز
quffaaz
mittens

حذاء قماش
Hidhaa' qumaash
booties

حفاظ زغبي
Hifaaz zaghabee
terry nappy

حفاظ للرمي
Hifaaz lir-ramy
disposable nappy

لباس بلاستيك
libaas blaasteek
plastic pants

طفل في أول مشية Tifl fee awwal mashiya • toddler

تي شيرت
tee shirt
t-shirt

زي دنغري
ziyy dangharee
dungarees

قبعة شمس
qubaAAat shams
sunhat

مريلة
maryala
apron

شورت
short
shorts

تنورة
tannoora
skirt

طفل Tifl • child

فستان
fustaan
dress

غطوة
ghaTwa
hood

صندل
Sandal
sandals

صيف
Sayf
summer

جينز
jeenz
jeans

معطف مطر
miATaf maTar
raincoat

حقيبة ظهر
Haqeebat Zahr
backpack

مشبك
mishbak
toggle

خريف
khareef
autumn

معطف سميك
miATaf sameek
duffel coat

وشاح
wishaaH
scarf

سترة
sutra
anorak

حذاء مطاط
Hidhaa' maTTaaT
wellington boots

شتاء
shitaa'
winter

روب
rohb
dressing gown

علامة تجارية
Aalaama tujaareeya
logo

حذاء رياضي
Hidhaa' riyaaDee
trainers

قميص نوم
qamees nawm
nightie

شبشب
shibshib
slippers

ملابس الليل
malaabis al-layl
nightwear

ملابس كرة القدم
malaabis kurat al-qadam
football strip

بذلة تدريب
badhlat tadreeb
tracksuit

طماقات
Timaaqaat
leggings

المفردات al-mufradaat • vocabulary

ألياف طبيعية
alyaaf tabeeAeeya
natural fibres

صناعي
sinaaAee
synthetic

هل يمكن غسلها في الغسالة؟
hal yumkin ghasluhaa fil-ghasaala?
Is it machine washable?

هل تناسب عمرسنتين؟
hal tunaasib Aumr sanatayn?
Will this fit a two-year-old?

ملابس الرجال malaabis ar-rijaal • **men's clothing**

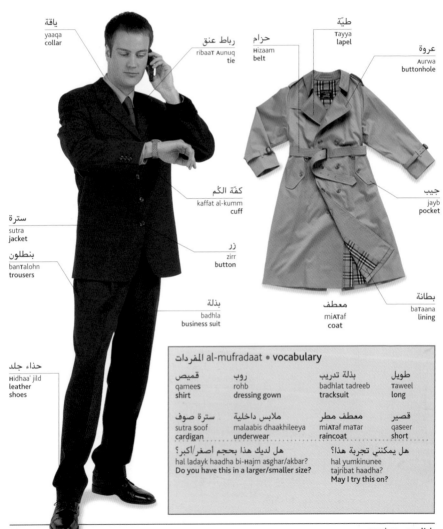

ياقة
yaaqa
collar

رباط عنق
ribaaT Aunuq
tie

حزام
Hizaam
belt

طيّة
Tayya
lapel

عروة
Aurwa
buttonhole

كفّة الكُم
kaffat al-kumm
cuff

جيب
jayb
pocket

سترة
sutra
jacket

بنطلون
banTalohn
trousers

زر
zirr
button

بطانة
baTaana
lining

بذلة
badhla
business suit

معطف
miATaf
coat

حذاء جلد
Hidhaa' jild
leather
shoes

المفردات al-mufradaat • **vocabulary**

قميص
qamees
shirt

روب
rohb
dressing gown

بذلة تدريب
badhlat tadreeb
tracksuit

طويل
Taweel
long

سترة صوف
sutra Soof
cardigan

ملابس داخلية
malaabis dhaakhileeya
underwear

معطف مطر
miATaf maTar
raincoat

قصير
qaseer
short

هل لديك هذا بحجم أصغر/أكبر؟
hal ladayk haadha bi-Hajm asghar/akbar?
Do you have this in a larger/smaller size?

هل يمكنني تجربة هذا؟
hal yumkinunee
tajribat haadha?
May I try this on?

سترة فضفاضة
sutra fiDfaaDa
blazer

سترة رياضية
sutra riyaaDeeya
sports jacket

صدرية
sadreeya
waistcoat

فتحة بشكل v
fatHa bi-shakl 'v'
v-neck

فتحة مستديرة
fatHa mustadeera
round neck

تي شيرت
tee shirt
t-shirt

سروال عرضي
sirwaal Aaradee
sweatpants

ملابس غير رسمية
malaabis ghayr rasmeeya
casual wear

سترة مطر
sutrat maTar
anorak

سويت شيرت
sweatshirt
sweatshirt

واق من الرياح
waaqin min ar-riyaaH
windcheater

كنزة
kanza
sweater

بيجاما
beejama
pyjamas

صدرة
sudra
vest

شورت
short
shorts

سروال تحتي
sirwaal taHtee
briefs

شورت تحتي
short taHtee
boxer shorts

جوارب
jawaarib
socks

ملابس النساء malaabis an-nisaa' • **women's clothing**

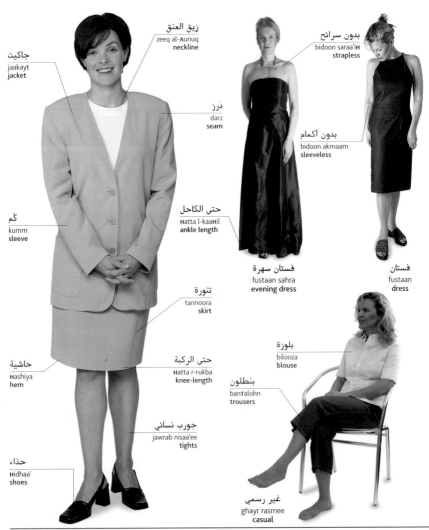

زيق العنق
zeeq al-Aunuq
neckline

جاكيت
jaakayt
jacket

بدون سرائح
bidoon saraa'iH
strapless

دَرز
darz
seam

بدون أكمام
bidoon akmaam
sleeveless

حتى الكاحل
Hatta l-kaaHil
ankle length

كُم
kumm
sleeve

فستان سهرة
fustaan sahra
evening dress

فستان
fustaan
dress

تنورة
tannoora
skirt

بلوزة
bilooza
blouse

حتى الركبة
Hatta r-rukba
knee-length

بنطلون
banTalohn
trousers

حاشية
Hashiya
hem

جورب نسائي
jawrab nisaa'ee
tights

حذاء
Hidhaa'
shoes

غير رسمي
ghayr rasmee
casual

ملابس تحتية malaabis taHteeya • lingerie

سريحة
sareeHa
strap

روب خفيف
rohb khafeef
negligée

درع
dirA
slip

صدير
Sudayr
camisole

حمالات
Hammaalaat
suspenders

صدرة ضيقة
Sudra Dayyiqa
basque

جورب طويل
jawrab Taweel
stockings

جورب نسائي
jawrab nisaa'ee
tights

صدرة
Sudra
vest

مشد صدر
mishadd Sadr
bra

سروال تحتي
sirwaal taHtee
knickers

قميص نوم
qamees nawm
nightdress

زفاف zifaaf • wedding

حجاب
Hijaab
veil

دنتلة
dantilla
lace

باقة ورد
baaqat ward
bouquet

ذيل جرار
dhayl jarraar
train

فستان زفاف
fustaan zifaaf
wedding dress

المفردات al-mufradaat • vocabulary

مشد mishadd **corset**	مفصل mufaSSal **tailored**
رباطة جورب rabbaaTat jawrab **garter**	مربوط على الرقبة marbooT Aala r-raqaba **halter neck**
حشية كتف Hashiyat katif **shoulder pad**	تحته سلك taHtahu silk **underwired**
خصار khiSaar **waistband**	مشد صدر للرياضة mishadd Sadr lir-riyaaDa **sports bra**

الكماليات kamaaliyyaat • accessories

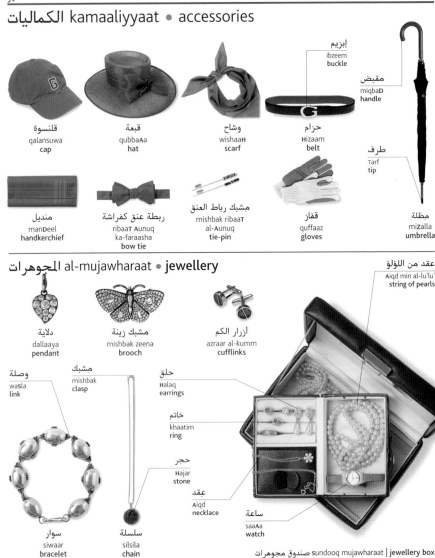

قلنسوة
qalansuwa
cap

قبعة
qubbaAa
hat

وشاح
wishaaH
scarf

حزام
Hizaam
belt

إبزيم
ibzeem
buckle

مقبض
miqbaD
handle

طرف
Tarf
tip

منديل
manDeel
handkerchief

ربطة عنق كفراشة
ribaaT Aunuq
ka-faraasha
bow tie

مشبك رباط العنق
mishbak ribaaT
al-Aunuq
tie-pin

قفاز
quffaaz
gloves

مظلة
miZalla
umbrella

المجوهرات al-mujawharaat • jewellery

دلاية
dallaaya
pendant

مشبك زينة
mishbak zeena
brooch

أزرار الكم
azraar al-kumm
cufflinks

عقد من اللؤلؤ
Aiqd min al-lu'lu'
string of pearls

وصلة
waSla
link

مشبك
mishbak
clasp

حلق
Halaq
earrings

خاتم
khaatim
ring

حجر
Hajar
stone

عقد
Aiqd
necklace

ساعة
saaAa
watch

سوار
siwaar
bracelet

سلسلة
silsila
chain

صندوق مجوهرات sundooq mujawharaat | **jewellery box**

الحقائب al-Haqaa'ib • bags

محفظة
mahfaza
wallet

كيس نقود
kees nuqood
purse

رباط
ribaaT
fastening

حقيبة كتف
Haqeebat katif
shoulder bag

حقيبة قماشية
Haqeeba qumaasheeya
holdall

حقيبة وثائق
Haqeebat wathaa'iq
briefcase

مقابض
maqaabiD
handles

حقيبة يد
Haqeebat yad
handbag

حمالة كتف
Hammaalat katif
shoulder strap

حقيبة ظهر
Haqeebat Zahr
backpack

الأحذية al-aHdhiya • shoes

خرم
khurm
eyelet

رباط
ribaaT
lace

لسان
lisaan
tongue

نعل
aAl
ole

كعب
kaAb
heel

حذاء برباط
hidhaa' bi-ribaat
lace-up

حذاء مشي
Hidhaa' mash-y
walking boot

حذاء رياضي
Hidhaa' riyaaDee
trainer

حذاء جلد
Hidhaa' jild
leather shoe

شبشب شاطئ
shibshib shaaTi'
flip-flop

حذاء بكعب عال
Hidhaa' bi-kaAb Aaalee
high heel shoe

حذاء بنعل سميك
Hidhaa' bi-naAl sameek
platform shoe

صندل
Sandal
sandal

حذاء يلبس بسهولة
Hidhaa' yulbas
bi-suhoola
slip-on

حذاء غليظ
Hidhaa' ghaleeZ
brogue

الشعر ash-shaAr • hair

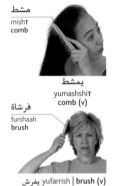

مشط
mishT
comb

يمشط
yumashshiT
comb (v)

فرشاة
furshaah
brush

يفرش yufarrish | **brush (v)**

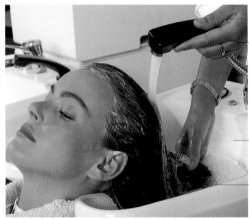

حلاق
Hallaaq
hairdresser

حوض
hawD
sink

عميلة
Aameela
client

يغسل yaghsil | **wash (v)**

يشطف
yushaTTif
rinse (v)

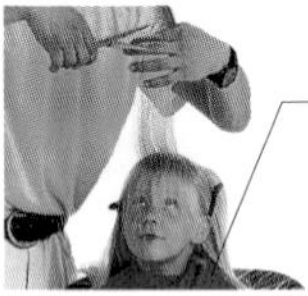

روب
rohb
robe

يقص
yaquss
cut (v)

يجفف بالهواء
yujaffif bil-hawaa'
blow dry (v)

يثبت الشعر
yuthabbit ash-shaAr
set (v)

كماليات kamaaleeyaat • accessories

مجفف شعر
mujaffif shaAr
hairdryer

شامبو
shaamboo
shampoo

مُكيف
mukayyif
conditioner

جيل
gel
gel

مثبت شعر
muthabbit shaAr
hairspray

كلابات تمويج
klaabaat tamweej
curling tongs

مقص
miqass
scissors

طوق شعر
Tawq shaAr
hairband

مِقصاب
miqSaab
curler

مِشبك شعر
mishbak shaAr
hairpin

الأشكال al-ashkaal • styles

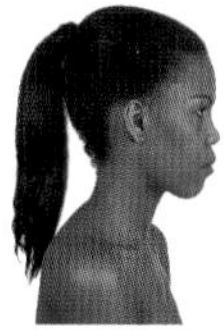

ذيل الفرس
dhayl al-faras
ponytail

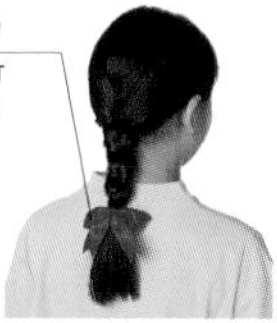

شريط
shareeT
ribbon

ضفيرة
Dafeera
plait

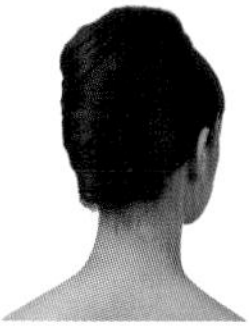

ثنية فرنسية
thanya faranseeya
french pleat

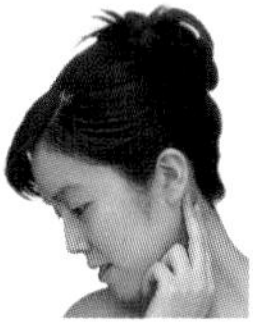

كعكة شعر
kaAkat shaAr
bun

ضفيرتان صغيرتان
Dafeerataan sagheerataan
pigtails

شعر قصير
shaAr qaSeer
bob

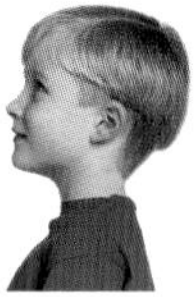

قص قصير
qaSS qaSeer
crop

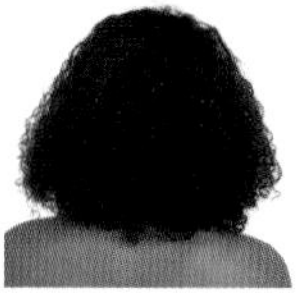

مموج
mumawwaj
curly

تمويج
tamweej
perm

مستقيم
mustaqeem
straight

جذور
judhoor
roots

إبراز
ibraaz
highlights

أصلع
aSlaA
bald

شعر مستعار
shaAr mustaAaar
wig

ألوان alwaan • colours

شقراء
shaqraa'
blonde

سمراء
samraa'
brunette

أسمر محمر
asmar miHmirr
auburn

أحمر
aHmar
ginger

أسود
aswad
black

رمادي
ramaadee
grey

أبيض
abyaD
white

مصبوغ
maSboogh
dyed

المفردات al-mufradaat • vocabulary

يحف
yaHuff
trim (v)

دهني
duhnee
greasy

يفرد
yafrid
straighten (v)

جاف
jaaff
dry

حلاق
Hallaaq
barber

عادي
Aaadee
normal

قشرة الرأس
qishrat ar-ra's
dandruff

جلد الرأس
jild ar-ra's
scalp

نهايات مشقوقة
nihaayaat mashqooqa
split ends

رباط مطاط
ribaaT maTaaT
hairtie

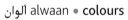

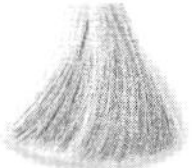

الجمال al-jamaal • beauty

صبغة الشعر
sibghat ash-shaAr
hair dye
تظليل العين
tazleel al-Aayn
eye shadow
مسكرة
maskara
mascara
كحل
kuHl
eyeliner
أحمر للخد
aHmar lil-khadd
blusher
قاعدة للماكياج
qaaAida lil-makyaaj
foundation
أحمر الشفاه
aHmar al-shifaah
lipstick

ماكياج makyaaj • make-up

قلم للحاجب
qalam lil-Haajib
eyebrow pencil

فرشاة للحاجب
furshaah lil-Haajib
eyebrow brush

ملقط
milqaT
tweezers

ملمع الشفة
mulammaA ash-shifa
lip gloss

فرشاة الشفة
furshaah ash-shifa
lip brush

مخطط الشفة
mukhaTTiT ash-shifa
lip liner

فرشاة
furshaah
brush

مُخفي
mukhfee
concealer

مراة
mir'aah
mirror
بودرة الوجه
boodrat al-wajh
face powder
نفاشة البودرة
naffaashat al-boodra
powder puff

علبة بودرة صغيرة
Aulbat boodra Sagheera | **compact**

إجراءات التجميل ijraa'aat at-tajmeel • beauty treatments

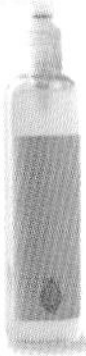

قناع تنظيف
qinaaA tanzeef
face pack

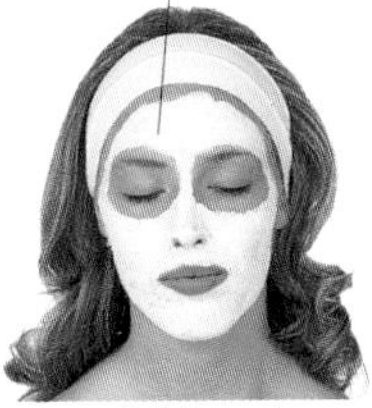

برنامج عناية للوجه
barnarmaj Ainaaya lil-wajh
facial

سرير تشميس
sareer tashmees
sunbed

يقشر
yuqashshir
exfoliate (v)

إزالة الشعر بالشمع
izaalat ash-shaAr bish-shamA
wax

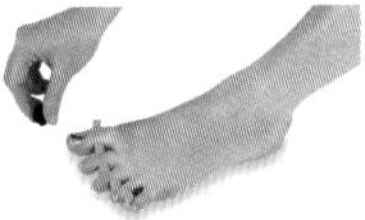

عناية بالقدمين
Ainaaya bil-qadamayn
pedicure

تدريم الأظافر tadreem al-azaafir • manicure

مبرد للأظافر
mibrad al-azaafir
nail file

مزيل لطلاء الأظافر
muzeel li-Tilaa' al-azaafir
nail varnish remover

طلاء للأظافر
Tilaa' lil-azaafir
nail varnish

مقص للأظافر
miqass lil-azaafir
nail scissors

مِقراض للأظافر
miqraad lil-azaafir
nail clippers

أدوات الحمام adawaat al-Hammaam • toiletries

منظف
munazzif
cleanser

سائل للترطيب
saa'il lil-tarTeeb
toner

مُرطب
muraTTib
moisturizer

كريمة ذاتية الدبغ
kreema dhaatiyat ad-dabgh
self-tanning cream

عطر
AiTr
perfume

سائل معطر
saa'il muAaTTir
eau de toilette

المفردات al-mufradaat • vocabulary

لون البشرة
lawn al-bashara
complexion

دهني
duhnee
oily

دبغ
dabgh
tan

أشقر
ashqar
fair

حساس
Hassaas
sensitive

وشم
washm
tattoo

داكن
daakin
dark

غير مسبب للحساسية
ghayr musabbib lil-Hassaaseeya
hypoallergenic

مضاد للتجاعيد
muDaadd at-tajaaAeed
anti-wrinkle

جاف
jaaff
dry

ظل
zill
shade

كرات قطن
kuraat quTn
cotton balls

الصحة aS-SiHHa
health

المرض al-maraD • illness

حمى Hummaa | fever

صداع
SudaaA
headache

نزيف الأنف
nazeef al-anf
nosebleed

كحة
kuHHa
cough

عطس
AaTs
sneeze

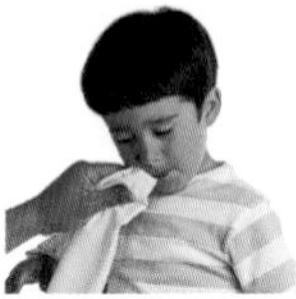

برد
bard
cold

إنفلونزا
influwenza
flu

جهاز استنشاق
jihaaz istinshaaq
inhaler

ربو
rabw
asthma

تقلصات
taqallusaat
cramps

غثيان
ghathyaan
nausea

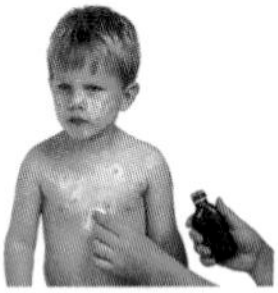

جدري الماء
judaree al-maa'
chickenpox

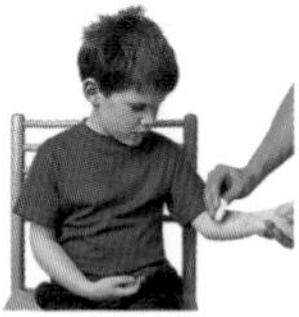

طفح جلدي
TafH jildee
rash

المفردات al-mufradaat • vocabulary

جلطة julTa **stroke**	داء السكري daa' as-sukkaree **diabetes**	أكزيما ekzeema **eczema**	قشعريرة qushAareera **chill**	يتقيّأ yataqayya' **vomit (v)**	إسهال ishaal **diarrhoea**
ضغط دم DaghT dam **blood pressure**	حساسية Hassaaseeya **allergy**	عدوى Aadwaa **infection**	ألم بالبطن alam bil-baTn **stomach ache**	صرع SaraA **epilepsy**	حصبة Hasba **measles**
نوبة قلبية nawba qalbeeya **heart attack**	حمى الدريس Humma ad-darees **hayfever**	فيروس vayroos **virus**	يُغمى عليه yughma Aalayhi **faint (v)**	صداع نصفي SudaaA nisfee **migraine**	نكاف nikaaf **mumps**

الطبيب aT-Tabeeb • doctor

استشارة istishaara • consultation

طبيب
Tabeeb
doctor
جهاز عرض الأشعة
jihaaz arD al-ashiAAa
x-ray viewer
وصفة طبية
waSfa Tibbeeya
prescription
مريض
mareeD
patient

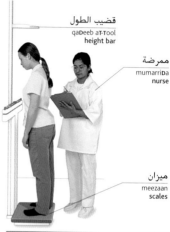

قضيب الطول
qaDeeb aT-Tool
height bar
ممرضة
mumarriDa
nurse
ميزان
meezaan
scales

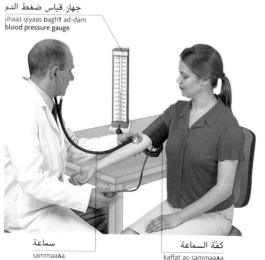

جهاز قياس ضغط الدم
jihaaz qiyaas DaghT ad-dam
blood pressure gauge
سماعة
sammaaAa
stethoscope
كفّة السماعة
kaffat as-sammaaAa
cuff

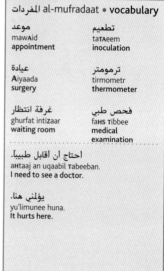

المفردات al-mufradaat • vocabulary

موعد mawAid **appointment**	تطعيم taTAeem **inoculation**
عيادة Aiyaada **surgery**	ترمومتر tirmometr **thermometer**
غرفة انتظار ghurfat intizaar **waiting room**	فحص طبي faHS Tibbee **medical examination**

احتاج أن اقابل طبيباً.
aHtaaj an uqaabil Tabeeban.
I need to see a doctor.

يؤلمني هنا.
yu'limunee huna.
It hurts here.

الإصابة al-isaaba • injury

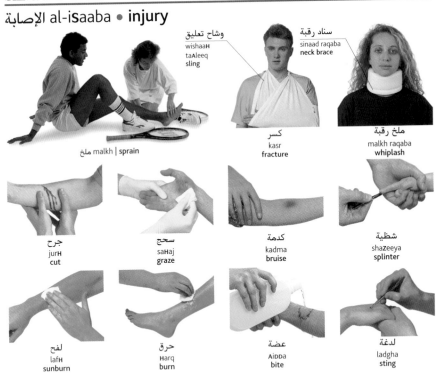

وشاح تعليق
wishaaH
taAleeq
sling

سناد رقبة
sinaad raqaba
neck brace

كسر
kasr
fracture

ملخ رقبة
malkh raqaba
whiplash

ملخ malkh | sprain

جرح
jurH
cut

سحج
saHaj
graze

كدمة
kadma
bruise

شظية
shaZeeya
splinter

لفح
lafH
sunburn

حرق
Harq
burn

عضة
AiDDa
bite

لدغة
ladgha
sting

المفردات al-mufradaat • vocabulary

حادث
Haadith
accident

حالة طارئة
Haala Taari'a
emergency

جرح
jurH
wound

نزيف
nazeef
haemorrhage

بثرة
bathra
blister

ارتجاج
irtijaaj
concussion

تسمم
tasammum
poisoning

صدمة كهربائية
sadma kahrabaa'eeya
electric shock

إصابة بالرأس
isaaba bir-ra's
head injury

هل سيكون/ستكون بخير؟
hal sa-yakoon/sa-takoon bi-khayr?
Will he/she be all right?

أين الألم؟
aynal-alam?
Where does it hurt?

رجاء طلب الإسعاف.
rajaa' Talab al-isAaaf.
Please call an ambulance.

إسعافات أولية isAaafaat awwaleeya • first aid

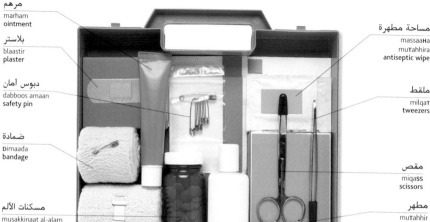

مرهم
marham
ointment
بلاستر
blaastir
plaster
دبوس أمان
dabboos amaan
safety pin
ضمادة
Dimaada
bandage
مسكنات الألم
musakkinaat al-alam
painkillers
مساحة مطهرة
massaaHa
muTahhira
antiseptic wipe
ملقط
milqaT
tweezers
مقص
miqass
scissors
مطهر
muTahhir
antiseptic

صندوق إسعافات أولية sandooq isAaafaat awwaleeya | first aid box

شاش
shaash
gauze

تضميد الجرح
taDmeed al-jurH
dressing

جبيرة jabeera | splint

شريط لاصق
shareeT laasiq
adhesive tape

إنعاش
inAaash
resuscitation

المفردات al-mufradaat • vocabulary

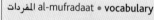

صدمة sadma **shock**	نبض nabaD **pulse**	يختنق yakhtaniq **choke (v)**	هل يمكنك المساعدة؟ hal yumkinuka al-musaaADa? **Can you help?**
مغمي عليه mughmee Aalayhi **unconscious**	تنفس tanaffus **breathing**	معقم muAaqqam **sterile**	هل تعرف الإساعافات الأولية؟ hal taAraf al-isAaafaat al-awwaleeya? **Do you know first aid?**

المستشفى al-mustashfa • hospital

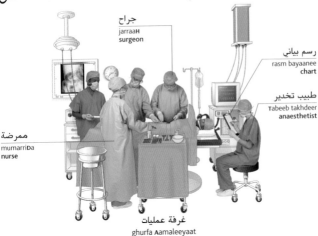

جراح
jarraaH
surgeon

رسم بياني
rasm bayaanee
chart

طبيب تخدير
Tabeeb takhdeer
anaesthetist

ممرضة
mumarriDa
nurse

غرفة عمليات
ghurfa Aamaleeyaat
operating theatre

فحص الدم
faHS ad-dam
blood test

حقنة
Huqna
injection

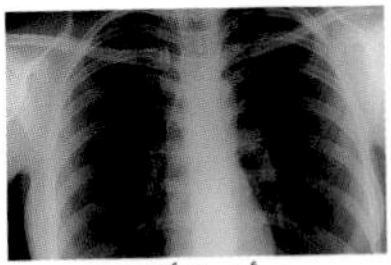

أشعة أكس
ashiAAat aks
x-ray

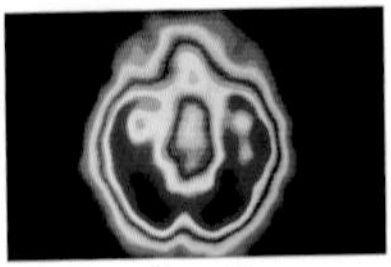

تفريسة
tafreesa
scan

سرير بعجل
sareer bi-Aajal
trolley

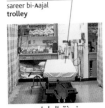

غرفة الطوارئ
ghurfat aT-Tawaari'
emergency room

زر استدعاء
zurr istidAaa'
call button

عنبر
Aanbar
ward

كرسي بعجل
kursee bi-Aajal
wheelchair

المفردات al-mufradaat • vocabulary

عملية
Aamaleeya
operation

عيادة
Aiyaada
clinic

ساعات الزيارة
saaAaat az-ziyaara
visiting hours

عنبر الأطفال
Aanbar al-aTfaal
children's ward

مريض خارجي
mareeD khaarijee
outpatient

يُدخل للعلاج
yudhkhal lil-Ailaaj
admitted

يُسمح له بالخروج
yusmaH lahu bil-khurooj
discharged

عنبر الولادة
Aanbar al-wilaada
maternity ward

غرفة خاصة
ghurfa khaaSSa
private room

وحدة الرعاية المركزة
waHdat ar-riAaaya al-murakkaza
intensive care unit

الأقسام al-aqsaam • departments

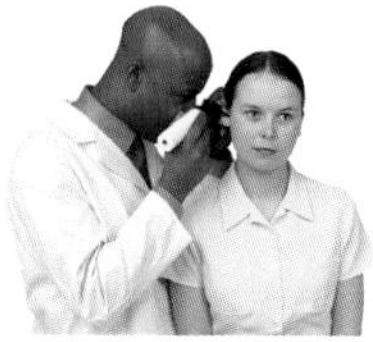

أذن وأنف وحنجرة
udhun wa-anf wa-Hanjara
ENT

القلب والأوعية الدموية
al-qalb wal-awaiya
ad-damaweeya
cardiology

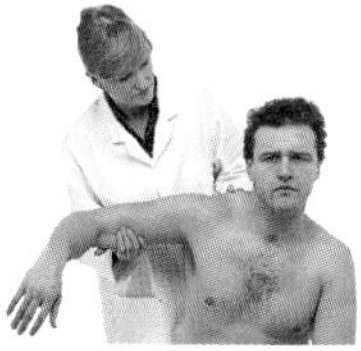

العظام
al-AiZaam
orthopaedy

النساء والولادة
an-nisaa' wal-wilaada
gynaecology

العلاج الطبيعي
al-Ailaaj aT-TabeeAee
physiotherapy

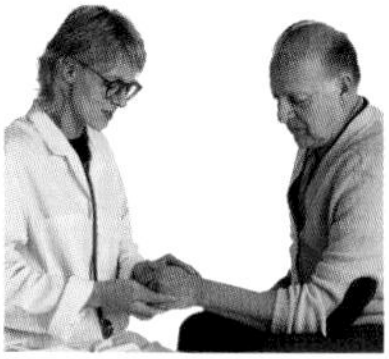

الجلدية
al-jildeeya
dermatology

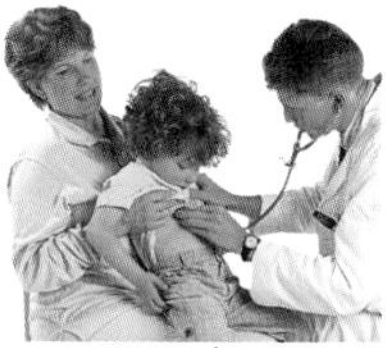

الأطفال
al-aTfaal
paediatrics

الأشعة
al-ashiAAa
radiology

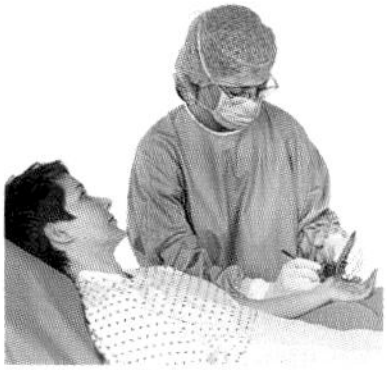

الجراحة
al-jiraaHa
surgery

الولادة
al-wilaada
maternity

الأمراض النفسية
al-amraaD an-nafseeya
psychiatry

العيون
al-Auyoon
ophthalmology

المفردات al-mufradaat • vocabulary

الأعصاب al-Aasaab **neurology**	التجميل at-tajmeel **plastic surgery**	الغدد الصماء al-ghudad aS-Samaa' **endocrinology**	الأمراض al-amraaD **pathology**	نتيجة nateeja **result**
السرطان as-saraTaan **oncology**	الجهاز البولي والكلي al-jihaaz al-boolee wal-kilee **urology**	إحالة iHaala **referral**	اختبار ikhtibaar **test**	مستشار mustashaar **consultant**

طبيب الأسنان Tabeeb al-asnaan • dentist

سنة sinna • tooth

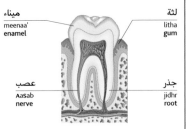

المفردات al-mufradaat • vocabulary

ألم أسنان
alam bi-asnaan
toothache

قلاح
qulaaн
plaque

تسوس
tasawwus
decay

حشو
нashw
filling

مثقب
mithqab
drill

خيط للأسنان
khayт lil-asnaan
dental floss

خلع
khalA
extraction

تاج
taaj
crown

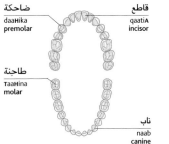

فحص faнs • check-up

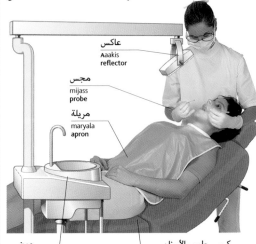

عاكس
Aaakis
reflector
مجس
mijass
probe
مريلة
maryala
apron
حوض
HawD
basin
كرسي طبيب الأسنان
kursee Tabeeb al-asnaan
dentist's chair

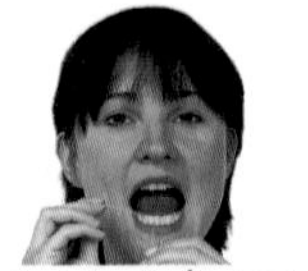

ينظف الأسنان بالخيط
yunazzif al-asnaan bil-khayT
floss (v)

يفرش
yufarrish
brush (v)

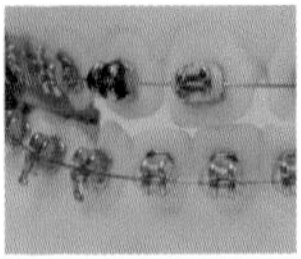

مثبت
muththabit
brace

تصوير الأسنان بأشعة أكس
tasweer al-asnaan bi-ashiAAat aks
dental x-ray

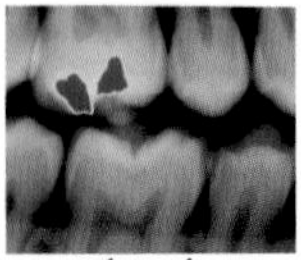

فيلم أشعة أكس
film ashiAAat aks
x-ray film

طقم أسنان
Taqm asnaan
dentures

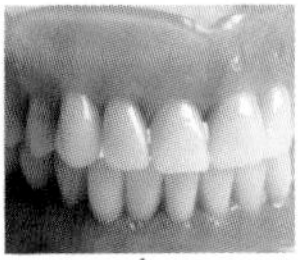

طبيب العيون Tabeeb al-Auyoon • optician

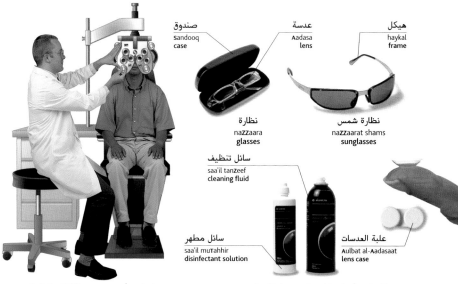

صندوق
Sandooq
case

عدسة
Aadasa
lens

هيكل
haykal
frame

نظارة
naZZaara
glasses

نظارة شمس
naZZaarat shams
sunglasses

سائل تنظيف
saa'il tanZeef
cleaning fluid

سائل مطهر
saa'il muTahhir
disinfectant solution

علبة العدسات
Aulbat al-Aadasaat
lens case

اختبار النظر ikhtibaar an-naZar | eye test

عدسات لاصقة Aadasaat laaSiqa | contact lenses

عين Aayn • eye

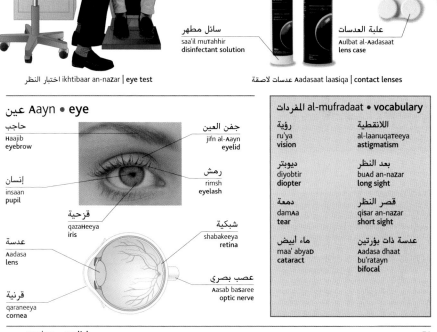

حاجب
Haajib
eyebrow

جفن العين
jifn al-Aayn
eyelid

إنسان
insaan
pupil

رمش
rimsh
eyelash

قزحية
qazaHeeya
iris

عدسة
Aadasa
lens

شبكية
shabakeeya
retina

قرنية
qaraneeya
cornea

عصب بصري
Aasab baSaree
optic nerve

المفردات al-mufradaat • vocabulary

رؤية ru'ya vision	**اللانقطية** al-laanuqaTeeya astigmatism
ديوبتر diyobtir diopter	**بعد النظر** buAd an-naZar long sight
دمعة damAa tear	**قصر النظر** qiSar an-naZar short sight
ماء أبيض maa' abyaD cataract	**عدسة ذات بؤرتين** Aadasa dhaat bu'ratayn bifocal

الحمل al-Haml • pregnancy

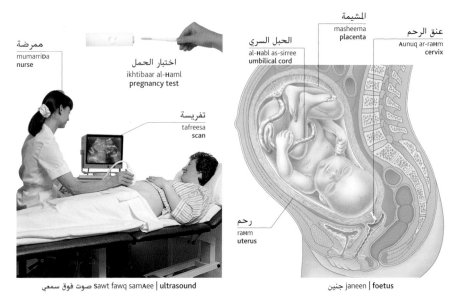

ممرضة
mumarriDa
nurse
اختبار الحمل
ikhtibaar al-Haml
pregnancy test
تفريسة
tafreesa
scan

صوت فوق سمعي Sawt fawq samAee | ultrasound

المشيمة
masheema
placenta
عنق الرحم
Aunuq ar-raHm
cervix
الحبل السري
al-Habl as-sirree
umbilical cord
رحم
uterus

جنين janeen | foetus

المفردات al-mufradaat • vocabulary

إباضة ibaaDa **ovulation**	قبل الولادة qabla l-wilaada **antenatal**	تقلص taqallus **contraction**	اتساع ittisaaA **dilation**	وضع wadA **delivery**	جنين منعكس (janeen) munAakis **breech**
إخصاب ikhsaab **conception**	جنين janeen **embryo**	خروج السائل الأمنيوني khurooj as-saa'il al-amniyoonee **break waters (v)**	تخدير فوق الجافية takhdeer fawq al-jaafeeya **epidural**	ولادة wilaada **birth**	مبتسر mubtasir **premature**
حامل Haamil **pregnant**	رحم raHm **womb**	السائل الأمنيوني as-saa'il al-amniyoonee **amniotic fluid**	شق الفوهة الفرجية shaqq al-fooha al-farjeeya **episiotomy**	إجهاض ijhaaD **miscarriage**	طبيب نساء Tabeeb nisaa' **gynaecologist**
حامل Haamil **expectant**	ثلاثي الأشهر thulaathee al-ash-hur **trimester**	سحب السائل الأمنيوني saHb as-saa'il al-amniyoonee **amniocentesis**	القيصرية al-qaySareeya **caesarean section**	خيوط جراحية khuyooT jarraaHeeya **stitches**	طبيب توليد Tabeeb tawleed **obstetrician**

الولادة al-wilaada • childbirth

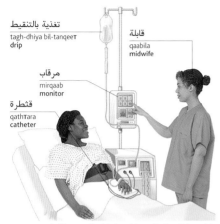

تغذية بالتنقيط
tagh-dhiya bil-tanqeeT
drip
قابلة
qaabila
midwife
مرقاب
mirqaab
monitor
قثطرة
qathTara
catheter

حث المخاض yahuthth il-makhaaD | induce labour (v)

حاضنة HaaDina | incubator

ميزان
meezaan
scales

الوزن عند الولادة al-wazn Ainda l-walaada | birth weight

ملقط
milqaT
forceps

كوب حجامة
koob Hijaama
ventouse cup

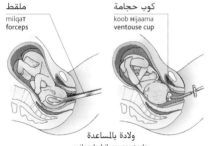

ولادة بالمساعدة
wilaada bil-musaaAada
assisted delivery

علامة هوية
Aalaamat haweeya
identity tag

حديث الولادة Hadeeth al-wilaada | newborn baby

تغذية بالثدي tagh-dhiya bith-thady • nursing

مضخة ثدي
xīrǔqì
breast pump

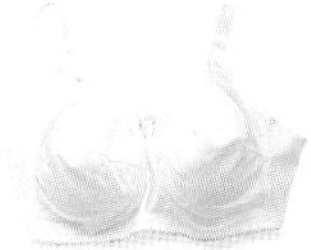

صدرية للتغذية بالثدي
sudreeya lit-tagh-dhiya bith-thady
nursing bra

تغذي بالثدي
tughadh-dhee bith-thady
breastfeed (v)

حشية
Hashiya
pads

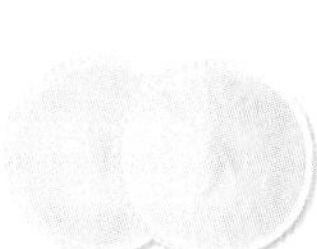

العلاج البديل al-Ailaaj al-badeel • alternative therapy

مدرس
mudarris
teacher

سجادة
sijjaada
mat

يوجا yoga | **yoga**

تدليك
tadleek
massage

شياتسو
shiyaatsoo
shiatsu

تصحيح الجسم ذاتياً
tasHeeH al-jism dhaateeyan
chiropractic

تجبير العظم
tajbeer al-Aazm
osteopathy

علاج باليدين
Ailaaj bil-yadayn
reflexology

تأمل
ta'ammul
meditation

مستشار
mustashaar
counsellor

ري كي
raykee
reiki

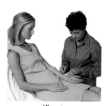

وخز بالإبر
wakhz bil-ibr
acupuncture

علاج جماعي
Ailaaj jamaaAee
group therapy

أيورفيدية
ayoorfeedeeya
ayurveda

علاج بالتنويم
Ailaaj bit-tanweem
hypnotherapy

خلاصات الزيوت
khulaaSaat az-zuyoot
essential oils

علاج بالأعشاب
Ailaaj bil-aAshaab
herbalism

علاج بخلاصات الزيوت
Ailaaj bi-khulaaSaat az-zuyoot
aromatherapy

علاج بالمثل
Ailaaj bil-mithl
homeopathy

علاج بالضغط
Ailaaj biD-DaghT
acupressure

معالج
muAaalij
therapist

علاج نفسي
Ailaaj nafsee
psychotherapy

المفردات al-mufradaat • vocabulary

مكمل mukammil **supplement**	عشب Aushb **herb**	استرخاء istirkhaa' **relaxation**	توتر tawattur **stress**
علاج بالمياه Ailaaj bil-miyaah **hydrotherapy**	فينج شوي feng shuwee **feng shui**	علاج بالبلورات Ailaaj bil-ballooraat **crystal healing**	علاج بالطبيعية Ailaaj biT-TabeeAeeya **naturopathy**

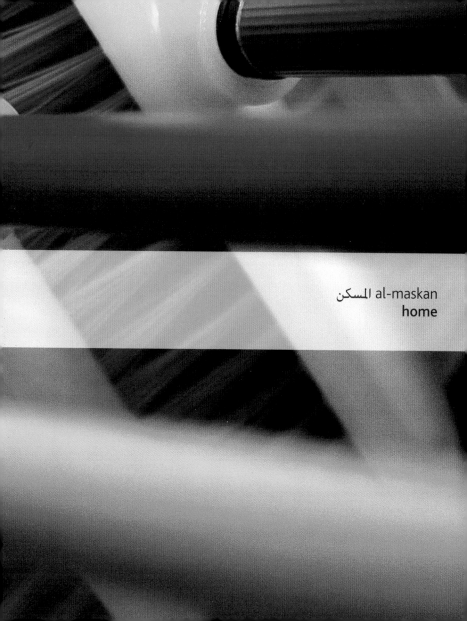

المسكن al-maskan
home

المنزل al-manzil • house

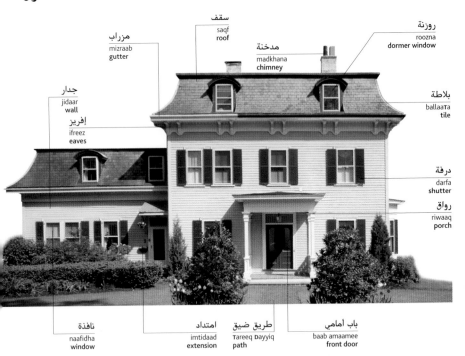

سقف
saqf
roof
روزنة
roozna
dormer window
مزراب
mizraab
gutter
مدخنة
madkhana
chimney
جدار
jidaar
wall
بلاطة
ballaaTa
tile
إفريز
ifreez
eaves
درفة
darfa
shutter
رواق
riwaaq
porch
نافذة
naafidha
window
امتداد
imtidaad
extension
طريق ضيق
Tareeq Dayyiq
path
باب أمامي
baab amaamee
front door

المفردات al-mufradaat • vocabulary

منفصل munfasil **detached**	مستأجر musta'jir **tenant**	جراج garaaj **garage**	جهاز إنذار jihaaz indhaar **burglar alarm**	صندوق الخطابات sandooq al-khiTaabaat **letterbox**	يستأجر yasta'jir **rent (v)**
شبه منفصل shibh munfasil **semidetached**	طابق Taabiq **floor**	فناء finaa' **courtyard**	مصباح رواق misbaaH riwaaq **porch light**	غرفة بأعلى دور ghurfa bi'Aalaa door **attic**	إيجار eejaar **rent**
بيت في مدينة bayt fee madeena **townhouse**	بدروم badroom **basement**	غرفة ghurfa **room**	صاحب الملك saaHib al-milk **landlord**	بيت من طابق واحد bayt min Taabiq waaHid **bungalow**	صف منازل saff manaazil **terraced**

المدخل al-madkhal • entrance

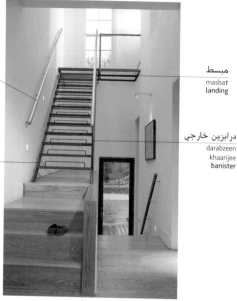

درابزين داخلي
darabzeen daakhilee
hand rail

مبسط
masbaT
landing

درابزين خارجي
darabzeen khaarijee
banister

سلم
sullam
staircase

مدخل
madkhal
hallway

جرس الباب
jaras al-baab
doorbell

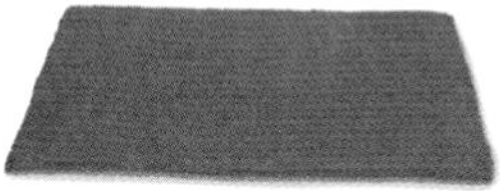

سجادة الباب
sijjaadat al-baab
doormat

مطرقة الباب
miTraqat al-baab
door knocker

سلسلة الباب
silsilat al-baab
door chain

مفتاح
miftaaH
key

قفل
qufl
lock

مزلاج
mizlaaj
bolt

شقة shaqqa • flat

شرفة
shurfa
balcony

عمارة شقق
Aimaarat shuqaq
block of flats

تليفونات داخلية
tileefohnaat daakhileeya
intercom

مصعد
miSAad
lift

الأنظمة الداخلية al-anzima ad-daakhileeya • internal systems

مشعاع
mishAaaA
radiator

سخان
sakhkhaan
heater

نصل
nasl
blade

مروحة
mirwaHa
fan

سخان بالحمل الحراري
sakhkhaan bil-Haml al-Haraaree
convector heater

كهرباء kahrabaa' • electricity

سلك رقيق
silk raqeeq
filament

نظام مسمار
nizaam mismaar
bayonet fitting

مصباح إضاءة misbaaH iDaa'a | **light bulb**

توصيل بالأرض
tawseel bil-arD
earthing

قابس qaabis | **plug**

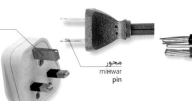

محور
miHwar
pin

غير مشحون
ghayr mash-Hoon
neutral

مشحون
mash-Hoon
live

اسلاك aslaak | **wires**

المفردات al-mufradaat • vocabulary

جهد كهربائي jahd kahrabaa'ee **voltage**	مصهر mishar **fuse**	مقبس miqbas **socket**	تيار مستمر tayyaar mustamirr **direct current**	انقطاع التيار inqitaaA at-tayyaar **power cut**
امبير ambeer **amp**	صندوق المصاهر sandooq al-masaahir **fuse box**	مفتاح miftaaH **switch**	محول muHawwil **transformer**	التموين الرئيسي at-tamween ar-ra'eesee **mains supply**
قدرة qudra **power**	مولد muwallid **generator**	تيار متردد tayyaar mutaraddid **alternating current**	عداد كهرباء Aaddaad kahrabaa' **electricity meter**	

السباكة as-sibaaka • plumbing

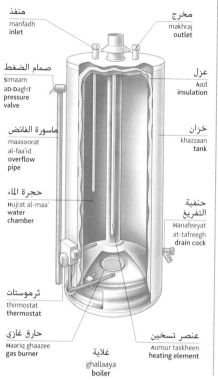

منفذ
manfadh
inlet

مخرج
makhraj
outlet

صمام الضغط
Simaam
aD-DaghT
pressure valve

عزل
Aazl
insulation

ماسورة الفائض
maasoorat
al-faa'id
overflow pipe

خزان
khazzaan
tank

حجرة الماء
Hujrat al-maa'
water chamber

حنفية التفريغ
Hanafeeyat
at-tafreegh
drain cock

ثرموستات
thirmostat
thermostat

حارق غازي
Haariq ghaazee
gas burner

غلاية
ghallaaya
boiler

عنصر تسخين
Aunsur taskheen
heating element

حوض HawD • sink

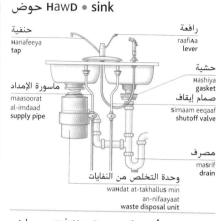

حنفية
Hanafeeya
tap

رافعة
raafiAa
lever

ماسورة الإمداد
maasoorat
al-imdaad
supply pipe

حشية
Hashiya
gasket

صمام إيقاف
Simaam eeqaaf
shutoff valve

مصرف
maSrif
drain

وحدة التخلص من النفايات
waHdat at-takhallus min
an-nifaayaat
waste disposal unit

مرحاض mirHaaD • water closet

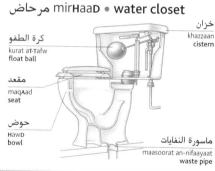

خزان
khazzaan
cistern

كرة الطفو
kurat aT-Tafw
float ball

مقعد
maqAad
seat

حوض
HawD
bowl

ماسورة النفايات
maasoorat an-nifaayaat
waste pipe

التخلص من النفايات at-takhalluS min an-nifaayaat • waste disposal

صندوق إعادة التدوير
Sandooq iAaadat
at-tadweer
recycling bin

زجاجة
zujaaja
bottle

دواسة
dawwaasa
pedal

صندوق النفايات
Sandooq an-nifaayaat
rubbish bin

غطاء
ghiTaa'
lid

وحدة الفرز
waHdat al-farz
sorting unit

نفايات عضوية
nifaayaat AuDweeya
organic waste

غرفة الجلوس ghurfat al-juloos • living room

لوحة فنية
lawHa fanneeya
painting

إطار
iTaar
frame

مصباح
misbaaH
lamp

مصباح حائط
misbaaH Haa'iT
wall light

ساعة كبيرة
saaAa kabeera
clock

سقف
saqf
ceiling

خزانة
khizaana
cabinet

أريكة
areeka
sofa

مخدة
mikhadda
cushion

طاولة قهوة
Taawilat qahwa
coffee table

أرضية
arDeeya
floor

62

مرآة
mir'aa
mirror

زهرية
zuhreeya
vase

رف المستوقد
raff al-mustawqad
mantelpiece

مستوقد
mustawqad
fireplace

بارافان
baraafaan
screen

شمعة
shamAa
candle

رف للكتب
raff lil-kutub
bookshelf

أريكة سريرية
areeka sareereeya
sofabed

بساط
bisaaT
rug

ستارة
sittaara
curtain

ستارة شبكية
sittaara shabakeeya
net curtain

حاجبة فينيسية
Haajiba feeneeseeya
venetian blind

حاجبة تلف على بكرة
Haajiba taliff Aalaa bakra
roller blind

زخرفة السقف
zakhrafat as-saqf
moulding

كرسي وثير
kursee watheer
armchair

غرفة المكتب ghurfat al-maktab | **study**

غرفة الطعام ghurfat aT-TaAaam • dining room

فلفل
filfil
pepper
ملح
milH
salt
مائدة
maa'ida
table
أوان فخارية
awaanin
fukhaareeya
crockery
أدوات المائدة
adawaat
al-maa'ida
cutlery
كرسي
kursee
chair
ظهر
zahr
back
مقعد
maqAad
seat
ساق
saaq
leg

المفردات al-mufradaat • vocabulary

يفرش المائدة yafrish al-maa'ida **lay the table (v)**	جائع jaa'iA **hungry**	غداء ghadaa' **lunch**	شبعان shabAaan **full**	مضيف muDeef **host**
يقدم الأكل yaqaddim al-akl **serve (v)**	مفرش mafrash **tablecloth**	عشاء Aashaa' **dinner**	حصة Hissa **portion**	مضيفة muDeefa **hostess**
يأكل ya'kul **eat (v)**	إفطار ifTaar **breakfast**	مفرش فردي mafrash fardee **place mat**	وجبة wajba **meal**	مدعو madAoo **guest**

أنا شبعان، شكراً.
ana shabAaan, shukran.
I'm full, thank you.

هذا كان لذيذاً.
haadha kaana ladheedhan.
That was delicious.

هل يمكنني أن اخذ المزيد؟
hal yumkinunee an aakhudh al-mazeed?
Can I have some more?

الأواني الفخارية وأدوات المائدة al-awaanee al-fukhaareeya wa adawaat al-maa'ida
• crockery and cutlery

قدح
qadaH
mug

فنجان قهوة
finjaan qahwa
coffee cup

فنجان شاي
finjaan shaay
teacup

ملعقة شاي
milAaqat shaay
teaspoon

طبق
Tabaq
plate

سلطانية
sulTaaneeya
bowl

إبريق قهوة
ibreeq qahwa
cafetière

إبريق شاي
ibreeq shaay
teapot

دورق
dawraq
jug

كوب للبيض
koob lil-bayD
egg cup

كأس النبيذ
ka's an-nabeedh
wine glass

كأس
ka's
tumbler

أوان زجاجية
awaanin zujaajeeya
glassware

حلقة منديل
Halqat mindeel
napkin ring

طبق جانبي
Tabaq jaanibee
side plate

طبق كبير
Tabaq kabeer'
dinner plate

طبق الحساء
Tabaq al-Hasaa'
soup bowl

ملعقة الحساء
milAaqat al-Hasaa'
soup spoon

منديل مائدة
mindeel maa'ida
napkin

شوكة
shawka
fork

طقم فردي كامل
Taqm fardee kaamil
place setting

ملعقة
milAaqa
spoon

سكين
sikkeen
knife

المطبخ al-maTbakh • kitchen

مستخرج
mustakhrij
extractor

سخان سيراميك
sakhkhaan seerameek
ceramic hob

مسطح العمل
musaTTaH al-Aamal
worktop

فرن
furn
oven

خزانة
khizaana
cabinet

رفوف
rufoof
shelves

واق من التناثر
waaqin min at-tanaathur
splashback

حنفية
Hanafeeya
tap

حوض
HawD
sink

درج
durj
drawer

الأدوات al-adawaat • appliances

فرن ميكروويف
furn meekroweef
microwave oven

طاسة خلط
Taasat khalT
mixing bowl

نصل
nasl
blade

غطاء
ghaTaa'
lid

غلاية
ghalaaya
kettle

محمصة خبز
muHamiSSat khubz
toaster

جهاز إعداد الطعام
jihaaz iAdaad aT-TaAaam
food processor

خلاط
khallaaT
blender

غسالة الصحون
ghassaalat aS-SuHoon
dishwasher

مكون الثلج
mukawwin
ath-thalj
ice maker
مُجمد
mujammid
freezer
ثلاجة
thallaaja
refrigerator
رف
raff
shelf
الخضراوات
حافظ
Haafiz
al-khuDrawaat
crisper

ثلاجة ومجمد thallaaja wa-mujammid | **fridge-freezer**

المفردات al-mufradaat • vocabulary

تجفيف الصحون لوح
lawh tajfeef aS-SuHoon
draining board

محرقة
muHarriqa
burner

سخان
sakhkhaan
hob

صندوق النفايات
sandooq an-nifaayaat
rubbish bin

يطبخ بالبخار
yatbukh bil-bukhaar
steam (v)

يقلي سريعاً
yaqlee sareeAan
sauté (v)

يجمّد
yujammid
freeze (v)

يزيل الثلج
yuzeel ath-thalj
defrost (v)

طبخ Tabkh • cooking

يقشر
yuqashshir
peel (v)

يشرح
yusharriH
slice (v)

يبشر
yabshur
grate (v)

يدلق
yadluq
pour (v)

يخلط
yukhalliT
mix (v)

يخفق
yakhfuq
whisk (v)

يسلق
yasluq
boil (v)

يقلي
yaqlee
fry (v)

يرقق
yuraqqiq
roll (v)

يقلب
yuqallib
stir (v)

يطبخ على نار هادئة
yaTbukh Aala naar haadi'a
simmer (v)

يسلق
yasluq
poach (v)

يخبز
yakhbiz
bake (v)

يطبخ في الفرن
yaTbukh fil-furn
roast (v)

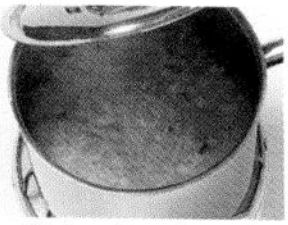

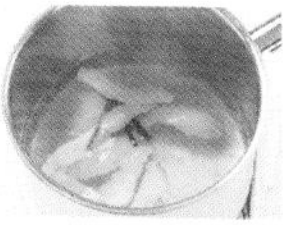

يشوي
yashwee
grill (v)

أدوات المطبخ adawaat al-maTbakh • kitchenware

سكين الخبز
sikkeen al-khubz
bread knife

لوح الشق
lawH ash-shaqq
chopping board

سكين المطبخ
sikkeen al-maTbakh
kitchen knife

ساطور
saaToor
cleaver

مسن السكين
misann as-sikkeen
knife sharpener

ملين اللحم
mulayyin al-laHm
meat tenderizer

سيخ
seekh
skewer

يد الهاون
yad al-haawun
pestle

مقشرة
muqashshira
peeler

قلب التفاح مستخرجة
mustakhrijat qalb at-tuffaaH
apple corer

مبشرة
mibshara
grater

هاون
haawun
mortar

هراسة
harraasa
masher

فتاحة علب
fattaaHat Aulab
can opener

فتاحة زجاجات
fattaaHat zujaajaat
bottle opener

مكبس الثوم
mikbas ath-thoom
garlic press

ملعقة غرف
milAaqat gharf
serving spoon

حامل شريحة السمك
Haamil shareeHat as-samak
fish slice

مصفاة
misfaah
colander

مبسط
mibsaT
spatula

ملعقة خشب
milAaqa khashab
wooden spoon

ملعقة مخرمة
milAaqa mukharrama
slotted spoon

مغرفة
mighrafa
ladle

شوكة قطع
shawkat qaTA
carving fork

مغرفة ايس كريم
mighrafat aays kreem
scoop

خفاقة
khaffaaqa
whisk

منخل
munkhul
sieve

غطاء
ghaTaa'
lid

لا يلتصق
laa yaltasiq
non-stick

مقلاة
miqlaah
frying pan

كفت
kift
saucepan

شواية
shawwaaya
grill pan

مقلاة مستديرة
miqlaah mustadeera
wok

انية خزفية
aaniya khazafeeya
earthenware dish

زجاج
zujaaj
glass

لا يتأثر بالفرن
laa yata'aththar bil-furn
ovenproof

طاسة خلط
Taasat khalT
mixing bowl

إناء النفيخة
inaa' an-nafeekha
soufflé dish

إناء تكوين القشرة السمراء
inaa' takween al-qishra
as-samraa'
gratin dish

رمكين
ramakin
ramekin

كسرولة
kasarola
casserole dish

خبز الكعك khabz al-kaAk • baking cakes

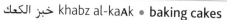

ميزان
meezaan
scales

دورق قياس
dawraq qiyaas
measuring jug

صينية كعك
Seneeyat kaAk
cake tin

صينية فطائر
Seneeyat faTaa'ir
pie tin

صينية فلان
Seneeyat flaan
flan tin

فرشاة معجنات
furshaat muAajjinaat
pastry brush

 مرقاق mirqaaq | rolling pin

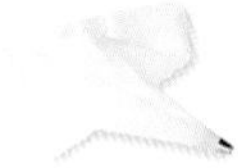

كيس تزيين المعجنات
kees tazyeen al-muAajjinaat | piping bag

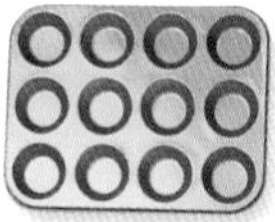

صينية أقراص الكعك
Seneeyat aqraaS
al-kaAk
muffin tray

صينية خبز
Seneeyat khabz
baking tray

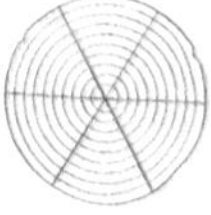

حامل تبريد
Haamil tabreed
cooling rack

قفاز الفرن
quffaaz al-furn
oven glove

مريلة
maryala
apron

غرفة النوم ghurfat an-nawm • bedroom

خزانة
khizaana
wardrobe
مصباح بجوار السرير
misbaaH bi-jiwaar as-sareer
bedside lamp
مسند للرأس
misnad lir-ra's
headboard
منضدة بجوار السرير
minDadda bi-jiwaar as-sareer
bedside table
مجموعة أدراج
majmooAat adraaj
chest of drawers
درج
durj
drawer
سرير
sareer
bed
مرتبة
martaba
mattress
شرشف
sharshaf
bedspread
مخدة
mikhadda
pillow

زجاجة ماء ساخن
zujaajat maa' saakhin
hot-water bottle

راديو بساعة
raadyo bi-saaAa
clock radio

منبه
munabbih
alarm clock

علبة مناديل ورق
Aulbat manaadeel waraq
box of tissues

علاقة ملابس
Aallaaqat malaabis
coat hanger

بياض الفراش bayaaD al-firaash • bed linen

مراة
mir'aa
mirror
طاولة الزينة
Taawilat az-zeena
dressing table
أرضية
arDeeya
floor

غطاء المخدة
ghaTaa' al-mikhadda
pillowcase
ملاءة
milaa'a
sheet
سجافة
sijaafa
valance
لحاف
liHaaf
duvet

لحاف مزين
liHaaf muzayyan
quilt
بطانية
baTTaneeya
blanket

المفردات al-mufradaat • vocabulary

سرير فردي sareer fardee **single bed**	مسند للقدم misnad lil-qadam **footboard**	أرق araq **insomnia**	يستيقظ yastayqaz **wake up (v)**	يضبط المنبه yaDbuT al-munabbih **set the alarm (v)**
سرير مزدوج sareer muzdawij **double bed**	زنبرك zanbarak **spring**	يذهب للنوم yadh-hab lin-nawm **go to bed (v)**	يقوم yaqoom **get up (v)**	يشخر yushshakhir **snore (v)**
بطانية كهربائية baTTaneeya kahrabaa'eeya **electric blanket**	سجادة sajjaada **carpet**	ينام yanaam **go to sleep (v)**	يرتب الفراش yurattib al-firaash **make the bed (v)**	خزانة في الحائط khizanna fil-haa'iT **built-in wardrobe**

الحمام al-Hammaam • bathroom

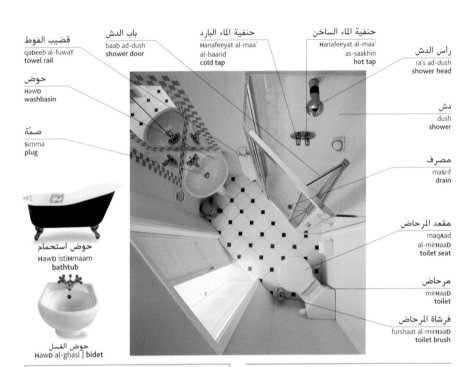

قضيب الفوط
qaDeeb al-fuwaT
towel rail

باب الدش
baab ad-dush
shower door

حنفية الماء البارد
Hanafeeyat al-maa' al-baarid
cold tap

حنفية الماء الساخن
Hanafeeyat al-maa' as-saakhin
hot tap

رأس الدش
ra's ad-dush
shower head

حوض
HawD
washbasin

دش
dush
shower

صمّة
Simma
plug

مصرف
maSrif
drain

مقعد المرحاض
maqAad al-mirHaaD
toilet seat

مرحاض
mirHaaD
toilet

فرشاة المرحاض
furshaat al-mirHaaD
toilet brush

حوض استحمام
HawD istiHmaam
bathtub

حوض الغسل
HawD al-ghasl | **bidet**

المفردات al-mufradaat • vocabulary

خزانة الأدوية khizaanat al-adwiya **medicine cabinet**	سجادة الحمام sajjaadat al-Hammaam **bath mat**
ورق الحمام waraq al-Hammaam **toilet roll**	ستارة الدش sitaraat ad-dush **shower curtain**
يأخذ دش ya'khudh dush **take a shower (v)**	يستحم yastaHamm **take a bath (v)**

نظافة الأسنان naZaafat al-asnaan • dental hygiene

فرشاة أسنان
furshaat asnaan
toothbrush

معجون أسنان
maAjoon asnaan
toothpaste

منظف للفم
munazzif lil-fam
mouthwash

خيط للأسنان
khayT lil-asnaan
dental floss

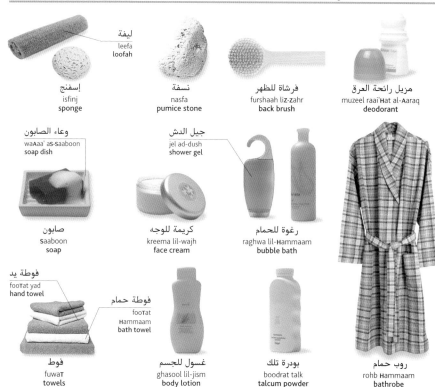

ليفة
leefa
loofah

إسفنج
isfinj
sponge

نسفة
nasfa
pumice stone

فرشاة للظهر
furshaah liz-Zahr
back brush

مزيل رائحة العرق
muzeel raai'Hat al-Aaraq
deodorant

وعاء الصابون
waAaa' aS-Saaboon
soap dish

جيل الدش
jel ad-dush
shower gel

صابون
Saaboon
soap

كريمة للوجه
kreema lil-wajh
face cream

رغوة للحمام
raghwa lil-Hammaam
bubble bath

فوطة يد
fooTat yad
hand towel

فوطة حمام
fooTat
Hammaam
bath towel

فوط
fuwaT
towels

غسول للجسم
ghasool lil-jism
body lotion

بودرة تلك
boodrat talk
talcum powder

روب حمام
rohb Hammaam
bathrobe

حلاقة Hilaaqa • shaving

جهاز حلاقة كهربائي
jihaaz Hilaaqa
kahrabaa'eeya
electric razor

رغوة حلاقة
raghwat Hilaaqa
shaving foam

موس للرمي
moos lir-ramy
disposable razor

موس حلاقة
moos Hilaaqa
razor blade

عطر لبعد الحلاقة
Aitr li-baAd al-Hilaaqa
aftershave

الحضانة al-HaDaana • nursery

رعاية الرضيع riAaayat ar-raDeeA • baby care

إسفنج
isfinj
sponge

كريمة لطفح الحفاظ
kreema li-Tafh al-HiffaAZ
nappy rash cream

مساحة مبللة
massaaHa
muballala
wet wipe

حمام للرضيع
Hammaam lir-radeeA
baby bath

قصرية
qaSreeya
potty

وسادة تغيير
wisaadat taghyeer
changing mat

النوم an-nawm • sleeping

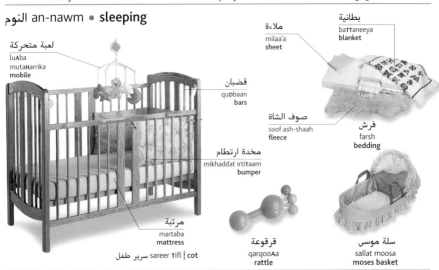

لعبة متحركة
luAba
mutaHarrika
mobile

قضبان
quDbaan
bars

مخدة ارتطام
mikhaddat irtiTaam
bumper

مرتبة
martaba
mattress

ملاءة
milaa'a
sheet

بطانية
baTTaneeya
blanket

صوف الشاة
soof ash-shaah
fleece

فرش
farsh
bedding

سرير طفل sareer Tifl | cot

قرقوعة
qarqooAa
rattle

سلة موسى
sallat moosa
moses basket

اللعب al-laAib • playing

دمية
dumya
doll

لعبة طرية
laAba Tareeya
soft toy

منزل الدمية
manzil ad-dumya
doll's house

منزل لعبة
manzil luAba
playhouse

دب كدمية
dubb ka-dumya
teddy bear

لعبة
luAba
toy

سلة اللعب
sallat al-luAab
toy basket

كرة
kura
ball

ملعب متنقل
malAab mutannaqil
playpen

السلامة as-salaama • safety

قفل أطفال
qufl aTfaal
child lock

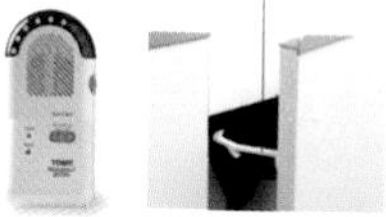

مراقب الطفل
muraaqib aT-Tifl
baby monitor

بوابة السلم
bawwaabat as-sullam
stair gate

الأكل al-akl • eating

كرسي مرتفع
kursee murtafiA
high chair

حلمة الزجاجة
Halamat az-zujaaja
teat

كوب شرب
koob shurb
drinking cup

زجاجة
zujaaja
bottle

الخروج al-khurooj • going out

كرسي بعجل
kursee bi-Aajal
pushchair

غطاء العربة
ghiTaa'
al-Aaraba
hood

عربة أطفال
Aarabat aTfaal
pram

حفاظ
HiffaAZ
nappy

مهد
mahd
carrycot

حقيبة تغيير
Haqeebat taghyeer
changing bag

حمالة رضيع
Hammaalat raDeeA
baby sling

غرفة المنافع ghurfat al-manaafiA • utility room

الغسيل al-ghaseel • laundry

ملابس متسخة
malaabis muttasikha
dirty washing

سلة الغسيل
sallat al-ghaseel
laundry basket

غسالة
ghassaala
washing machine

غسالة ومجففة
ghassaala wa-mujaffifa
washer-dryer

مجففة
mujaffifa
tumble dryer

ملابس نظيفة
malaabis naZeefa
clean clothes

سلة فرش السرير
sallat farsh as-sareer
linen basket

حبل غسيل
Habl ghaseel
clothes line

مشبك ملابس
mishbak malaabis
clothes peg

يجفّ
yajiff
dry (v)

طاولة الكي Taawilat al-kayy | **ironing board**

مكواة
mikwaah
iron

المفردات al-mufradaat • vocabulary

يعبئ
yuAabbi'
load (v)

يدور بسرعة
yadoor bi-surAa
spin (v)

يكوي
yakwee
iron (v)

يشطف
yashTuf
rinse (v)

مجففة بالدوران
majaffifa bil-dawaraan
spin dryer

منعم الملابس
munaAAim al-malaabis
fabric conditioner

كيف أشغل الغسالة؟
kayfa ushagh-ghil al-ghassaala?
How do I operate the washing machine?

ما معايير الضبط للملابس الملونة/البيضاء؟
maa maAaayeer aD-DabT lil-malaabis al-mulawwana/al-bayDaa'?
What is the setting for coloureds/whites?

معدات التنظيف muAiddaat at-tanzeef • cleaning equipment

خرطوم الامتصاص
khartoom al-imtisaaS
suction hose

فرشاة
furshaah
brush

مجرفة
mijrafa
dust pan

مادة تقصير
maadat taqSeer
bleach

دلو
dilw
bucket

مسحوق
mas-Hooq
powder

سائل
saa'il
liquid

منفضة
minfaDa
duster

مكنسة كهربائية
miknasa kahrabaa'eeya
vacuum cleaner

ممسحة
mimsaHa
mop

منظف
munaZZif
detergent

مادة تلميع
maadat talmeeA
polish

الأنشطة al-anshiTa • activities

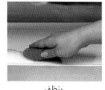

ينظف
yunaZZif
clean (v)

يغسل
yaghsil
wash (v)

يمسح
yamsaH
wipe (v)

ينظف بالحك
yunaZZif bil-Hakk
scrub (v)

يكشط
yakshiT
scrape (v)

مكنسة
miknasa
broom

يكنس
yaknus
sweep (v)

ينفض الغبار
yanfuD al-ghubaar
dust (v)

يلمّع
yulammiA
polish (v)

ورشة العمل warshat al-Aamal • workshop

لقمة ثقب
luqmat thaqb
drill bit

قابض لقم
qaabid luqam
chuck

منشار قطع النماذج
minshaar qatA
al-namaadhij
jigsaw

مجموعة البطاريات
majmooAat al-bataareeyaat
battery pack

مثقاب يعاد شحنه
mithqaab yuAaad shaHnuhu
rechargeable drill

مثقاب كهربائي
mithqaab kahrabaa'ee
electric drill

مسدس غراء
musaddas ghiraa'
glue gun

ماسك
maasik
clamp

منجلة
manjala
vice

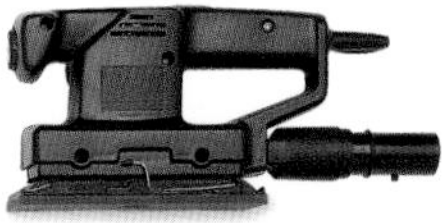

مصنفرة
muSanfira
sander

نصل
nasl
blade

منشار دائري
minshaar daa'iree
circular saw

منضدة عمل
minDaddat Aamal
workbench

غراء خشب
ghiraa' khashab
wood glue

مسحاج تخديد
misHaaj takhdeed
router

قشارة الخشب
qishaarat
al-khashab
wood shavings

رف العدة
raff al-Aidda
tool rack

ملفاف بلقم
milfaaf bi-luqam
bit brace

سلك إطالة
silk iTaala
extension lead

الأساليب التقنية al-asaaleeb at-taqneeya • techniques

يقطع
yaqTaA
cut (v)

ينشر
yanshur
saw (v)

يثقب
yathqub
drill (v)

يدق
yaduqq
hammer (v)

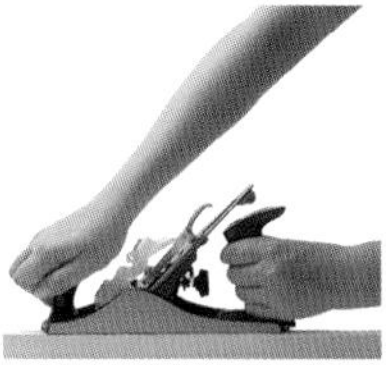

يكشط yakshiT | **plane (v)**

يدور yudawwir | **turn (v)**

ينحت yanHit | **carve (v)**

لحم
laHm
solder

يلحم yalHum | **solder (v)**

الخامات al-khaamaat • materials

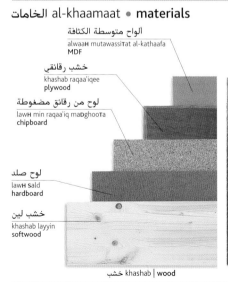

ألواح متوسطة الكثافة
alwaaH mutawassiTat al-kathaafa
MDF

خشب رقائقي
khashab raqaa'iqee
plywood

لوح من رقائق مضغوطة
lawH min raqaa'iq maDghooTa
chipboard

لوح صلد
lawH Sald
hardboard

خشب لين
khashab layyin
softwood

خشب صلد
khashab Sald
hardwood

ورنيش
warneesh
varnish

صبغة للخشب
sabgha lil-khashab
woodstain

خشب khashab | **wood**

سلك
silk
wire

كبل
kabl
cable

صلب غير قابل للصدأ
sulb ghayr qaabil lis-Sada'
stainless steel

مجلفن
mugalfan
galvanised

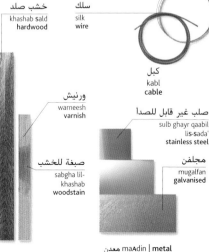

معدن maAdin | **metal**

صندوق العدة sandooq al-Aidda • toolbox

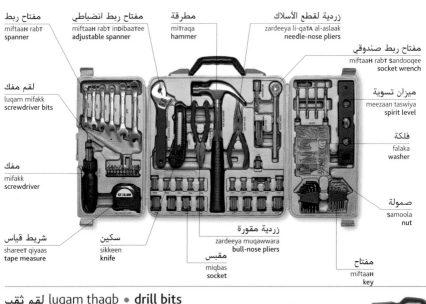

مفتاح ربط
miftaaH rabT
spanner
مفتاح ربط انضباطي
miftaaH rabT inDibaaTee
adjustable spanner
مطرقة
miTraqa
hammer
زردية لقطع الأسلاك
zardeeya li-qaTA al-aslaak
needle-nose pliers
مفتاح ربط صندوقي
miftaaH rabT Sandooqee
socket wrench
لقم مفك
luqam mifakk
screwdriver bits
ميزان تسوية
meezaan taswiya
spirit level
فلكة
falaka
washer
مفك
mifakk
screwdriver
صمولة
Samoola
nut
شريط قياس
shareeT qiyaas
tape measure
سكين
sikkeen
knife
زردية مقورة
zardeeya muqawwara
bull-nose pliers
مقبس
miqbas
socket
مفتاح
miftaaH
key

لقم ثقب luqam thaqb • drill bits

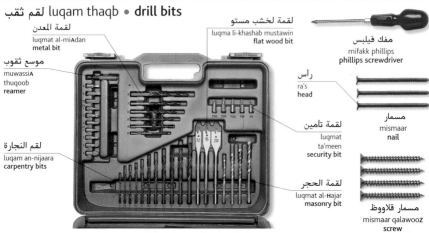

لقمة المعدن
luqmat al-miAdan
metal bit
لقمة لخشب مستو
luqma li-khashab mustawin
flat wood bit
موسع ثقوب
muwassiA
thuqoob
reamer
لقمة تأمين
luqmat
ta'meen
security bit
لقم النجارة
luqam an-nijaara
carpentry bits
لقمة الحجر
luqmat al-Hajar
masonry bit

مفك فيلبس
mifakk phillips
phillips screwdriver

راس
ra's
head

مسمار
mismaar
nail

مسمار قلاووظ
mismaar qalawooz
screw

مُعرية الأسلاك المعزولة
muAreeyat al-aslaak al-maAzoola
wire strippers

قاطعة أسلاك
qaaTiAat aslaak
wire cutters

شريط عازل
shareeT Aaazil
insulating tape

كاوية لحام
kaawiyat liHaam
soldering iron

مشرط
mishraT
scalpel

منشار منحنيات
minshaar munHanayaat
fretsaw

شريط لحام
shareeT liHaam
solder

منشار تلسين
minshaar talseen | tenon saw

نظارات أمان
naZZaaraat amaan
safety goggles

فارة
faara
plane

قالب القطع المائل
qaalib al-qaTA al-maa'il
mitre block

منشار يدوي
minshaar yadawee
handsaw

مثقاب يدوي
mithqaab yadawee
hand drill

صوف سلكي
soof silkee
wire wool

منشار معادن
minshaar maAaadin
hacksaw

مفتاح إنكليزي
miftaaH inkleezee
wrench

إزميل
izmeel
chisel

ورق صنفرة
waraq Sanfara
sandpaper

كباس
kabbaas
plunger

مبرد
mibrad
file

حجر السن
Hajar as-sann
sharpening stone

قاطعة أنابيب
qaaTiAat anaabeeb | pipe cutter

التزيين at-tazyeen • decorating

مقص
miqaSS
scissors

مزخرف
muzakhrif
decorator

سكين حرفي
sikkeen Hirafee
craft knife

ورق حائط
waraq Haa'iT
wallpaper

شاقول البناء
shaaqool al-binaa'
plumb line

سلم نقال
sullam naqqaal
stepladder

مكشطة
miksha Ta
scraper

فرشاة لورق الحائط
furshaah li-waraq
al-Haa'iT
wallpaper brush

طاولة عجن
Taawilat Aajn
pasting table

فرشاة عجن
furshaat Aajn
pasting brush

عجين لورق الحائط
Aajeen li-waraq
al-Haa'iT
wallpaper paste

دلو
dilw
bucket

يلصق ورق الحائط yulSiq waraq Haa'iT | wallpaper (v)

يزيل الورق yuzeel al-waraq | strip (v)

يملأ yamla' | fill (v)

يصقل بورق صنفرة
yaSqul bi-waraq Sanfara | sand (v)

يملّط yumalliT | plaster (v)

يلصق yulSiq | hang (v)

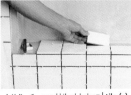

يركب البلاط yurakkib al-balaaT | tile (v)

دلفين
dulfeen
roller

صينية طلاء
Seeneeyat Tilaa'
paint tray

طلاء
Tilaa'
paint

فرشاة
furshaah
brush

إسفنج
isfinj
sponge

شريط حاجب
shareeT Haajib
masking tape

ورق صنفرة
waraq Sanfara
sandpaper

علبة طلاء
Aulbat Tilaa'
paint tin

بدلة واقية
badla waaqiya
overalls

تربنتين
turbenteen
turpentine

ساتر من الأتربة
saatir min an-atriba
dustsheet

مالئ
maali'
filler

كحول أبيض
kuHool abyaD
white spirit

يطلو yaTloo | paint (v)

المفردات al-mufradaat • vocabulary

جبس jibs plaster	لامع laamiA gloss	ورق بنقش بارز waraq bi-naqsh baariz embossed paper	طبقة أولى Tabaqa oola undercoat	مانع للتسرب maaniA lit-tasarrub sealant
ورنيش warneesh varnish	غير لامع ghayr laamiA mat	طبقة ورق أولى Tabaqa waraq oola lining paper	طبقة أخيرة Tabaqa akheera top coat	مادة مذيبة maada mudheeba solvent
مستحلب mustaHlib emulsion	إستنسل istinsil stencil	بطانة طلاء biTaanat Tilaa' primer	مادة حافظة maada Haafiza preservative	ملاط رقيق milaaT raqeeq grout

الحديقة al-Hadeeqa • garden

طرازات الحدائق Tiraazaat al-Hadaa'iq • garden styles

حديقة مبلطة Hadeeqa muballaTa | patio garden

حديقة على السطح
Hadeeqa Aala s-saTH
roof garden

حديقة صخرية
Hadeeqa sakhreeya
rock garden

حديقة رسمية Hadeeqa rasmeeya | formal garden

فناء finaa' | courtyard

حديقة بيت ريفي
Hadeeqat bayt reefee
cottage garden

حديقة أعشاب
Hadeeqat Aashaab
herb garden

حديقة مائية
Hadeeqa maa'eeya
water garden

معالم الحديقة maAaalim al-Hadeeqa • garden features

سلة معلقة
salla muAallaqa
hanging basket

تعريشة taAreesha | trellis

تعريشة أفقية
taAreesha ufuqeeya
pergola

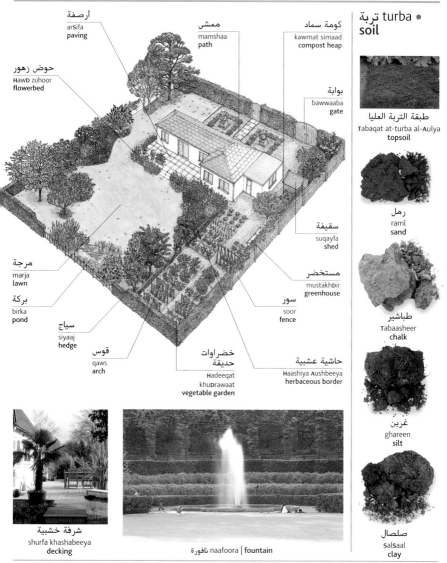

أرصفة
arSifa
paving
ممشى
mamshaa
path
كومة سماد
kawmat simaad
compost heap
حوض زهور
HawD zuhoor
flowerbed
بوابة
bawwaaba
gate
سقيفة
suqayfa
shed
مرجة
marja
lawn
مستخضر
mustakhDir
greenhouse
بركة
birka
pond
سور
soor
fence
سياج
siyaaj
hedge
قوس
qaws
arch
خضراوات حديقة
Hadeeqat khuDrawaat
vegetable garden
حاشية عشبية
Haashiya Aushbeeya
herbaceous border

شرفة خشبية
shurfa khashabeeya
decking

نافورة naafoora | **fountain**

تربة turba • soil

طبقة التربة العليا
Tabaqat at-turba al-Aulya
topsoil

رمل
raml
sand

طباشير
Tabaasheer
chalk

غرين
ghareen
silt

صلصال
SalSaal
clay

نباتات الحديقة nabataat al-Hadeeqa • garden plants

أنواع من النباتات anwaaA min an-nabataat • types of plants

سنوي
sanawee
annual

كل سنتين
kull sanatayn
biennial

معمرة
muAamirra
perennial

بصلة
basala
bulb

سرخس
sirkhas
fern

سمار
samaar
rush

خيزران
khayzaraan
bamboo

أعشاب ضارة
Aashaab Daarra
weeds

عشب
Aushb
herb

نباتات مائية
nabataat maa'eeya
water plants

شجرة
shajara
tree

نخلة
nakhla
palm

صنوبرية
Sunawbareeya
conifer

دائم الخضرة
daa'im al-khaDra
evergreen

مُعبل
muAbil
deciduous

تشذيب
tashdheeb
topiary

الألب
al-alb
alpine

عصاري
AuSaaree
succulent

صبار
Sabbaar
cactus

نبات أصيص
nabaat aSeeS
potted plant
نبات الظل
nabaat aZ-Zill
shade plant
متسلق
mutasalliq
climber
جنبة مزهرة
janba muzhira
flowering shrub
غطاء أرضي
ghiTaa' arDee
ground cover
نبات زاحف
nabaat zaaHif
creeper
نبات زينة
nabaat zeena
ornamental
نجيل
najeel
grass

أدوات الحديقة adawaat al-Hadeeqa • garden tools

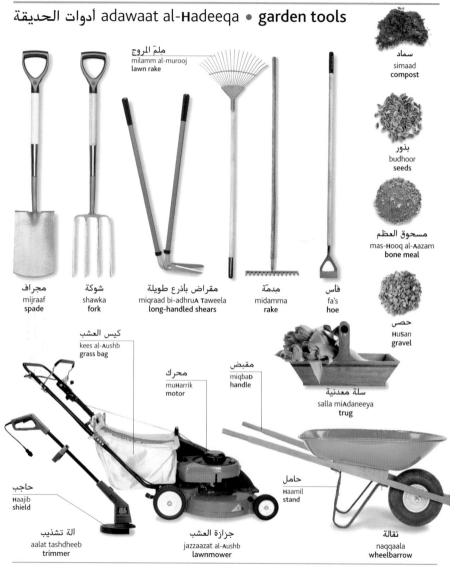

سماد
simaad
compost

مِلمّ المروج
milamm al-murooj
lawn rake

بذور
budhoor
seeds

مسحوق العظم
mas-Hooq al-Aazam
bone meal

مجراف
mijraaf
spade

شوكة
shawka
fork

مقراض بأذرع طويلة
miqraad bi-adhruA Taweela
long-handled shears

مِدمّة
midamma
rake

فأس
fa's
hoe

حصى
HuSan
gravel

سلة معدنية
salla miAdaneeya
trug

كيس العشب
kees al-Aushb
grass bag

محرك
muHarrik
motor

حاجب
Haajib
shield

آلة تشذيب
aalat tashdheeb
trimmer

جزازة العشب
jazzaazat al-Aushb
lawnmower

مقبض
miqbaD
handle

حامل
Haamil
stand

نقالة
naqqaala
wheelbarrow

شوكة يدوية
shawka yadaweeya
hand fork

مالج
maalij
trowel

نصل
nasl
blade

مقراض
miqraaD
shears

منشار يدوي
minshaar yadawee
hand saw

مقراض تقليم صغير
miqraaD taqleem Sagheer
secateurs

صينية بذور
Seneeyat budhoor
seed tray

مبيد آفات
mubeed aafaat
pesticide

قفاز للحديقة
quffaaz lil-Hadeeqa
gardening gloves

خيط مجدول
khayT majdool
twine

بطاقات
biTaaqaat
labels

أربطة مجدولة
arbiTa majdoola
twist ties

حلقات ربط
Halqaat rabT
ring ties

خيزران
khayzaraan
canes

منخل
munkhul
sieve

أصيص نبات
aSeeS nabaat
plant pot

حذاء مطاطي
Hidhaa' maTaaTee
rubber boots

سقي saqy • watering

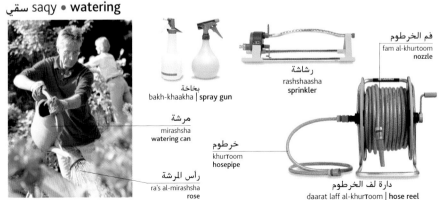

بخاخة
bakh-khaakha | **spray gun**

رشاشة
rashshaasha
sprinkler

فم الخرطوم
fam al-khurtoom
nozzle

مرشة
mirashsha
watering can

خرطوم
khurToom
hosepipe

رأس المرشة
ra's al-mirashsha
rose

دارة لف الخرطوم
daarat laff al-khurToom | **hose reel**

البستنة al-bastana • gardening

مرجة
marja
lawn

حوض زهور
HawD zuhoor
flowerbed

جزازة العشب
jazzaazat
al-Aushb
lawnmower

سياج
siyaaj
hedge

وتد
watad
stake

يجز yajuzz | mow (v)

يكسو بالنجيل
yaksoo bin-najeel
turf (v)

يسكك
yusakkik
spike (v)

يلم
yalumm
rake (v)

يشذب
yashdhub
trim (v)

يحفر
yaHfur
dig (v)

يبذر
yabdhur
sow (v)

يفرش السماد
yufarrish as-simaad
top dress (v)

يسقي
yasqee
water (v)

خيزرانة
khayzaraana
cane

يسند
yasnid
train (v)

يزيل الزهور الميتة
yuzeel az-zuhoor al-mayyita
deadhead (v)

يرش
yarushsh
spray (v)

تقليم
taqleem
cutting

يطعم
yuTaAAim
graft (v)

يتكاثر
yatakaathar
propagate (v)

يقلم
yaqlim
prune (v)

يوتد
yuwattid
stake (v)

ينقل الشتل
yanqil ash-shatl
transplant (v)

يزيل الأعشاب الضارة
yuzeel al-Aashaab aD-Daarra
weed (v)

يفرش الوقاية
yafrish al-wiqaaya
mulch (v)

يحصد
yaHSud
harvest (v)

المفردات al-mufradaat • vocabulary

يزرع yazraA cultivate (v)	يزين الحديقة yuzayyin al-Hadeeqa landscape (v)	يسمد yusammid fertilize (v)	ينخل yankhul sieve (v)	عضوي AuDwee organic	شتلة shatla seedling	تحتربة taHturba subsoil
يرعي yarAee tend (v)	يزرع في أصص yazraA fi usuS pot up (v)	يقطف yaqTif pick (v)	يهوي yuhawwee aerate (v)	الصرف as-Sarf drainage	سماد simaad fertilizer	مبيد أعشاب ضارة mubeed Aashaab Daarra weedkiller

JKL
5
TUV
8
7
0

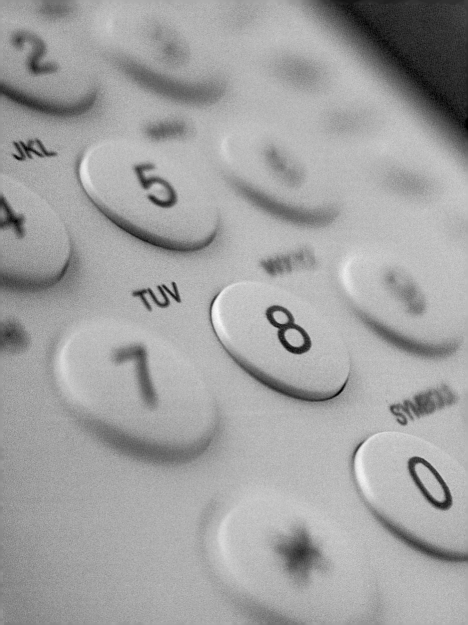

الخدمات al-khidmaat
services

خدمات الطوارئ khidamaat aT-Tawaari' • emergency services

إسعاف isAaaf • ambulance

إسعاف isAaaf | ambulance

نقالة
naqqaala
stretcher

مساعد طبي
musaaAid Tibbee | paramedic

شرطة shurTa • police

شارة
shaara
badge

زي رسمي
ziyy rasmee
uniform

هراوة
hiraawa
truncheon

مسدس
musaddas
gun

ضابط شرطة Daabit shurTa | police officer

صفاد اليدين
Sifaad al-yadayn
handcuffs

صفارة إنذار
Sifaarat
indhaar
siren

مصابيح
maSaabeeH
lights

سيارة شرطة
sayyaarat shurTa
police car

مركز الشرطة
markaz ash-shurTa
police station

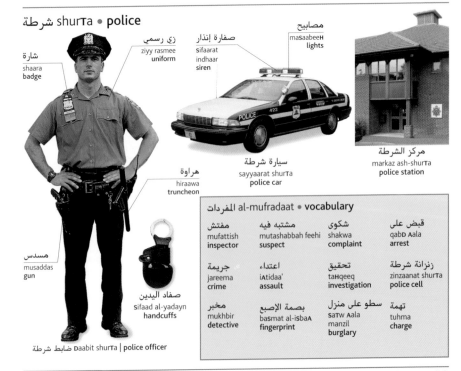

المفردات al-mufradaat • vocabulary

مفتش mufattish inspector	مشتبه فيه mutashabbah feehi suspect	شكوى shakwa complaint	قبض على qabD Aala arrest
جريمة jareema crime	اعتداء iAtidaa' assault	تحقيق taHqeeq investigation	زنزانة شرطة zinzaanat shurTa police cell
مخبر mukhbir detective	بصمة الإصبع basmat al-isbaA fingerprint	سطو على منزل saTw Aala manzil burglary	تهمة tuhma charge

فرقة الإطفاء firqat al-iTfaa' • fire brigade

خوذة
khoodha
helmet

دخان
dukhaan
smoke

خرطوم
khurToom
hose

رجال الإطفاء
rijaal al-iTfaa'
fire fighters

منصة محمولة
minaSSa
maHmoola
cradle

نفاثة ماء
naffaathat maa'
water jet

ذراع
dhiraaA
boom

سلم
sullam
ladder

كابينة للسائق
kabeena
lis-saa'iq
cab

حريق Hareeq | fire

مركز إطفاء الحريق
markaz iTfaa' al-Hareeq
fire station

مهرب حريق
mahrab Hareeq
fire escape

عربة إطفاء الحريق
Aarabat iTfaa' al-Hareeq
fire engine

جهاز إنذار بتصاعد دخان
jihaaz indhaar bi-taSaaAud
dukhaan
smoke alarm

جهاز إنذار بوجود حريق
jihaaz indhaar bi-wujood
Hareeq
fire alarm

بلطة
balTa
axe

طفاية حريق
Taffaayat Hareeq
fire extinguisher

مشرعة
mashraAa
hydrant

أحتاج الشرطة/فرقة الإطفاء/الإسعاف. aHtaaj ash-shurta/firqat al-iTfaa'/ al-isAaaf. I need the police/fire brigade/ ambulance.	هناك حريق في... hunaaka Hareeq fee.... There's a fire at...	لقد حدث حادث. laqad Hadatha Haadith. There's been an accident.	استدعوا الشرطة! istadAoo sh-shurTa! Call the police!

البنك al-bank • bank

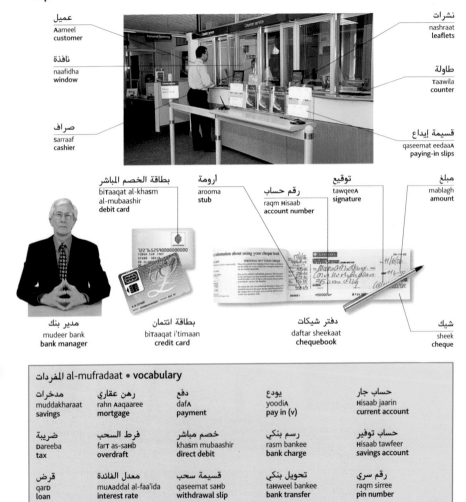

عميل
Aameel
customer

نافذة
naafidha
window

صراف
sarraaf
cashier

نشرات
nashraat
leaflets

طاولة
Taawila
counter

قسيمة إيداع
qaseemat eedaaA
paying-in slips

بطاقة الخصم المباشر
biTaaqat al-khasm al-mubaashir
debit card

أرومة
arooma
stub

رقم حساب
raqm Hisaab
account number

توقيع
tawqeeA
signature

مبلغ
mablagh
amount

مدير بنك
mudeer bank
bank manager

بطاقة ائتمان
biTaaqat i'timaan
credit card

دفتر شيكات
daftar sheekaat
chequebook

شيك
sheek
cheque

المفردات al-mufradaat • vocabulary

مدخرات muddakharaat savings	رهن عقاري rahn Aaqaaree mortgage	دفع dafA payment	يودع yoodiA pay in (v)	حساب جار Hisaab jaarin current account
ضريبة Dareeba tax	فرط السحب farT as-saHb overdraft	خصم مباشر khasm mubaashir direct debit	رسم بنكي rasm bankee bank charge	حساب توفير Hisaab tawfeer savings account
قرض qarD loan	معدل الفائدة muAaddal al-faa'ida interest rate	قسيمة سحب qaseemat saHb withdrawal slip	تحويل بنكي taHweel bankee bank transfer	رقم سري raqm sirree pin number

عملة معدنية
Aumla
miAdaneeya
coin

عملة ورقية
Aumla
waraqeeya
note

شاشة
shaasha
screen

لوحة المفاتيح
lawHat
al-mafaateeH
key pad

شق البطاقة
shaqq
al-biTaaqa
card slot

مال maal | money

صراف الي Sarraaf aalee | cash machine

عملة أجنبية Aumla ajnabeeya • foreign currency

مكتب صرافة
maktab Sarraafa
bureau de change

شيك سياحي
sheek siyaaHee
traveller's cheque

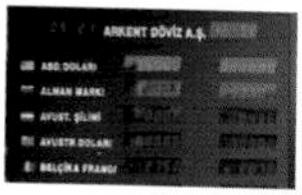

سعر الصرف
siAr aS-Sarf
exchange rate

تمويل tamweel • finance

سعر السهم
siAr as-sahm
share price

سمسار مالي
simsaar maalee
stockbroker

مستشار مالي
mustashaar maalee
financial advisor

سوق الأوراق المالية sooq al-awraaq
al-maaleeya | stock exchange

المفردات al-mufradaat • vocabulary

يصرف نقدا yasrif naqdan cash (v)	أسهم ashum shares
محاسب muHaasib accountant	ربحية ribHeeya dividends
عمولة Aumoola commission	محفظة maHfaza portfolio
استثمار istithmaar investment	فئة الأوراق المالية fi'at al-awraaq al-maaleeya denomination
أوراق مالية awraaq maaleeya stocks	أرصدة وأسهم arSida wa-ashum equity

هل يمكنني تغيير هذا؟
hal yumkinunee taghyeer haadha?
Can I change this?

ما سعر الصرف اليوم؟
maa siAr aS-Sarf al-yawm?
What's today's exchange rate?

الاتصالات al-ittiSaalaat • communications

موظف بريد
muwaZZaf bareed
postal worker

نافذة
naafidha
window

ميزان
meezaan
scales

طاولة
Taawila
counter

مكتب بريد maktab bareed | **post office**

ساعي البريد
saaAee al-bareed
postman

ختم البريد
khitm al-bareed
postmark

طابع
TaabiA
stamp

رمز بريدي
ramz bareedee
postal code

عنوان
Aunwaan
address

مظروف maZroof **envelope**

المفردات al-mufradaat • vocabulary

خطاب khiTaab **letter**	عنوان الرد Aunwaan ar-radd **return address**	توصيل tawSeel **delivery**	قابل للكسر qaabil lil-kasr **fragile**	لا تثني laa tathnee **do not bend (v)**
بالبريد الجوي bil-bareed al-jawwee **by airmail**	توقيع tawqeeA **signature**	حوالة بريدية Hawwaala bareedeeya **postal order**	حقيبة البريد Haqeebat al-bareed **mailbag**	الوضع الصحيح al-waDA aS-SaHeeH **this way up**
بريد مسجل bareed musajjal **registered post**	جمع jamA **collection**	سعر الطوابع siAr at-TawaabiA **postage**	تلغراف talighraaf **telegram**	فاكس faks **fax**

صندوق بريد
sandooq bareed
postbox

صندوق خطابات
sandooq khiTaabaat
letterbox

طرد
Tard
parcel

رسول
rasool
courier

هاتف haatif • telephone

سماعة متحركة
sammaaAa mutaHarrika
handset

جهاز الرد على المكالمات
jihaaz ar-radd Aalal-mukaalamaat
answering machine

قاعدة ثابتة
qaaAida thaabita
base station

هاتف لاسلكي
haatif laasilkee
cordless phone

هاتف فيديو
haatif vidyo
video phone

كابينة الهاتف
kabeenat al-haatif
telephone box

لوحة المفاتيح
lawHat al-mafaateeH
keypad

هاتف محمول
haatif maHmool
mobile phone

سماعة
sammaaAa
receiver

استرداد النقد
istirdaad an-naqd
coin return

هاتف يعمل بالنقد
haatif yaAmal bin-naqd
coin phone

هاتف يعمل بالبطاقة
haatif yaAmal bil-biTaaqa
card phone

المفردات al-mufradaat • vocabulary

رسالة نصية
risaala nasseeya
text message

رسالة صوتية
risaala sawteeya
voice message

مكالمة أجرتها على المتلقي
mukaalama ujratuhaa Aalal-mutalaqqee
reverse charge call

استعلامات الدليل
istiAlaamaat ad-daleel
directory enquiries

يرد
yarudd
answer (v)

يطلب رقماً
yaTlub raqaman
dial (v)

مشغل
mushaghghil
operator

مشغول
mashghool
engaged/busy

غير موصول
ghayr mawsool
disconnected

هل يمكنك إعطائي رقم...؟
hal yumkinuka iATaa'ee raqm...?
Can you give me the number for...?

ما رمز الاتصال ب...؟
maa ramz al-ittisaal bi...?
What is the dialling code for...?

الفندق al-funduq • hotel

ردهة radha • lobby

نزيل
nazeel
guest

مفتاح غرفة
miftaaH ghurfa
room key

رسائل
rasaa'il
messages

صندوق الرسائل
Aayn li-taSneef ar-rasaa'il
pigeonhole

موظف الاستقبال
muwazzaf al-istiqbaal
receptionist

سجل
sijil
register

طاولة
Taawila
counter

استقبال istiqbaal | reception

أمتعة
amtiAa
luggage

حامل بعجل
Haamil bi-Aajal
trolley

حمال Hammaal | porter

مصعد misAad | lift

رقم الغرفة
raqm al-ghurfa
room number

غرف ghuraf • rooms

غرفة لفرد واحد
ghurfa li-fard waaHid
single room

غرفة مزدوجة
ghurfa muzdawija
double room

غرفة لفردين
ghurfa li-fardayn
twin room

حمام خاص
Hammaam khaaSS
private bathroom

خدمات khidmaat • services

خدمات الخادمة
khidmaat al-khaadima
maid service

خدمات الغسيل
khidmaat al-ghaseel
laundry service

صينية الإفطار
seneeyat al-ifTaar
breakfast tray

خدمة الغرف khidmat al-ghuraf | **room service**

بار مصغر
baar musaghghar
mini bar

مطعم
maTAam
restaurant

جمنازيوم
jimnaazyum
gym

حمام سباحة
Hammaam sibaaHa
swimming pool

المفردات al-mufradaat • vocabulary

سرير وإفطار
sareer wa-ifTaar
bed and breakfast

إقامة كاملة
iqaama kaamila
full board

نصف إقامة
nisf iqaama
half board

هل لديكم غرف خالية؟
hal ladaykum ghuraf khaalya?
Do you have any vacancies?

لدي حجز.
ladayya Hajz.
I have a reservation.

أود غرفة لفرد واحد.
awadd ghurfa li-fard waaHid.
I'd like a single room.

أود غرفة لثلاث ليالي.
awadd ghurfa li-thalaath layaalee.
I'd like a room for three nights.

ما سعر الليلة؟
maa siAr al-layla?
What is the charge per night?

متى على أن أغادر الغرفة؟
mata Aalayya an ughaadir al-ghurfa?
When do I have to vacate the room?

التسوق at-tasawwuq
shopping

مركز التسوق markaz at-tasawwuq • shopping centre

ردهة
radha
atrium

لوحة الاسم
lawHat al-ism
sign

مصعد
misAad
lift

ثاني طابق
thaanee Taabiq
second floor

أول طابق
awwal Taabiq
first floor

درج متحرك
daraj mutaHarrik
escalator

طابق أرضي
Taabiq arDee
ground floor

عميل
Aameel
customer

المفردات al-mufradaat • vocabulary

قسم الأطفال
qism al-aTfaal
children's department

قسم الأمتعة
qism al-amtiAa
luggage department

قسم الأحذية
qism al-aHdhiya
shoe department

دليل المتجر
daleel al-matjar
store directory

بائع
baa'iA
sales assistant

خدمة العملاء
khidmat al-Aumalaa'
customer services

غرف تجربة الملابس
ghuraf tajribat al-malaabis
changing rooms

منافع تغيير حفاظات
manaafiA taghyeer Hifaazaat
baby changing facilities

دورات المياه
dawraat al-miyaah
toilets

بكم هذا؟
bikam haadha?
How much is this?

هل يمكنني استبدال هذا؟
hal yumkinunee istibdaal haadha?
May I exchange this?

متجر تجزئة كبير matjar tajzi'a kabeer • department store

ملابس الرجال
malaabis ar-rijaal
men's wear

ملابس النساء
malaabis an-nisaa'
women's wear

ملابس النساء الداخلية
malaabis an-nisaa'
ad-daakhileeya
lingerie

عطور
Autoor
perfumery

جمال
jamaal
beauty

بياضات
bayyaaDaat
linen

تجهيزات المنزل
tajheezaat al-manzil
home furnishings

مستلزمات الملابس
mustalzamaat al-malaabis
haberdashery

أدوات المطبخ
adawaat al-maTbakh
kitchenware

الخزف والصيني
al-khazaf waS-Seenee
china

أدوات كهربائية
adawaat kahrabaa'eeya
electrical goods

إضاءة
iDaa'a
lighting

رياضة
riyaaDa
sports

لعب
luAab
toys

قرطاسية
qarTaaseeya
stationery

قاعة الغذاء
qaaAat al-ghidhaa'
food hall

سوبر ماركت soobir maarkit • **supermarket**

ممر
mamarr
aisle

رف
raff
shelf

سير متحرك
sayr mutaHarrik
conveyer belt

صراف
Sarraaf
cashier

عروض
Aurood
offers

دفع الحساب dafA al-Hisaab | **checkout**

عميل
Aameel
customer

درج نقود
durj nuqood
till

كيس التسوق
kees at-tasawwuq
shopping bag

منتجات البقالة
muntajaat
al-baqqaala
groceries

عربة Aaraba | **trolley**

مقبض
miqbaD
handle

سلة salla | **basket**

780863 185779
شفرة التعرف
shufrat at-taAarruf
bar code

جهاز مسح
jihaaz masH | **scanner**

منتجات المخبز
muntajaat al-makhbaz
bakery

منتجات الألبان
muntajaat al-albaan
dairy

حبوب الفطور
Huboob al-fuToor
breakfast cereals

أغذية معلبة
agh-dhiya muAallaba
tinned food

حلويات
Halawiyaat
confectionery

خضراوات
khuDrawaat
vegetables

فاكهة
faakiha
fruit

لحوم ودواجن
luHoom wa-dawaajin
meat and poultry

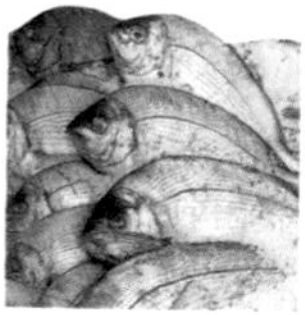

سمك
samak
fish

أغذية مستحضرة
agh-dhiya mustaHDara
deli

أغذية مجمدة
agh-dhiya mujammada
frozen food

وجبات سريعة
wajbaat sareeAa
convenience food

مشروبات
mashroobaat
drinks

مستلزمات منزلية
mustalzamaat manzileeya
household products

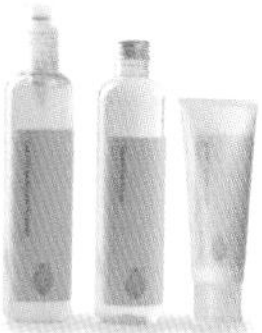

أدوات الحمام
adawaat al-Hammaam
toiletries

مستلزمات الرضع
mustalzamaat ar-ruDDaA
baby products

أدوات كهربائية
adawaat kahrabaa'eeya
electrical goods

أغذية الحيوانات الأليفة
agh-dhiyat
al-Hayawaanaat al-aleefa
pet food

مجلات majallaat | **magazines**

الصيدلية aS-Saydaleeya • chemist

رعاية الأسنان
riAaayat
al-asnaan
dental care

النظافة الصحية للإناث
an-naZaafa aS-SiHHeeya
lil-inaath
feminine hygiene

مزيل روائح العرق
muzeel rawaa'iH al-Aaraq
deodorants

فيتامينات
fitameenaat
vitamins

مستوصف
mustawSaf
dispensary

صيدلي
SayDalee
pharmacist

دواء للكحة
dawaa' lil-kuHHa
cough medicine

علاجات عشبية
Ailaajaat Aushbeeya
herbal remedies

رعاية الجلد
riAaayat al-jild
skin care

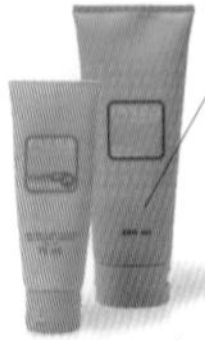

لما بعد التشمس
limaa baAd
at-tashammus
aftersun

حاجب أشعة الشمس
Haajib ashiAat ash-shams
sunscreen

مانع أشعة الشمس
maaniA ashiAat ash-shams
sunblock

طارد للحشرات
Taarid lil-Hasharaat
insect repellent

مساحة مبللة
massaaHa muballala
wet wipe

مناديل ورق
manaadeel waraq
tissues

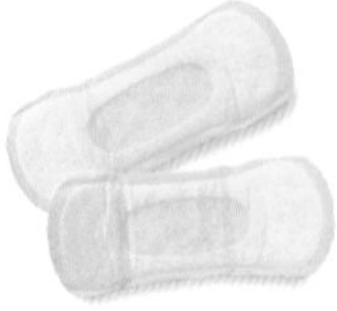

فوطة صحية
fooTa SiHHeeya
sanitary towel

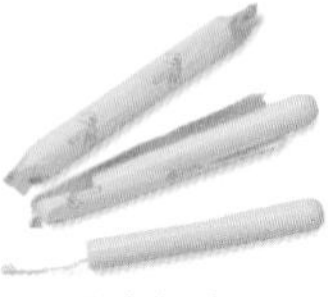

سدادة قطنية
sidaada quTneeya
tampon

فوطة صحية صغيرة
fooTa SiHHeeya Sagheera
panty liner

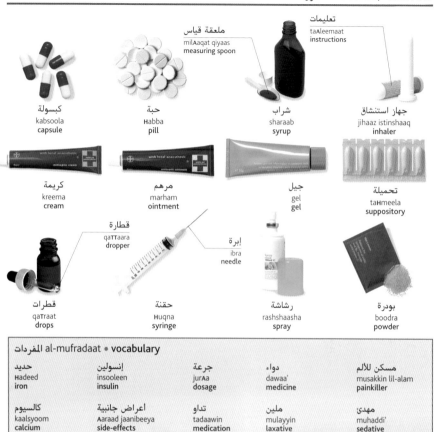

تعليمات
taAleemaat
instructions

ملعقة قياس
milAaqat qiyaas
measuring spoon

كبسولة
kabsoola
capsule

حبة
Habba
pill

شراب
sharaab
syrup

جهاز استنشاق
jihaaz istinshaaq
inhaler

كريمة
kreema
cream

مرهم
marham
ointment

جيل
gel
gel

تحميلة
taHmeela
suppository

قطارة
qaTTaara
dropper

إبرة
ibra
needle

قطرات
qaTraat
drops

حقنة
Huqna
syringe

رشاشة
rashshaasha
spray

بودرة
boodra
powder

المفردات al-mufradaat • vocabulary

حديد Hadeed **iron**	إنسولين insooleen **insulin**	جرعة jurAa **dosage**	دواء dawaa' **medicine**	مسكن للألم musakkin lil-alam **painkiller**
كالسيوم kaalsyoom **calcium**	أعراض جانبية Aaraad jaanibeeya **side-effects**	تداو tadaawin **medication**	ملين mulayyin **laxative**	مهدئ muhaddi' **sedative**
مغنيزيوم maghneezyoom **magnesium**	حبوب دوار السفر Huboob dawaar as-safar **travel sickness pills**	للرمي lir-ramy **disposable**	إسهال is-haal **diarrhoea**	حبة للنوم Habba lin-nawm **sleeping pill**
فيتامينات متعددة fitameenaat mutaAaddida **multivitamins**	تاريخ انتهاء الصلاحية taareekh intihaa' as-salaaHeeya **expiry date**	قابل للذوبان qaabil lil-dhawabaan **soluble**	قرص دوائي للحنجرة qurs dawaa'ee lil-Hanjara **throat lozenge**	مضاد للالتهاب maDaadd lil-iltihaab **anti-inflammatory**

بائع الزهور baa'iA az-zuhoor • florist

زهور
zuhoor
flowers

زنبق
zanbaq
lily

سنط
sanT
acacia

قرنفل
qurunfil
carnation

نبات بأصيص
nabaat bi-asees
pot plant

سيف الغراب
sayf al-ghuraab
gladiolus

سوسن
sawsan
iris

لؤلؤية
lu'lu'eeya
daisy

أقحوان
uqHuwaan
chrysanthemum

جيصية
jeeseeya
gypsophila

متيولا
matiyoola
stocks

جربارة
jarbaara
gerbera

ورق
waraq
foliage

ورد
ward
roses

فريزيا
freezyaa
freesia

زهرية
zuhreeya
vase

زهرة الأركيد
zahrat al-orkeed
orchid

عود الصليب
Aood aS-Saleeb
peony

باقة
baaqa
bunch

ساق
saaq
stem

نرجس
narjis
daffodil

برعم
burAum
bud

ورق اللف
waraq al-laff
wrapping

تيوليب tyooleeb | **tulip**

التنسيق at-tanseeq • **arrangements**

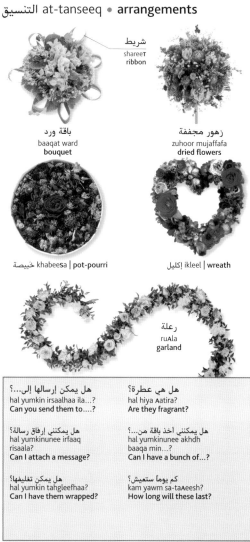

شريط
shareeT
ribbon

باقة ورد
baaqat ward
bouquet

زهور مجففة
zuhoor mujaffafa
dried flowers

خَبيصة khabeeSa | **pot-pourri**

إكليل ikleel | **wreath**

رعلة
ruAla
garland

هل يمكن إرسالها إلى...؟
hal yumkin irsaalhaa ila...?
Can you send them to....?

هل يمكنني إرفاق رسالة؟
hal yumkinunee irfaaq risaala?
Can I attach a message?

هل يمكن تغليفها؟
hal yumkin tahgleefhaa?
Can I have them wrapped?

هل هي عطرة؟
hal hiya Aatira?
Are they fragrant?

هل يمكنني أخذ باقة من...؟
hal yumkinunee akhdh baaqa min...?
Can I have a bunch of...?

كم يوماً ستعيش؟
kam yawm sa-taAeesh?
How long will these last?

بائع الجرائد baa'iA al-jaraa'id • newsagent

سجائر
sajaa'ir
cigarettes

علبة سجائر
Aulbat sajaa'ir
packet of cigarettes

كبريت
kabreet
matches

تذاكر يانصيب
tadhaakir yaanaSeeb
lottery tickets

طوابع
TawaabiA
stamps

بطاقة بريدية
biTaaqa bareedeeya
postcard

مجلة أطفال
majallat aTfaal
comic

مجلة
majalla
magazine

جريدة
jareeda
newspaper

تدخين tadkheen • smoking

ساق
saaq
stem

طاسة
Taasa
bowl

تبغ
tabgh
tobacco

ولاعة
wallaaAa
lighter

غليون
ghalyoon
pipe

سيجار
seejaar
cigar

محل الحلوى maHall al-Halwa • confectioner

علبة شوكولاتة
Aulbat shokolaata
box of chocolates

قطعة حلوة
qiTAa Hilwa
snack bar

رقائق البطاطس
raqaa'iq
al-baTaaTis
crisps

محل الحلوى maHall al-Hulwa | sweet shop

المفردات al-mufradaat • vocabulary

شوكولاتة بالحليب shookolaata bil-Haleeb milk chocolate	كرملة karamela caramel
شوكولاتة سادة shookolaata saada plain chocolate	كمأ kam' truffle
شوكولاتة بيضاء shookolaata bayDaa' white chocolate	بسكوت baskoot biscuit
اختر واخلط ikhtar wakhliT pick and mix	حلويات مغلية Halawiyaat maghleeya boiled sweets

الحلوى al-Halwa • confectionery

شوكولاتة
shookolaata
chocolate

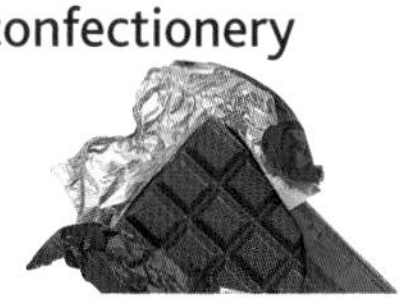

قطعة شوكولاتة
qiTAat shookolaata
chocolate bar

حلويات
Halawiyaat
sweets

مصاصة
maSSaaSa
lollipop

طوفي Tofee | toffee

نوغة noogha | nougat

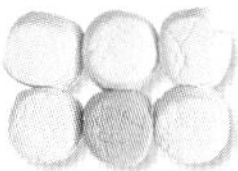

حلوى الخطمي
Hulwa al-khiTmee
marshmallow

نعناع
niAnaaA
mint

لبان
lubaan
chewing gum

حلوى مغلفة بالسكر
Hulwa mughallafa bis-sukkar
jellybean

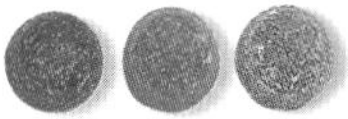

حلوى فواكه
Hulwa fawaakih
fruit gum

عرق سوس
Airq soos
liquorice

متاجر أخرى mataajir ukhra • **other shops**

مخبز
makhbaz
baker's

حلواني
Halawaanee
cake shop

جزارة
jazzaara
butcher's

بائع سمك
baa'iA samak
fishmonger's

خضري
khuDaree
greengrocer's

بقالة
baqqaala
grocer's

محل أحذية
maHall aHdhiya
shoe shop

خردواتي
khurdawaatee
hardware shop

متجر الأنتيكات
matjar al-anteekaat
antiques shop

متجر هدايا
matjar hidaayaa
gift shop

وكيل سفر
wakeel safar
travel agent's

تاجر جواهر
taajir jawaahir
jeweller's

مكتبة
maktaba
book shop

متجر اسطوانات
matjar usTuwaanaat
record shop

متجر بيع الخمور
matjar beeA al-khumoor
off licence

متجر الحيوانات الأليفة
matjar al-Hayawaanaat
al-aleefa
pet shop

متجر أثاث
matjar athaath
furniture shop

بوتيك
booteek
boutique

المفردات al-mufradaat • vocabulary

مكتب عقارات
maktab Aaqaaraat
estate agent's

متجر آلات التصوير
matjar aalaat at-taSweer
camera shop

مركز البستنة
markaz al-bastana
garden centre

متجر الأغذية الصحية
matjar al-agh-dhiya as-siHHeeya
health food shop

التنظيف الجاف
at-tanzeef al-jaaff
dry cleaner's

متجر أدوات فنية
matjar adawaat fanneeya
art shop

مغسلة
maghsala
launderette

متجر السلع المستعملة
matjar as-silaA al-mustAmala
second-hand shop

خياط
khayyaaT
tailor's

مصفف الشعر
muSaffif as-shaAr
hairdresser's

سوق sooq | market

المأكولات al-ma'koolaat
food

اللحم al-laHm • meat

لحم الضاني
laHm ad-daanee
lamb

جزار
jazzaar
butcher

خطاف اللحم
khuTTaaf
al-laHm
meat hook

ميزان
meezaan
scales

مسن السكين
misann as-sikkeen
knife sharpener

خنزير مملح
khinzeer mumallaH
bacon

سجق
sujuq
sausages

كبدة
kibda
liver

المفردات al-mufradaat • vocabulary

خنزير khinzeer **pork**	غزال ghazzaal **venison**	فضلات ذبيحة faDalaat dhabeeHa **offal**	طليق Taleeq **free range**	لحم مطبوخ laHm maTbookh **cooked meat**
بقري baqaraa **beef**	أرانب araanib **rabbit**	مدخن mudakhkhan **smoked**	عضوي AuDwee **organic**	لحم أبيض laHm abyaD **white meat**
عجل Aijl **veal**	لسان lisaan **tongue**	مملح ومدخن mumallaH wa-mudakhkhan **cured**	لحم خال من الدهن laHm khaalin min ad-dihn **lean meat**	لحم أحمر laHm aHmar **red meat**

قطع qiTAa • cuts

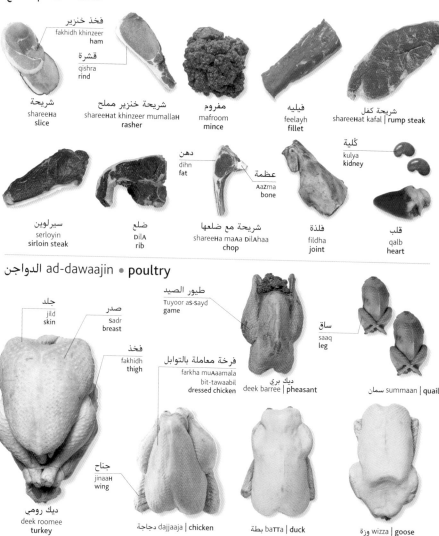

فخذ خنزير
fakhidh khinzeer
ham

قشرة
qishra
rind

شريحة
shareeHa
slice

شريحة خنزير مملح
shareeHat khinzeer mumallaH
rasher

مفروم
mafroom
mince

فيليه
feelayh
fillet

شريحة كفل
shareeHat kafal | rump steak

دهن
dihn
fat

عظمة
AaZma
bone

كُلية
kulya
kidney

سيرلوين
serloyin
sirloin steak

ضلع
DilA
rib

شريحة مع ضلعها
shareeHa maAa DilAhaa
chop

فلذة
fildha
joint

قلب
qalb
heart

الدواجن ad-dawaajin • poultry

جلد
jild
skin

صدر
Sadr
breast

فخذ
fakhidh
thigh

طيور الصيد
Tuyoor aS-Sayd
game

ساق
saaq
leg

فرخة معاملة بالتوابل
farkha muAaamala
bit-tawaabil
dressed chicken

ديك بري
deek barree | pheasant

سمان summaan | quail

جناح
jinaaH
wing

ديك رومي
deek roomee
turkey

دجاجة dajjaaja | chicken

بطة baTTa | duck

وزة wizza | goose

السمك as-samak • fish

جمبري مقشور
gambaree maqshoor
peeled prawns

بوري أحمر
booree aHmar
red mullet

شرائح الهلبوت
sharaa'iH al-haliboot
halibut fillets

سلمون مرقط نهري
salmoon muraqqaT nahree
rainbow trout

ثلج
thalj
ice

أجنحة شفنين
ajniHat shifneen
skate wings

بائع سمك
baa'iA samak
fishmonger's

سمك الضفادع
samak aD-DafaadiA
monkfish

إسقمري
isqamaree
mackerel

سلمون مرقط
salmoon muraqqaT
trout

سمك السيف
samak as-sayf
swordfish

موسى دوفر
moosa dover
Dover sole

موسى ليمون
moosa laymoon
lemon sole

قديد
qadeed
haddock

سردين
sardeen
sardine

شفنين
shifneen
skate

مرلانوس
marlaanoos
whiting

ذئب البحر
dhi'b al-baHr
sea bass

سلمون salmoon | **salmon**

بقلة
baqala
cod

أسبور
asboor
sea bream

طون
Toon
tuna

فواكه البحر fawaakih al-baHr • seafood

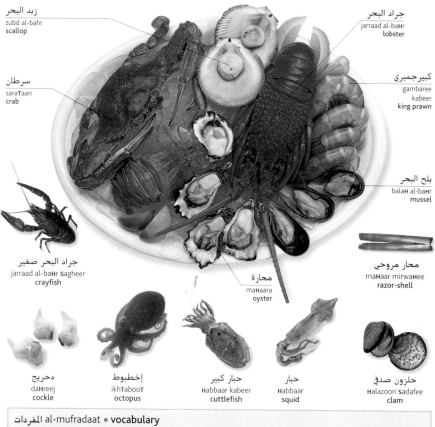

زبد البحر
zubd al-bahr
scallop

سرطان
saraTaan
crab

جراد البحر
jarraad al-baHr
lobster

كبير جمبري
gambaree kabeer
king prawn

بلح البحر
balaH al-baHr
mussel

محارة
maHaara
oyster

جراد البحر صغير
jarraad al-baHr Sagheer
crayfish

محار مروحي
maHaar mirwaHee
razor-shell

دحريج
daHreej
cockle

إخطبوط
ikhTabooT
octopus

حبار كبير
Habbaar kabeer
cuttlefish

حبار
Habbaar
squid

حلزون صدفي
Halazoon Sadafee
clam

المفردات al-mufradaat • vocabulary

مجمد mujammad **frozen**	مملح mumallaH **salted**	مدخن mudakhkhan **smoked**	مقشور maqshoor **descaled**	شريحة shareeHa **fillet**	بطن baTn **loin**	ذيل dhayl **tail**	عظمة aZma **bone**	قشر qishr **scale**
طازج Taazij **fresh**	منظف munaZZaf **cleaned**	دون جلد doon jild **skinned**	دون عظم doon AaZm **boned**	مشرح musharraH **filleted**	شريحة shareeHa **steak**	هل تنظفها لي؟ hal tunaZZifhaa lee? **Will you clean it for me?**		

الخضراوات al-khuDrawaat • vegetables 1

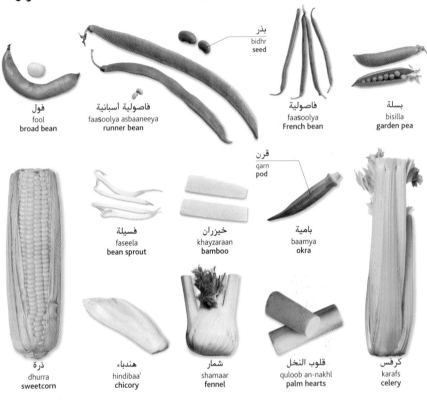

بذر
bidhr
seed

فول
fool
broad bean

فاصولية أسبانية
faaSoolya asbaaneeya
runner bean

فاصولية
faaSoolya
French bean

بسلة
bisilla
garden pea

قرن
qarn
pod

فسيلة
faseela
bean sprout

خيزران
khayzaraan
bamboo

بامية
baamya
okra

ذرة
dhurra
sweetcorn

هندباء
hindibaa'
chicory

شمار
shamaar
fennel

قلوب النخل
quloob an-nakhl
palm hearts

كرفس
karafs
celery

المفردات al-mufradaat • vocabulary

ورقة	زهيرة	طرف	عضوي
waraqa	zuhayra	Tarf	AuDwee
leaf	floret	tip	organic

ساق	نواة	قلب	كيس بلاستيك
saaq	nawaah	qalb	kees blaasteek
stalk	kernel	heart	plastic bag

هل تبيع خضراوات عضوية؟
hal tabeeA khuDrawaat AuDweeya?
Do you sell organic vegetables?

هل هذه مزروعة محلياً؟
hal haadhihi mazrooAa maHalleeyan?
Are these grown locally?

جرجير
jarjeer
rocket

جرجير الماء
jarjeer al-maa'
watercress

هندباء إيطالية
hindibaa' eeTaaleeya
radicchio

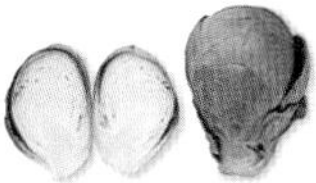

كرنب بروكسل
kurunb brooksel
Brussels sprouts

سلق سويسري
salq sweesree
Swiss chard

كرنب لارُؤيسي
kurunb laaru'eesee
kale

حُماض
HumaaD
sorrel

هِندب
hindab
endive

هندباء برية
hindibaa' barreeya
dandelion

سبانخ
sabaanikh
spinach

كرنب ساقي
kurunb saaqee
kohlrabi

كرنب صيني
kurunb Seenee
pak-choi

خس
khass
lettuce

قرنبيط لارُؤيسي
qarnabeeT laaru'eesee
broccoli

كرنب ملفوف
kurunb malfoof
cabbage

كرنب بري
kurunb barree
spring greens

الخضراوات ٢ al-khuDrawaat ithnaan • vegetables 2

خرشوف
kharshoof
artichoke
قرنبيط
qarnabeet
cauliflower
بطاطس
baTaaTis
potato
بصل
basal
onion
فلفل
filfil
pepper
فلفل حريف
filfil Hareef
chilli
كوسة كبيرة
kosa kabeera
marrow
لفت
lift
turnip
فجل
fijl
radish

المفردات al-mufradaat • vocabulary

طماطم الكرز TamaaTim al-karaz **cherry tomato**	كرفس karafs **celeriac**	مجمد mujammad **frozen**	مر murr **bitter**
جزر jazar **carrot**	جذر القلقاس jidhr al-qulqaas **taro root**	نيئ nayy' **raw**	صلب sulb **firm**
شجرة الخبز shajarat al-khubz **breadfruit**	كسافا kasaafaa **cassava**	حار Haarr **hot (spicy)**	لب lubb **flesh**
بطاطس الموسم baTaaTis al-mawsim **new potato**	قسطل الماء qasTal al-maa' **water chestnut**	حلو Hilw **sweet**	جذر jidhr **root**

كيلو بطاطس من فضلك.
keelo baTaaTis min faDlak.
A kilo of potatoes, please.

ما سعر الكيلو؟
maa siAr al-keelo?
What's the price per kilo?

ما اسم هذه؟
maa ism haadhihi?
What are those called?

بطاطا حلوة
baTaaTa Hulwa
sweet potato

يام
yam
yam

جذر الشوندر
jidhr ash-shuwandar
beetroot

كرنب لفتي
kurunb liftee
swede

قلقاس رومي
qulqaas roomee
Jerusalem artichoke

فجل الخيل
fijl al-khayl
horseradish

سيسارون
seesaaroon
parsnip

زنجبيل
zanjabeel
ginger

باذنجان
baadhinjaan
aubergine

طماطم
TamaaTim
tomato

بصل أخضر
baSal akhDar
spring onion

كراث
kurraath
leek

كراث أندلسي
kurraath andalusee
shallot

ثوم
thoom
garlic

فص ثوم
faSS thoom
clove

كما
kama'
truffle

فطر
fiTr
mushroom

خيار
khiyaar
cucumber

كوسة
koosa
courgette

قرع جوز أرمد
qarA jooz armad
butternut squash

قرع البلوط
qarA al-balooT
acorn squash

قرع عسلي
qarA Aasalee
pumpkin

الفواكه ١ al-fawaakih waaHid • fruit 1

الموالح al-mawaaliH • citrus fruit

برتقال
burtuqaal
orange

كلمانتين
klemanteen
clementine

نرنج
naranj
ugli fruit

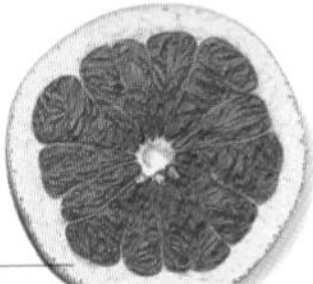

جريب فروت
greeb froot
grapefruit

يوسفي ساتسوما
yoosufee satsooma
satsuma

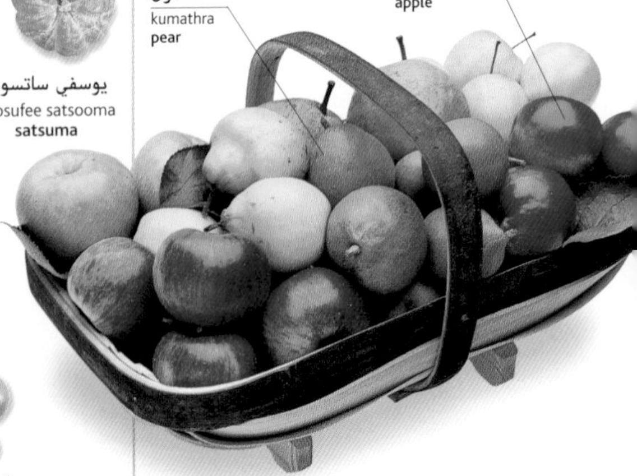

يوسفي
yoosufee
tangerine

لحاء
liHaa'
zest

ليمون مالح
laymoon maaliH
lime

ليمون
laymoon
lemon

كوم كوات
kumkwaat
kumquat

الفواكه ذات النواة al-fawaakiH dhaat al-nawaah • stoned fruit

خوخ
khawkh
peach

خوخ أملس
khawkh amlas
nectarine

مشمش
mishmish
apricot

برقوق
barqooq
plum

كرز
karaz
cherry

كمثرى
kumathra
pear
تفاح
tuffaaH
apple

سلة الفواكه sallat al-fawaakiH | **basket of fruit**

العنبيات و البطيخ al-Aanabeeyaat wal-biTTeekh • berries and melons

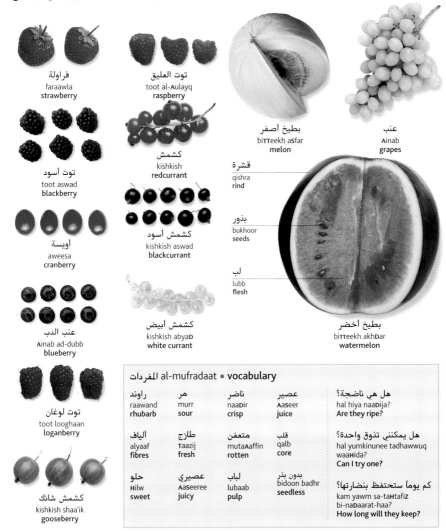

فراولة
faraawla
strawberry

توت العليق
toot al-Aulayq
raspberry

بطيخ أصفر
biTTeekh aSfar
melon

عنب
Ainab
grapes

توت أسود
toot aswad
blackberry

كشمش
kishkish
redcurrant

قشرة
qishra
rind

أويسة
aweesa
cranberry

كشمش أسود
kishkish aswad
blackcurrant

بذور
bukhoor
seeds

لب
lubb
flesh

عنب الدب
Ainab ad-dubb
blueberry

كشمش أبيض
kishkish abyaD
white currant

بطيخ أخضر
biTTeekh akhDar
watermelon

توت لوغان
toot looghaan
loganberry

كشمش شائك
kishkish shaa'ik
gooseberry

المفردات al-mufradaat • vocabulary

راوند raawand **rhubarb**	مر murr **sour**	ناضر naaDir **crisp**	عصير AaSeer **juice**	هل هي ناضجة؟ hal hiya naaDija? **Are they ripe?**
ألياف alyaaf **fibres**	طازج Taazij **fresh**	متعفن mutaAaffin **rotten**	قلب qalb **core**	هل يمكنني تذوق واحدة؟ hal yumkinunee tadhawwuq waaHida? **Can I try one?**
حلو Hilw **sweet**	عصيري AaSeeree **juicy**	لباب lubaab **pulp**	بدون بذر bidoon badhr **seedless**	كم يوماً ستحتفظ بنضارتها؟ kam yawm sa-taHtafiZ bi-naDaarat-haa? **How long will they keep?**

الفواكه ٢ al-fawaakih ithnaan • fruit 2

مانجو
maango
mango
أفوكادو
afokaado
avocado
خوخ
khawkh
peach
فاكهه الكيوي
faakihat al-keewee
kiwifruit
أناناس
anaanaas
pineapple
بابايا
babaayaa
papaya
ليتشية
leetsheeya
lychee
قرنفش
qunufish
cape gooseberry

حبة
Habba
pip

سفرجل
safarjal
quince

ثمرة زهرة الآلام
thamrat zahrat al-aalaam
passion fruit

جلد
jild
skin

موز
mawz
banana

جوافة
jawaafa
guava

رمان
rummaan
pomegranate

ديوسبيروس
diyoosbeeroos
persimmon

فيجوا
feejowa
feijoa

تين شوكي
teen shawkee
prickly pear

فاكهة النجمة
fakihat an-najma
starfruit

جوز جندم
jawz jandam
mangosteen

الجوزيات والفواكه الجافة al-jowzeeyaat wal-fawaakiH al-jaaffa • nuts and dried fruit

حب الصنوبر
Habb aS-Sanoobar
pine nut

فستق
fustuq
pistachio

بلاذر
balaadhir
cashewnut

فول سوداني
fool soodaanee
peanut

بندق
bunduq
hazelnut

بندق برازيلي
bunduq braazeelee
brazil nut

باكانية
baakaneeya
pecan

لوز
lawz
almond

جوز
jawz
walnut

كستنا
kastana
chestnut

بندق كوينزلندة
bunduq kweenzlanda
macadamia

تين
teen
fig

بلح
balaH
date

برقوق مجفف
barqooq mujaffafa
prune

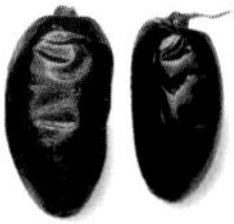

كشمش
kishmish
sultana

زبيب
zabeeb
raisin

سماق
samaaq
currant

قشر
qishr
shell
لب
lubb
flesh

جوز الهند
jawz al-hind
coconut

المفردات al-mufradaat • vocabulary

أخضر akhDar **green**	صلب Sulb **hard**	نواة nawaah **kernel**	مملح mumallaH **salted**	محمر muHammar **roasted**	مقشر muqashshar **shelled**	فاكهة مسكرة faakiha musakkara **candied fruit**
ناضج naaDij **ripe**	طري Taree **soft**	مجفف mujaffaf **desiccated**	نيئ nayy' **raw**	موسمي mawsimee **seasonal**	كامل kaamil **whole**	فاكهة استوائية faakiha istiwaa'eeya **tropical fruit**

الحبوب والبقول al-Huboob wal-buqool • grains and pulses

الحبوب al-Huboob • grains

قمح
qamH
wheat

شوفان
shoofaan
oats

شعير
shaAeer
barley

دخن
dukhn
millet

ذرة
dhura
corn

كينوا
keenwa
quinoa

المفردات al-mufradaat • vocabulary

بذر
badhr
seed

عصافة
AuSaafa
husk

نواة
nawaah
kernel

جاف
jaaff
dry

طازج
Taazaj
fresh

معطر
muAaTTar
fragranced

غلال
ghilaal
cereal

ينقع
yanqaA
soak (v)

سهل الطبخ
sahl aT-Tabkh
easy cook

حبوب كاملة
Huboob kaamila
wholegrain

حبوب طويلة
Huboob Taweela
long-grain

حبوب قصيرة
Huboob qaSeera
short-grain

الأرز al-aruzz • rice

أرز أبيض
aruzz abyaD
white rice

أرز بني
aruzz bunnee
brown rice

أرز بري
aruzz barree
wild rice

أرز للحلوى
aruzz lil-Halwa
pudding rice

الحبوب المعالجة al-Huboob al-muAaalaja • processed grains

كسكسي
kuskusee
couscous

برغل
burghul
cracked wheat

سميد
sameed
semolina

نخالة
nukhaala
bran

البقول al-buqool • pulses

فاصوليا الزبد
faSoolya az-zubd
butter beans

فازول
faazool
haricot beans

فاصوليا حمراء
faSoolya Hamraa'
red kidney beans

حبوب أدوكي
Huboob adookee
aduki beans

باقلاء
baaqilaa'
broad beans

فول الصويا
fool aS-Soyaa
soya beans

لوبيا
loobya
black-eyed beans

حبوب بنتو
Huboob binto
pinto beans

حبوب مونج
Huboob munj
mung beans

فاصوليا فرنسية
faSoolya faranseeya
flageolet beans

عدس بني
Aads bunnee
brown lentils

عدس أحمر
Aads aHmar
red lentils

بسلة خضراء
bisilla khaDraa'
green peas

حمص
Hummus
chick peas

بسلة مشقوقة
bisilla mashqooqa
split peas

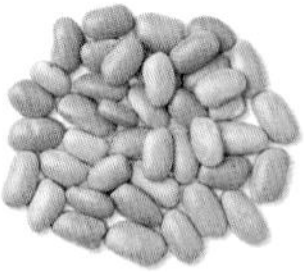

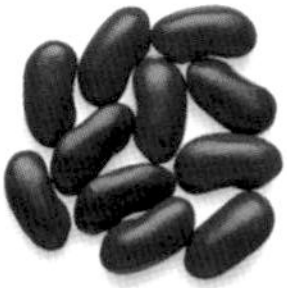

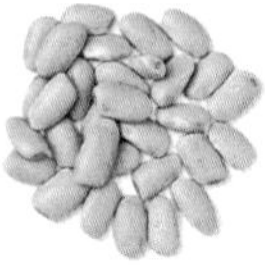

البذور al-budhoor • seeds

بذور القرع
budhoor al-qarA
pumpkin seed

بذور الخردل
budhoor al-khardal
mustard seed

كراويا
karawiya
caraway

بذور السمسم
budhoor as-simsim
sesame seed

بذور عباد الشمس
budhoor Aabbaad ash-shams
sunflower seed

الأعشاب والتوابل al-aAshaab wat-tawaabil • herbs and spices

التوابل at-tawaabil • spices

فانيلا faneelaa | vanilla

جوز الطيب
jawz aT-Teeb
nutmeg

قشرة جوز الطيب
qishrat jawz aT-Teeb
mace

كركم
kurkum
turmeric

كمون
kammoon
cumin

باقة أعشاب
baaqat aAshaab
bouquet garni

حب البهار
Habb al-buhaar
allspice

بذور الفلفل الأسود
budhoor al-filfil al-aswad
peppercorn

حلبة
Hulba
fenugreek

فلفل حريف
filfil Hareef
chilli

كامل
kaamil
whole

مسحوق خشناً
masHooq
khashinan
crushed

زعفران
zaAfaraan
saffron

حب الهال
Habb al-haal
cardamom

كاري
kaaree
curry powder

مسحوق
masHooq
ground

فلفل حلو
filfil Hulw
paprika

قشيرات
qushayraat
flakes

ثوم
thoom
garlic

الأعشاب al-aAshaab • herbs

عيدان
Aeedaan
sticks

قرفة
qirfa
cinnamon

حشيشة الليمون
Hasheeshat al-laymoon
lemon grass

قرنفل
qurunfil
cloves

أنيسون
aneesoon
star anise

زنجبيل
zanjabeel
ginger

شمار
shamaar
fennel

ثوم معمر
thoom muAammar
chives

طرخون
tarakhoon
tarragon

اوريجانو
oreejaano
oregano

بذور الشمار
budhoor
ash-shamaar
fennel seeds

نعناع
niAnaaA
mint

مردقوش
mardaqoosh
marjoram

كسبرة
kusbara
coriander

ورق الغار
waraq al-ghaar
bay leaf

زعتر
zaAtar
thyme

ريحان
rayHaan
basil

شبت
shibitt
dill

بقدونس
baqdoonis
parsley

مريمية
maryameeya
sage

حصا البان
Hasaa albaan
rosemary

الأغذية في زجاجات al-agh-dhiya fee zujaajaat • bottled foods

سدادة
sidaada
cork

زيت عباد الشمس
zayt Aabbaad ash-shams
sunflower oil

زيت الجوز
zayt al-jawz
walnut oil

زيت بذور العنب
zayt budhoor al-Ainab
grapeseed oil

زيت اللوز
zayt al-lawz
almond oil

زيت بذور السمسم
zayt budhoor as-simsim
sesame seed oil

زيت البندق
zayt al-bunduq
hazelnut oil

زيت الزيتون
zayt az-zaytoon
olive oil

أعشاب
Aashaab
herbs

زيت منكه
zayt munakkah
flavoured oil

زيوت
zuyoot
oils

بسطات حلوة basaTaat Hulwa • sweet spreads

إناء
inaa'
jar

قرص عسل النحل
qurS Aasal al-naHl
honeycomb

عسل جامد
Aasal jaamid
set honey

خثارة الليمون
khuthaarat al-laymoon
lemon curd

مربى العليق
murabba al-Aullayq
raspberry jam

مربى النرنج
murabba an-naranj
marmalade

عسل رائق
Aasal raa'iq
clear honey

شراب القبقب
sharaab al-qabqab
maple syrup

البهارات al-bihaaraat • condiments

مايونيز
mayonayz
mayonnaise

التفاح المخمر خل
khall at-tuffaaH al-mukhammar
cider vinegar

خل بلسمي
khall balsamee
balsamic vinegar

خل المولت
khall al-molt
malt vinegar

خل النبيذ
khall an-nabeedh
wine vinegar

خل
khall
vinegar

زجاجة
zujaaja
bottle

كتشب
katshab
ketchup

خردل إنجليزي
khardal injileezee
English mustard

خردل فرنسي
khardal faransee
French mustard

شطني
shuTnee
chutney

صوص
saws
sauce

خردل الحبوب الكاملة
khardal al-huboob al-kaamila
wholegrain mustard

زبد الفول السوداني
zubd al-fool as-soodaanee
peanut butter

بسطة شوكولاتة
basTat shokolaata
chocolate spread

إناء محكم القفل
inaa' muHkam al-qafl
sealed jar

فاكهه محفوظة
faakiha maHfooza
preserved fruit

المفردات al-mufradaat • vocabulary

زيت الذرة
zayt adh-dhura
corn oil

زيت فستق العبيد
zayt fustuq al-Aabeed
groundnut oil

زيت نباتي
zayt nabaatee
vegetable oil

زيت اللفت
zayt al-lift
rapeseed oil

زيت عصرة باردة
zayt Asra baarida
cold-pressed oil

منتجات الألبان muntajaat al-albaan • dairy produce

جبن jubn • cheese

قشرة
qishra
rind

جبن شبه جامد
jubn shibh jaamid
semi-hard cheese

جبن مبشور
jubn mabshoor
grated cheese

جبن جامد
jubn jaamid
hard cheese

جبن شبه طري
jubn shibh Taree
semi-soft cheese

جبن منزوع الدسم
jubn manzooA ad-dasam
cottage cheese

جبن قشدي
jubn qishdee
cream cheese

جبن أزرق
jubn azraq
blue cheese

جبن طري
jubn Taree
soft cheese

جبن طازج jubn Taazij | **fresh cheese**

الحليب al-Haleeb • milk

حليب كامل
Haleeb kaamil
whole milk

حليب منزوع نصف الدسم
Haleeb manzooA nisf ad-dasam
semi-skimmed milk

حليب منزوع الدسم
Haleeb manzooA ad-dasam
skimmed milk

حليب البقر Haleeb al-baqar | **cow's milk**

علبة حليب
Aulbat Haleeb
milk carton

حليب الماعز
Haleeb maaAiz
goat's milk

حليب مكثف
Haleeb mukaththaf
condensed milk

زبد
zubd
butter

مرجرين
marjareen
margarine

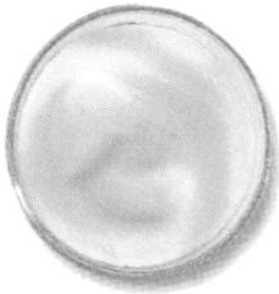

قشدة
qishda
cream

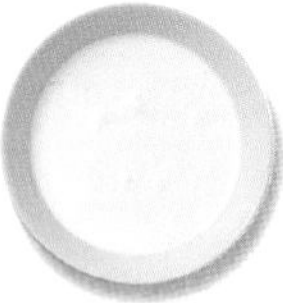

قشدة سائلة
qishda saa'ila
single cream

قشدة كثيفة
qishda katheefa
double cream

قشدة مخفوقة
qishda makhfooqa
whipped cream

قشدة حامضة
qishda HaamiDa
sour cream

لبن رائب
laban raa'ib
yoghurt

ايس كريم
aays kreem
ice-cream

البيض al-bayD • **eggs**

صفار
Safaar
yolk

بياض
bayaaD
egg white

قشر
qishr
shell

كوب البيض
koob al-bayD
egg cup

بيضة مسلوقة bayDa maslooqa | **boiled egg**

بيضة دجاجة
bayDat dajaaja
hen's egg

بيضة بطة
bayDat baTTa
duck egg

بيضة وزة
bayDat iwizza
goose egg

بيضة سمان
bayDat summaan
quail egg

المفردات al-mufradaat • **vocabulary**

مبستر mubastar **pasteurized**	شراب حليب مخفوق sharaab Haleeb makhfooq **milkshake**	مملح mumallaH **salted**	حليب الغنم Haleeb al-ghanam **sheep's milk**	لاكتوز laktooz **lactose**	متجانس mutajaanas **homogenised**
غير مبستر ghayr mubastar **unpasteurized**	لبن رائب مجمد laban raa'ib mujammad **frozen yoghurt**	غير مملح ghayr mumallaH **unsalted**	لبن خض laban khaDD **buttermilk**	خالية الدسم khaaliyat ad-dasam **fat free**	مسحوق الحليب masHooq al-Haleeb **powdered milk**

الخبز والدقيق al-khubz wad-daqeeq • breads and flours

خبز مخرط
khubz mukharraT
sliced bread

بذور الخشخاش
budhoor al-khashkhaash
poppy seeds

خبز الشيلم
khubz ash-shaylam
rye bread

خبز فرنسي
khubz faransee
baguette

مخبز makhbaz | **bakery**

صناعة الخبز SinaaAat al-khubz • making bread

دقيق أبيض
daqeeq abyaD
white flour

دقيق بني
daqeeq bunnee
brown flour

دقيق من حبوب كاملة
daqeeq min Huboob kaamila
wholemeal flour

خميرة
khameera
yeast

يغربل yugharbil | **sift** (v)

يخلط yukhalliT | **mix** (v)

عجين
Aajeen
dough

يعجن yuAajjin | **knead** (v)

يخبز yakhbiz | **bake** (v)

قشرة
qishra
crust

خبز أبيض
khubz abyaD
white bread

رغيف
ragheef
loaf

خبز بني
khubz bunnee
brown bread

خبز من حبوب كاملة
khubz min Huboob kaamila
wholemeal bread

شريحة
shareeHa
slice

خبز بحبوب
khubz bi-Huboob
granary bread

خبز الذرة
khubz adh-dhurra
corn bread

خبز الصودا
khubz aS-Soda
soda bread

خبز من عجينة محمضة
khubz min Aajeena muHammaDa
sourdough bread

خبز مفلطح
khubz mufalTaH
flatbread

خبز عبري
khubz Aibree
bagel

رول كبير
roll kabeer **I bap**

رول
roll **I roll**

خبز فواكه
khubz fawaakih
fruit bread

خبز مضاف له بذور
khubz muDaaf lahu budhoor
seeded bread

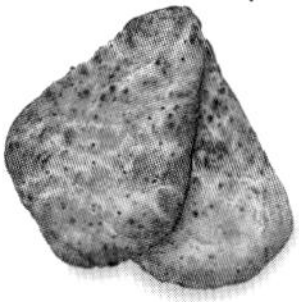

خبز نان
khubz naan
naan bread

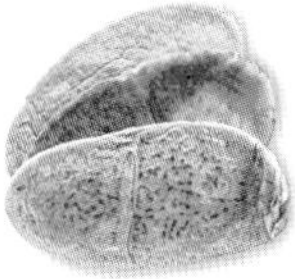

خبز بيتا
khubz bita
pitta bread

بقسمات
buqsumaat
crispbread

المفردات al-mufradaat • **vocabulary**

دقيق قوي
daqeeq qawee
strong flour

ينفخ
yanfakh
rise (v)

يريح
yureeH
prove (v)

فتات الخبز
fataat al-khubz
breadcrumbs

مخرطة خبز
mikhraTat khubz
slicer

دقيق ذاتي النفخ
daqeeq dhaatee an-nafkh
self-raising flour

دقيق عادي
daqeeq Aaadee
plain flour

يكسو
yaksoo
glaze (v)

رغيف على شكل مزمار
ragheef Aala shakl mizmaar
flute

خباز
khabbaaz
baker

الكعك والحلويات al-kaak wal-Halaweeyaat • cakes and desserts

إكلير
iklayr
éclair
كريم
kreem
cream
حشو
filling
عجين شو
Aajeen shoo
choux pastry
عجين بوف
Aajeen buff
puff pastry
عجين فيلو
Aajeen feelo
filo pastry

كعك بالفواكه
kaAk bil-fawaakih
fruit cake
تارت بالفواكه
tart bil-fawaakih
fruit tart
مرينج
mareeng
meringue
مكسو بالشوكولاتة
maksoo bish-shokolaata
chocolate coated
موفينة
mofeena
muffin
كعك إسفنجي
kaAk isfinjee
sponge cake

كعك kaAk I cakes

المفردات al-mufradaat • vocabulary

كريم باتيسيري
kreem batisayree
crème pâtissière

كعك شوكولاتة
kaAk shokolaata
chocolate cake

قرص
qurs
bun

كسترد
kustard
custard

معجنات
muAajjanaat
pastry

شريحة
shareeHa
slice

أرز بالحليب
aruzz bil-Haleeb
rice pudding

احتفال
iHtifaal
celebration

ممكن شريحة من فضلك؟
mumkin shareeHa min faDlak?
May I have a slice please?

أصابع إسفنجية
aSaabiA isfinjeeya
sponge fingers

زر شوكولاتة
zirr shokolaata
chocolate chip

بسكوت فلورينتين
baskoot filoorinteen
florentine

ترفيل
tarifeel
trifle

بسكوت baskoot | **biscuits**

موسية
mooseeya
mousse

سوربيه
sorbayh
sorbet

فطيرة القشدة
faTeerat al-qishda
cream pie

كريم كراملة
krem karamela
crème caramel

كعك الاحتفالات kaAk al-iHtifaalaat • celebration cakes

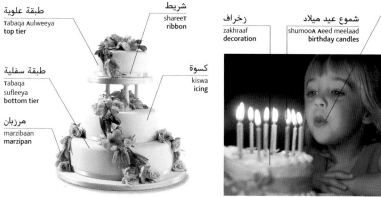

طبقة علوية
Tabaqa Aulweeya
top tier

شريط
shareeT
ribbon

طبقة سفلية
Tabaqa sufleeya
bottom tier

كسوة
kiswa
icing

مرزبان
marzibaan
marzipan

كعكة الزفاف kaAkat al-zifaaf | **wedding cake**

زخراف
zakhraaf
decoration

شموع عيد ميلاد
shumooA Aeed meelaad
birthday candles

يطفئ بالنفخ
yuTfi' bin-nafkh
blow out (v)

كعكة عيد ميلاد kaAkat Aeed meelaad | **birthday cake**

الأطعمة الخاصة al-aTAima al-khaaSSa • delicatessen

سجق متبل
sujuq mutabbal
spicy sausage

خل
khall
vinegar

زيت
zayt
oil

قرص محشو
qurs maHshoo
flan

لحم غير مطبوخ
laHm ghayr maTbookh
uncooked meat

طاولة
Taawila
counter

باتيه
baateh
pâté

سلامي
salaamee
salami

ببروني
beberoonee
pepperoni

موتزاريللا
motzarella
mozzarella

بري
bree
brie

جبن الماعز
jubn al-maaAiz
goat's cheese

شيدر
sheedar
cheddar

جبن رومي
jubn roomee
parmesan

كاميمبير
kamembayr
camembert

قشرة
qishra
rind

إيدام
eedam
edam

مانشيجو
manshego
manchego

فطائر
faTaa'ir
pies

زيتون أسود
zaytoon aswad
black olives

فلفل حريف
filfil Hareef
chili

صلصة
salsa
sauce

رول
roll
bread roll

لحم مطبوخ
laHm maTbookh
cooked meat

زيتون أخضر
zaytoon akhDar
green olives

فخذ خنزير
fakhidh khinzeer
ham

طاولة السندوتشات Taawila li-sandawitshaat | sandwich counter

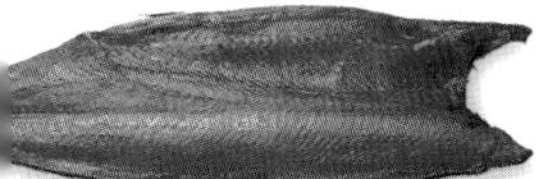

سمك مدخن
samak mudakhkhan
smoked fish

ثمر الكبوسين
thamr al-kabbooseen
capers

كاريزو
kareezo
chorizo

لحم خنزير مجفف
laHm khinzeer mujaffaf
prosciutto

زيتون محشو
zaytoon maHshoo
stuffed olive

المفردات al-mufradaat • vocabulary

في الزيت fiz-zayt **in oil**	متبل mutabbil **marinated**	مدخن mudakhkhan **smoked**
في محلول ملحي fee maHlool milHee **in brine**	مملح mumallaH **salted**	مجفف mujaffaf **cured**

خذ رقم من فضلك.
khudh raqam min faDlak
Take a number please.

ممكن أجرب هذا؟
mumkin ujarrib haadha?
May I try some of that?

ممكن ست شرائح من هذا؟
mumkin sitt sharaa'iH min haadha?
May I have six slices of that?

المشروبات mashroobaat • drinks

الماء al-maa' • water

ماء من صنبور
maa' min Sunboor
tap water

ماء معبأ
maa' muAabba'
bottled water

فائر مكربن
faa'ir mukarban
sparkling

ساكن
saakin
still

ماء التونك
maa' al-tonik
tonic water

ماء الصودا
maa' as-Soda
soda water

مياه معدنية
miyaah miAdaneeya
mineral water

المشروبات الساخنة al-mashroobaat as-saakhina • hot drinks

كيس شاي
kees shaay
teabag

أوراق شاي
awraaq shaay
loose leaf tea

شاي
shaay
tea

بن
bunn
beans

بن مطحون
bunn maTHoon
ground coffee

قهوة
qahwa
coffee

شوكولاتة ساخنة
shokolaata saakhina
hot chocolate

مشروب مولت
mashroob molt
malted drink

مشروب خفيف mashroob khafeef • soft drinks

عصير الطماطم
Aaseer aT-TamaaTim
tomato juice

مصاصة
maSSaaSa
straw

عصير العنب
Aaseer al-Ainab
grape juice

شراب الليمون
sharaab al-laymoon
lemonade

شراب البرتقال
sharaab al-burTuqaal
orangeade

كولا
kola
cola

المشروبات الكحولية al-mashroobaat al-kuHooleeya • alcoholic drinks

علبة
Aulba
can

بيرة
beera
beer

سيدر
sidar
cider

بيرة بيتير
beera beetir
bitter

بيرة سوداء
beera sawdaa'
stout

جن
jin | gin

فودكا
vodka | vodka

وسكي
wiskee | whisky

عرق السكر
Aaraq as-sukkar
rum

براندي
barandee
brandy

جاف
jaaff
dry

(نبيذ) وردي
(nabeedh) wardee
rosé (wine)

(نبيذ) أبيض
(nabeedh) abyaD
white (wine)

(نبيذ) أحمر
(nabeedh)
aHmar
red (wine)

بورت
bort
port

شري
sheree
sherry

كمباري
kambaree
campari

مسكر
musakkar
liqueur

تيكيلا
tekeela
tequila

شمبانيا
shambanya
champagne

نبيذ nabeedh | wine

LES CHAMPS CLOS
SANCERRE
1994

Bourgue
145

الأكل خارج المنزل al-akl khaarij al-manzil
eating out

المقهى al-maqha • café

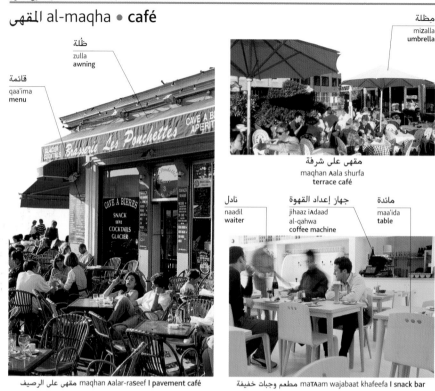

ظُلة
zulla
awning

قائمة
qaa'ima
menu

مقهى على الرصيف maqhan Aalar-raSeef | **pavement café**

مِظلة
miZalla
umbrella

مقهى على شرفة
maqhan Aala shurfa
terrace café

نادل
naadil
waiter

جهاز إعداد القهوة
jihaaz iAdaad al-qahwa
coffee machine

مائدة
maa'ida
table

مطعم وجبات خفيفة maTAam wajabaat khafeefa | **snack bar**

القهوة al-qahwa • coffee

قهوة بالحليب
qahwa bil-Haleeb
white coffee

قهوة سادة
qahwa saada
black coffee

قهوة أمريكية
qahwa amreekeeya
filter coffee

إسبرسو
isbreso
espresso

بودرة الكاكاو
boodrat al-kakaw
cocoa powder

رغوة
raghwa
froth

كابتشينو
kabatsheeno
cappuccino

قهوة مثلجة
qahwa muthallaja
iced coffee

الشاي ash-shaay • tea

شاي عشبي
shaay Aushbee
herbal tea

شاي بالبابونج
shaay bil-baboonj | **camomile tea**

شاي أخضر
shaay akhDar | **green tea**

شاي بالحليب
shaay bil-Haleeb
tea with milk

شاي سادة
shaay saada
black tea

شاي بالليمون
shaay bil-laymoon
tea with lemon

شاي بالنعناع
shaay bin-niAnaaA
mint tea

شاي مثلج
shaay muthallaj
iced tea

العصائر والحليب المخفوق al-AaSaa'ir wal-Haleeb al-makhfooq • juices and milkshakes

عصير البرتقال
AaSeer
al-burtuqaal
orange juice

عصير التفاح
AaSeer
at-tuffaaH
apple juice

عصير الأناناس
AaSeer
al-anaanaas
pineapple juice

عصير الطماطم
AaSeer
aT-TamaaTim
tomato juice

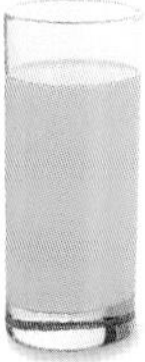

شوكولاتة بالحليب المخفوق
shokolaata bil-Haleeb
al-makhfooq
chocolate milkshake

فراولة بالحليب
المخفوق
faraawla bil-Haleeb
al-makhfooq
strawberry milkshake

قهوة بالحليب المخفوق
qahwa bil-Haleeb
al-makhfooq
coffee milkshake

الغذاء al-ghidhaa' • food

خبز بني
khubz bunnee
brown bread

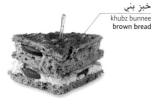

سندوتش محمص
sandawitsh muHammaS
toasted sandwich

سلطة
salaTa
salad

كرة
kura
scoop

آيس كريم
aayis kreem
ice cream

معجنات
muAajjinaat
pastry

البار al-baar • bar

أكواب زجاج
akwaab zujaaj
glasses

صراف بالمقاس
Sarraaf bil-maqaas
optic

درج نقود
durj nuqood
till

قيم البار
qayyim al-baar
bartender

صنبور البيرة
Sanboor al-beera
beer tap

جهاز إعداد القهوة
jihaaz iAdaad al-qahwa
coffee machine

دلو الثلج
dilw ath-thalj
ice bucket

مقعد البار
maqAad al-baar
bar stool

طفاية سجائر
Tafaayat sajaa'ir
ashtray

وسادة للأكواب
wisaada lil-akwaab
coaster

مسطح البار
musaTTaH al-baar
bar counter

فتاحة زجاجات
fattaaHat zujaajaat
bottle opener

رافعة
raafiAa
lever

بريمة
barreema | **corkscrew**

ملقط
milqaT
tongs

مرجف
murajjif
stirrer

مقياس
miqyaas
measure

خضاضة الكوكتيل
khaDDaaDat al-koktayl | **cocktail shaker**

جن وتونك
jin wa-tonik
gin and tonic

دورق
dawraq
pitcher

ويسكي سكوتش وماء
weeskee skotsh wa-maa'
scotch and water

مكعب ثلج
mukaAAab thalj
ice cube

رم وكولا
rum wa-kola
rum and coke

فودكا وبرتقال
vodka wa-butuqaal
vodka and orange

مرتيني
marteenee
martini

كوكتيل
koktayl
cocktail

نبيذ
nabeedh
wine

بيرة
beera
beer

قدر بسيط
qadr baseeT
a shot

قدر واحد
qadr waaHid
single

قدران
qadraan
double

مقياس
miqyaas
measure

بدون ثلج
bidoon thalj
without ice

ثلج وليمون
talj wa-laymoon
ice and lemon

بالثلج
bith-thalj
with ice

مزات بار mazzaat baar as-sareeA • **bar snacks**

رقائق بطاطس
raqaa'iq baTaaTis | **crisps**

بلاذر
balaadhir
cashewnuts

فول سوداني
fool soodaanee
peanuts

لوز
lawz
almonds

جوزيات
jawzeeyaat | **nuts**

زيتون
zaytoon | **olives**

المطعم al-maTAam • restaurant

قسم عدم التدخين
qism Aadam
at-tadkheen
non-smoking section

منديل مائدة
mindeel maa'ida
napkin

طباخ مساعد
Tabbaakh
musaaAid
commis chef

إعداد المائدة
iAdaad
al-maa'ida
table setting

طباخ رئيسي
Tabbaakh ra'eesee
chef

كأس
ka's
glass

صينية
seneeya
tray

مطبخ maTbakh | kitchen

نادل naadil | waiter

المفردات al-mufradaat • vocabulary

قائمة المساء qaa'imat al-masaa' **evening menu**	أطباق خاصة aTbaaq khaassa **specials**	سعر siAr **price**	بقشيش baqsheesh **tip**	بوفيه boofeh **buffet**	زبون zaboon **customer**
قائمة نبيذ qaa'imat nabeedh **wine list**	أطباق من القائمة aTbaaq min al-qaa'ima **à la carte**	حساب Hisaab **bill**	تتضمن الخدمة tataDamman al-khidma **service included**	بار baar **bar**	ملح milH **salt**
قائمة غداء qaa'imat ghadaa' **lunch menu**	عربة الحلويات Aarabat al-Halawiyaat **sweet trolley**	إيصال eesaal **receipt**	لا تتضمن الخدمة laa tataDamman al-khidma **service not included**	قسم التدخين qism at-tadkheen **smoking section**	فلفل filfil **pepper**

قائمة
qaa'ima
menu

وجبة طفل
wajbat Tifl
child's meal

يطلب yaTlub | **order (v)**

يدفع yadfaA | **pay (v)**

أطباق الطعام aTbaaq aT-TaAaam • courses

بادئة
baadi'a
apéritif

مُقبّل
muqabbil
starter

حساء
Hisaa'
soup

طبق رئيسي
Tabaq ra'eesee
main course

طبق جانبي
Tabaq jaanibee
side order

شوكة
shawka
fork

حلو Hulw I **dessert**

ملعقة قهوة
milAaqat qahwa
coffee spoon

قهوة qahwa I **coffee**

مائدة لاثنين، من فضلك.
maa'ida li-ithnayn, min faDlak
A table for two please.

الإطلاع على قائمة الطعام/ قائمة النبيذ؟
هل يمكنني
hal yumkinunee al-iTTilaaA Aala qaa'imat aT-TaAaam/ qaa'imat an-nabeedh?
May I see the menu/winelist?

هل هناك قائمة طعام بسعر ثابت؟
hal hunaaka qaa'imat TaAaam bi-siAr thaabit?
Is there a fixed price menu?

هل لديكم أي أطباق للنباتيين؟
hal ladaykum ayy aTbaaq lin-nabaateeyeen?
Do you have any vegetarian dishes?

ممكن الحساب/إيصال؟
mumkin al-Hisaab/eesaal?
May I have the bill/a receipt?

هل يمكننا الدفع كل على حدة؟
hal yumkinuna ad-dafA kull Aala Hida?
Can we pay separately?

أين دورات المياه، من فضلك؟
ayna dawraat al-miyaah, min faDlak?
Where are the toilets, please?

المأكولات السريعة al-ma'koolaat as-sareeAa • fast food

مصاصة
maSSaaSa
straw

برغر
burghur
burger

مشروب خفيف
mashroob khafeef
soft drink

بطاطس محمرة
baTaaTis muHamarra
french fries

مناديل ورق
mandeel waraq
paper napkin

صينية
Seneeya
tray

وجبة برغر wajbat burghur | **burger meal**

بيتزا
beetza
pizza

قائمة أسعار
qaa'imat asAaar
price list

مشروب معلب
mashroob muAallab
canned drink

توصيل للمنزل
tawSeel lil-manzil | **home delivery**

عربة أطعمة بالشارع
Aarabat aTAima bish-shaariA | **street stall**

المفردات al-mufradaat • vocabulary

مطعم بيتزا
maTAam beetza
pizza parlour

مطعم البرغر
maTAam al-burghur
burger bar

قائمة
qaa'ima
menu

الأكل داخل المطعم
al-akl daakhil al-mmaTAam
eat-in

الاصطحاب للمنزل
al-iSTiHaab lil-manzil
take-away

يُعيد التسخين
yuAeed at-taskheen
re-heat (v)

صلصة طماطم
SalSat TamaaTim
tomato sauce

هل يمكنني أخذ هذا للمنزل؟
hal yumkinunee akhdh haadha lil-manzil?
Can I have that to go?

هل توصلون للمنازل؟
hal tuwaSSiloon lil-manaazil?
Do you deliver?

قرص
qurs
bun

خردل
khardal
mustard

سجق
sujuq
sausage

برغر
burghur
hamburger

برغر دواجن
burghur dawaajin
chicken burger

برغر نباتي
burghur nabaatee
veggie burger

سندوتش سجق
sandawitsh sujuq | **hot dog**

سندوتش
sandawitsh
sandwich

سندوتش متعدد الطبقات
sandawitsh mutaAaddid
aT-Tabaqaat
club sandwich

سندوتش مكشوف
sandawitsh makshoof
open sandwich

حشو
hashw
filling

لفافة محشوة
laffaafa maHshoowa
wrap

صلصة
salsa
sauce

فاتح للشهية
faatiH lish-shahiya
savoury

حلو
Hulw
sweet

كباب
kabaab
kebab

دواجن مفرومة
dawaajin mafrooma
chicken nuggets

فطيرة faTeera | **crêpe**

طبقة علوية
Tabaqa
Aulweeeya
topping

سمك ورقائق بطاطس
samak wa-raqaa-iq baTaaTis
fish and chips

ضلوع
dulooA
ribs

دجاج مقلي
dajjaaj maqlee
fried chicken

بيتزا
beetza
pizza

الفطور al-fuToor • breakfast

حليب
Haleeb
milk

حبوب
Huboob
cereal

مربى
murabba
jam

فواكه جافة
fawaakih jaaffa
dried fruit

فخذ خنزير
fakhidh
khinzeer
ham

جبن
jubn
cheese

بقسمات
buqsumaat
crispbread

بوفيه فطور
boofeh fuToor
breakfast buffet

مربى النرنج
murabba an-narang
marmalade

باتيه
bateh
pâté

زبد
zubd
butter

عصير فواكه
Aaseer fawaakih
fruit juice

قهوة
qahwa
coffee

شوكولاتة ساخنة
shokolaata saakhina
hot chocolate

كرواسان
karawsaan
croissant

شاي
shaay
tea

مائدة فطور maa'idat fuToor | **breakfast table**

مشروبات mashroobaat | **drinks**

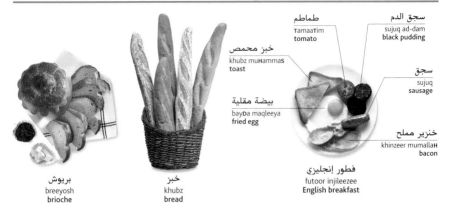

طماطم
тamaaтim
tomato

سجق الدم
sujuq ad-dam
black pudding

خبز محمص
khubz muHammaṣ
toast

سجق
sujuq
sausage

بيضة مقلية
bayDa maqleeya
fried egg

خنزير مملح
khinzeer mumallaH
bacon

بريوش
breeyosh
brioche

خبز
khubz
bread

فطور إنجليزي
futoor injileezee
English breakfast

صفار
safaar
yolk

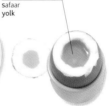

رنكة مدخنة
ranka mudakhkhana
kippers

خبز محمص ومقلي
khubz muHammaṣ
wa-maqlee
french toast

بيضة مسلوقة
bayDa maslooqa
boiled egg

بيض مضروب
bayD maDroob
scrambled eggs

قشدة
qishda
cream

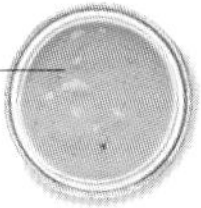

لبن رائب بالفواكه
laban raa'ib bil-fawaakih
fruit yoghurt

فطائر
faтaa'ir
pancakes

وفل
waffal
waffles

شوفان مطبوخ
shoofaan maтbookh
porridge

فواكه طازجة
fawaakih тaazija
fresh fruit

العشاء al-Aashaa' • dinner

حساء Hisaa' | soup

حساء خفيف
Hisaa' khafeef | **broth**

يخني yakhnee | stew

كاري kaaree | curry

مطبوخ في الفرن
maTbookh fil-furn
roast

فطيرة
faTeera
pie

سوفليه
soofleh
soufflé

كباب
kabaab
kebab

كفتة بالصلصة
kofta bis-salsa | **meatballs**

عجة
Aijja | **omelette**

مقل سريعاً
maqlin sareeAan | **stir fry**

نودلز
noodalz
noodles

باستا basta | **pasta**

أرز
aruzz | rice

سلاطة مخلوطة
salaTa makhlooTa | **mixed salad**

سلاطة خضراء
salaTa khaDraa' | **green salad**

تتبيلة
tatbeela | **dressing**

الأساليب al-asaaleeb • techniques

محشو maHshoo | **stuffed**

بالصوص bil-saws | **in sauce**

مشوي mashwee | **grilled**

متبل mutabbil | **marinated**

مطبوخ بالماء
maTbookh bil-maa'
poached

مهروس mahroos | **mashed**

في الفرن fil-furn | **baked**

مقل في مقلاة
maqlin fee miqlaah
pan fried

مقل maqlin | **fried**

مخلل mukhallal | **pickled**

معامل بالدخان muAaamal bid-dukhaan | **smoked**

مقل في إناء عميق maqlin fee inaa' Aameeq | **deep fried**

في شراب
fee sharaab
in syrup

معامل بالتوابل والخل
muAaamal bit-tawaabil wal-khall | **dressed**

معامل بالبخار
muAaamal bil-bukhaar
steamed

مجفف ومملح
mujaffaf wa-mumallaH
cured

الدراسة ad-diraasa
study

المدرسة al-madrasa • school

مدرس
mudarris
teacher

سبورة
sabboora
blackboard

تلميذ tilmeedh I schoolboy

تلميذ
tilmeedh
pupil

زي مدرسي
ziyy madrasee
school uniform

تخت
takht
desk

حقيبة مدرسية
Haqeeba
madraseeya
school bag

طباشير
Tabaasheer
chalk

فصل fasl | classroom

تلميذة
tilmeedha
schoolgirl

المفردات al-mufradaat • vocabulary

تاريخ taareekh **history**	علوم Auloom **science**	طبيعة TabeeAa **physics**
لغات lughaat **languages**	فن fann **art**	كيمياء keemyaa' **chemistry**
آداب aadaab **literature**	موسيقى mooseeqa **music**	علم الأحياء Ailm al-aHyaa' **biology**
جغرافيا jughraafiya **geography**	رياضيات riyaaDiyaat **maths**	تربية بدنية tarbeeya badaneeya **physical education**

الأنشطة al-anshiTa • activities

يقرأ yaqra' | read (v)

يكتب yaktub | write (v)

يتهجى yatahajja | spell (v)

يرسم yarsim | draw (v)

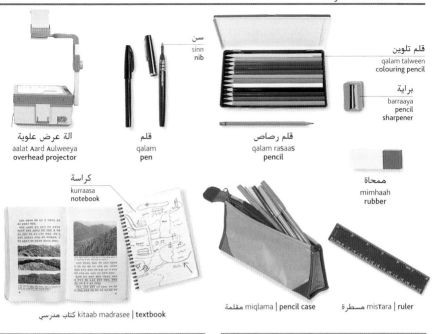

سن
sinn
nib

قلم تلوين
qalam talween
colouring pencil

براية
barraaya
pencil
sharpener

الة عرض علوية
aalat Aard Aulweeya
overhead projector

قلم
qalam
pen

قلم رصاص
qalam raSaaS
pencil

ممحاة
mimhaah
rubber

كراسة
kurraasa
notebook

كتاب مدرسي kitaab madrasee | textbook

مقلمة miqlama | pencil case

مسطرة misTara | ruler

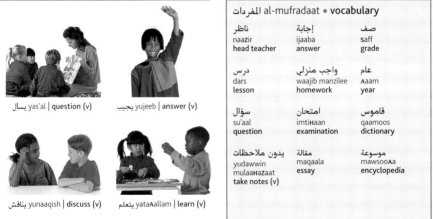

يسأل yas'al | question (v)

يجيب yujeeb | answer (v)

يناقش yunaaqish | discuss (v)

يتعلم yataAallam | learn (v)

المفردات al-mufradaat • vocabulary

ناظر naazir head teacher	إجابة ijaaba answer	صف saff grade
درس dars lesson	واجب منزلي waajib manzilee homework	عام Aaam year
سؤال su'aal question	امتحان imtiHaan examination	قاموس qaamoos dictionary
يدون ملاحظات yudawwin mulaaHaZaat take notes (v)	مقالة maqaala essay	موسوعة mawsooAa encyclopedia

الرياضيات ar-riyaaDiyaat • maths

أشكال askhkaal • shapes

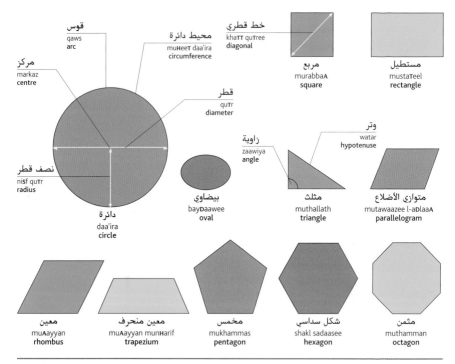

قوس
qaws
arc

محيط دائرة
muHeeT daa'ira
circumference

خط قطري
khaTT quTree
diagonal

مربع
murabbaA
square

مستطيل
mustaTeel
rectangle

مركز
markaz
centre

قطر
quTr
diameter

نصف قطر
nisf quTr
radius

زاوية
zaawiya
angle

وتر
watar
hypotenuse

دائرة
daa'ira
circle

بيضاوي
bayDaawee
oval

مثلث
muthallath
triangle

متوازي الأضلاع
mutawaazee l-aDlaaA
parallelogram

معين
muAayyan
rhombus

معين منحرف
muAayyan munHarif
trapezium

مخمس
mukhammas
pentagon

شكل سداسي
shakl sadaasee
hexagon

مثمن
muthamman
octagon

الأشكال المصمتة al-ashkaal al-muSammata • solids

قاعدة
qaa'idaT
base

جانب
jaanib
side

قمة
qimma
apex

مخروط
makhrooT
cone

اسطوانة
usTawaana
cylinder

مكعب
mukaAAab
cube

هرم
haram
pyramid

كروي
kurawee
sphere

الخطوط al-khuTooT • lines

مستقيم	متواز	متعامد	منحن
mustaqeem	mutawaazin	mutaAaamid	munHanin
straight	parallel	perpendicular	curved

القياسات al-qiyaasat • measurements

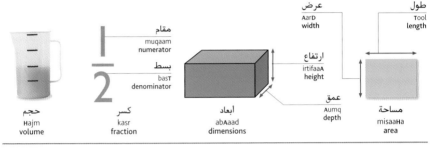

مقام muqaam — numerator
بسط basT — denominator

عرض AarD — width
طول Tool — length

ارتفاع irtifaaA — height
عمق Aumq — depth

حجم	كسر	أبعاد	مساحة
Hajm	kasr	abAaad	misaaHa
volume	fraction	dimensions	area

المعدات al-muAaddaat • equipment

مثلث قائم الزاوية	منقلة	مسطرة	برجل	آلة حاسبة
muthallath qaa'im az-zaawiya	manqala	misTara	barjal	aala Haasiba
set square	protractor	ruler	compass	calculator

المفردات al-mufradaat • vocabulary

هندسة	زائد	مضروب في	يعادل	يُضيف	يضرب	معادلة
handasa	zaa'id	maDroob fee	yuAaadil	yuDeef	yaDrib	muAaadala
geometry	plus	times	equals	add (v)	multiply (v)	equation

رياضيات	ناقص	مقسوم على	يعد	يطرح	يقسم	نسبة مئوية
riyaaDiyaat	naaqiS	maqsoom Aala	yaAidd	yaTraH	yaqsim	nisba mi'aweeya
arithmetic	minus	divided by	count (v)	subtract (v)	divide (v)	percentage

العلوم al-Auloom • science

معمل
maAmal
laboratory

ميزان
meezaan
scales

ميزان بزنبرك
meezaan bi-zunburuk
spring balance

وزن
wazn
weight

بوتقة
bootaqa
crucible

مصباح بنزن
misbaaH bunzun
bunsen burner

حامل
Haamil
tripod

قارورة زجاج
qaaroora zujaaj
glass bottle

حامل بماسك
Haamil
bi-maasik
clamp stand

أنبوبة اختبار
anboobat ikhtibaar
test tube

حامل
Haamil
rack

قمع
qumA
funnel

ماسك
maasik
clamp

سدادة
sidaada
stopper

ساعة توقيت
saaAat tawqeet
timer

قارورة
qaaroora
flask

طبق بتري
Tabaq betree
petri dish

تجربة tajriba | experiment

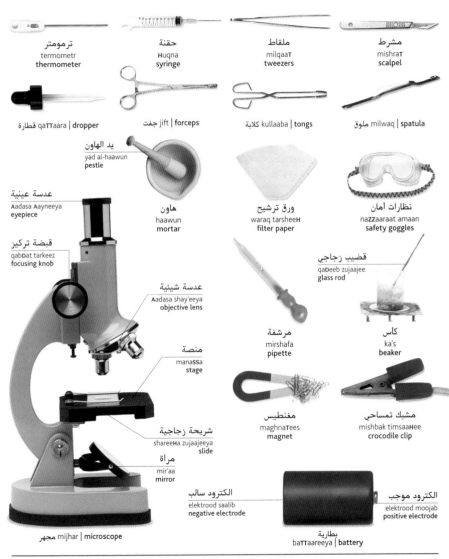

ترمومتر
termometr
thermometer

حقنة
Huqna
syringe

ملقاط
milqaaT
tweezers

مشرط
mishraT
scalpel

قطارة qaTTaara | **dropper**

جفت jift | **forceps**

كلابة kullaaba | **tongs**

مِلوق milwaq | **spatula**

يد الهاون
yad al-haawun
pestle

هاون
haawun
mortar

ورق ترشيح
waraq tarsheeH
filter paper

نظارات أمان
naZZaaraat amaan
safety goggles

عدسة عينية
Aadasa Aayneeya
eyepiece

قبضة تركيز
qabDat tarkeez
focusing knob

عدسة شيئية
Aadasa shay'eeya
objective lens

منصة
manaSSa
stage

شريحة زجاجية
shareeHa zujaajeeya
slide

مرآة
mir'aa
mirror

مجهر mijhar | **microscope**

مرشفة
mirshafa
pipette

قضيب زجاجي
qaDeeb zujaajee
glass rod

كأس
ka's
beaker

مغنطيس
maghnaTees
magnet

مشبك تمساحي
mishbak timsaaHee
crocodile clip

الكترود سالب
elektrood saalib
negative electrode

الكترود موجب
elektrood moojab
positive electrode

بطارية
baTTaareeya | **battery**

الجامعة al-jaamiAa • college

مكتب القبول
maktab al-qubool
admissions

قاعة طعام
qaaAat taAaam
refectory

مركز صحي
markaz siHHee
health centre

ساحة رياضة
saaHat riyaaDa
sports field

مبنى نوم الطلاب
mabna nawm
aT-Tullaab
**hall of
residence**

كتالوج
katalog
catalogue

باحة baaHa | campus

أمين مكتبة
ameen maktaba
librarian

المفردات al-mufradaat • vocabulary

بطاقة مكتبة biTaaqat maktaba **library card**	استعلامات istiAlaamaat **enquiries**	استعارة istiAaara **loan**
غرفة قراءة ghurfat qiraa'a **reading room**	يستعير yastaAeer **borrow (v)**	كتاب kitaab **book**
قائمة قراءة qaa'imat qiraa'a **reading list**	يحجز yaHjiz **reserve (v)**	عنوان Aunwaan **title**
تاريخ الإرجاع taareekh al-irjaaA **return date**	يُجدد yujaddid **renew (v)**	ممر mamarr **aisle**

مكتب استعارة الكتب
maktab istiAaarat
al-kutub
loans desk

رف للكتب
raff lil-kutub
bookshelf

مطبوعة دورية
maTbooAa
dawreeya
periodical

مجلة
majalla
journal

مكتبة maktaba | library

طالب لم يتخرج بعد
ᴛaalib lam yatakharraj baᴀd
undergraduate

محاضر
muHaaᴅir
lecturer

خريج
khareej
graduate

رداء
ridaa'
robe

قاعة محاضرات
qaaᴀat muHaaᴅaraat | **lecture theatre**

احتفالية تخرج
iHtifaaleeyat takharruj | **graduation ceremony**

الكليات al-kulliyaat • schools

موديل
modeel
model

كلية الفنون
kulleeyat al-funoon | **art college**

قسم الموسيقى
qism al-mooseeqa | **music school**

معهد الرقص
maᴀhad ar-raqs | **dance academy**

المفردات al-mufradaat • vocabulary

منحة دراسية minHa diraaseeya **scholarship**	أبحاث abHaath **research**	بحث baHth **dissertation**	طب ᴛibb **medicine**	فلسفة falsafa **philosophy**
دبلوم dibloom **diploma**	ماجستير majisteer **masters**	قسم qism **department**	علم الحيوان ᴀilm al-Hayawaan **zoology**	آداب aadaab **literature**
درجة جامعية daraja jaamiᴀeeya **degree**	دكتوراه doktooraah **doctorate**	الحقوق al-Huqooq **law**	طبيعة ᴛabeeᴀa **physics**	تاريخ الفنون taareekh al-funoon **history of art**
دراسات عليا diraasaat ᴀulyaa **postgraduate**	أطروحة بحثية uᴛrooHa baHtheeya **thesis**	هندسة handasa **engineering**	سياسة siyaasa **politics**	اقتصاد iqtisaad **economics**

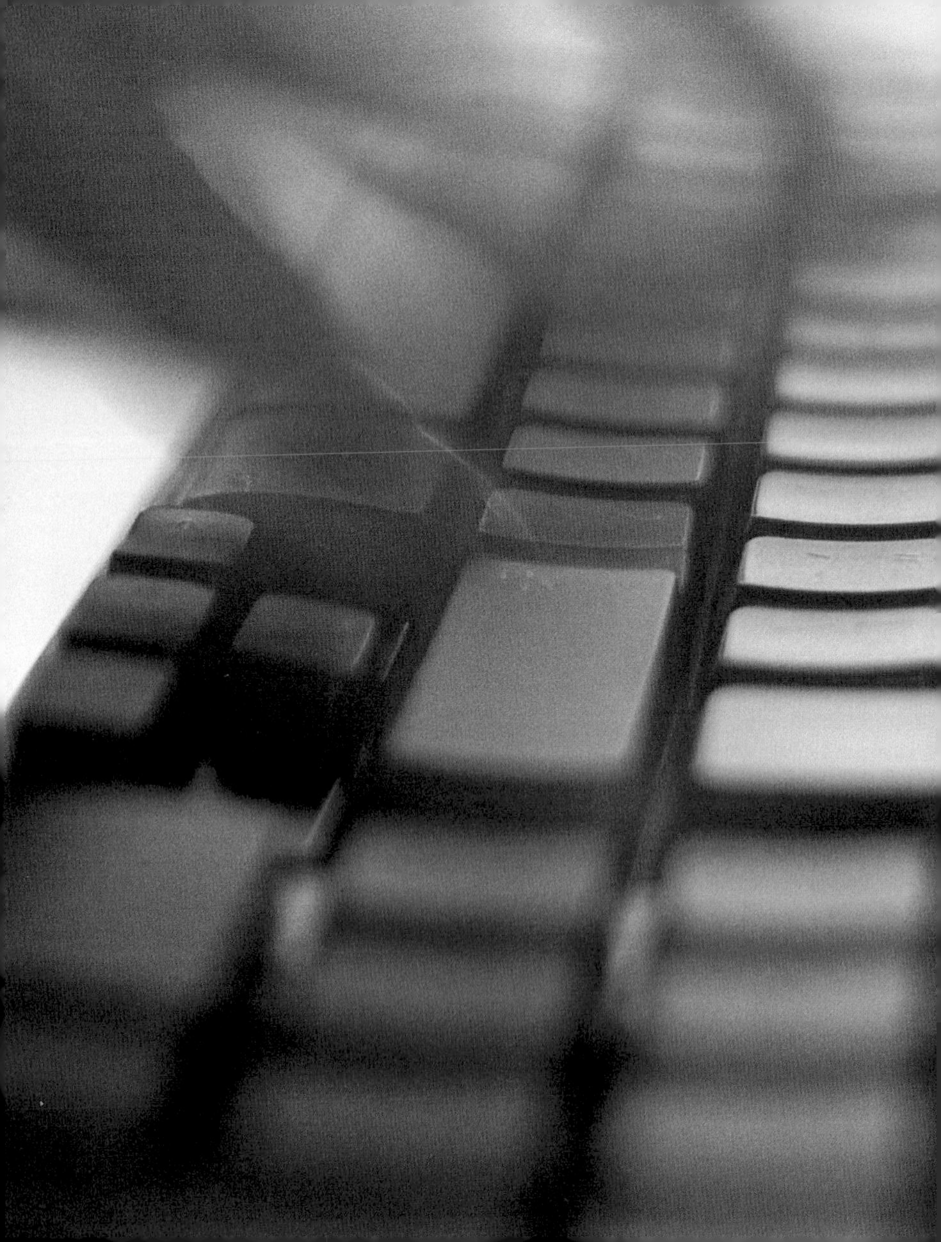

العمل al-Aamal
work

المكتب ١ al-maktab waaHid • office 1

المكتب al-maktab • office

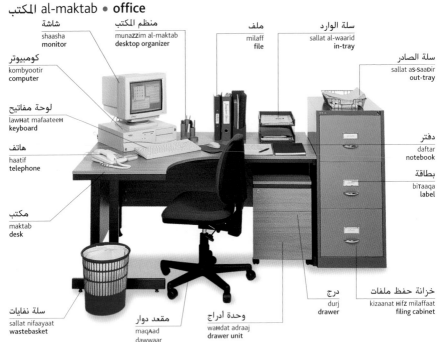

شاشة
shaasha
monitor

منظم المكتب
munaZZim al-maktab
desktop organizer

ملف
milaff
file

سلة الوارد
sallat al-waarid
in-tray

كومبيوتر
kombyootir
computer

سلة الصادر
sallat aS-SaaDir
out-tray

لوحة مفاتيح
lawHat mafaateeH
keyboard

هاتف
haatif
telephone

دفتر
daftar
notebook

بطاقة
biTaaqa
label

مكتب
maktab
desk

سلة نفايات
sallat nifaayaat
wastebasket

مقعد دوار
maqAad dawwaar
swivel chair

وحدة أدراج
waHdat adraaj
drawer unit

درج
durj
drawer

خزانة حفظ ملفات
kizaanat Hifz milaffaat
filing cabinet

معدات مكتب muAaddaat al-maktab • office equipment

صينية الورق
Seneeyat al-waraq
paper tray

مرشد الورق
murshid al-waraq
paper guide

فاكس
faks
fax

طابعة TaabiAa | printer

جهاز فاكس jihaaz faks | fax machine

المفردات al-mufradaat • vocabulary

يطبع
yaTbaA
print (v)

يُكبر
yukabbir
enlarge (v)

ينسخ
yansakh
copy (v)

يُصغر
yusaghghir
reduce (v)

احتاج عمل بعض النسخ.
aHtaaj Aamal baAd an-nusakh
I need to make some copies.

مستلزمات المكاتب mustalzamaat al-maktab • office supplies

بطاقة مجاملة
biTaaqat mujaamala
compliments slip

أوراق خطابات معنونة
awraaq khiTaabaat muAanwana
letterhead

مظروف
maZroof
envelope

صندوق ملفات
sundooq milaffaat
box file

ملف بالرافعة
milaff bir-raafiAa
lever arch file

لوح كتابة
lawH kitaaba
clipboard

نوتة ملاحظات
notat mulaaHaZaat
note pad

لسان
lisaan
tab

ملف يعلق
milaff yuAallaq
hanging file

فاصل
faasil
divider

ملف يفتح كالأكورديون
milaff yuftaH kal-akordiyon
concertina file

منسق شخصي
munassiq shakhsee
personal organizer

دبابيس ورق
dabaabees waraq
staples

دباسة
dabbaasa
stapler

شريط لاصق
shareeT laasiq
sticky tape

موزع شريط
muwaaziA shareeT
tape dispenser

خرامة
kharraama
hole punch

وسادة حبر
wisaadat Hibr
ink pad

ختامة
khattaama
rubber stamp

بندة مطاط
banda maTaaT
rubber band

مشبك قوي
mishbak qawee
bulldog clip

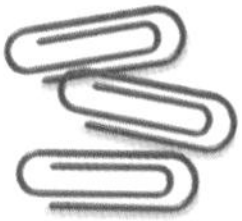

مشبك ورق
mishbak waraq
paper clip

دبابيس رسم
dabaabees rasm
drawing pins

لوحة إعلانات lawHat iAlaanaat
notice board

المكتب ٢ al-maktab ithnaan • office 2

سبورة ورق
sabboora waraq
flipchart

حامل
Haamil
easel

عرض
AarD
proposal

مدير
mudeer
manager

تقرير
taqreer
report

موظف تنفيذي
muwaZZaf tanfeedhee
executive

وقائع
waqaa'iA
minutes

اجتماع ijtimaaA | meeting

المفردات al-mufradaat • vocabulary

غرفة اجتماعات
ghurfat ijtimaaAaat
meeting room

يحضر
yaHDur
attend (v)

جدول أعمال
jadwal Aamaal
agenda

يترأس
yatara"as
chair (v)

ما موعد عقد الاجتماع؟
maa mawAid Aaqd al-ijtimaaA?
What time is the meeting?

ما ساعات عمل مكتبك؟
maa saaAaat Aamal maktabak?
What are your office hours?

متحدث
mutaHaddith
speaker

جهاز عرض
jihaaz AarD
projector

عرض AarD | presentation

الأعمال al-Aamaal • business

كومبيوتر محمول
kombyoortir maHmool
laptop

ملاحظات
mulaaHaZaat
notes

غداء عمل ghadaa' Aamal | **business lunch**

رجل أعمال
rajul Aamaal
businessman

سيدة أعمال
sayyidat Aamaal
businesswoman

مهمة عمل muhammat Aamal | **business trip**

موعد
mawAid
appointment

كومبيوتر كفي
kompyootir kaffee
palmtop

مفكرة mufakkira | **diary**

عميل
Aameel
client

المدير العام
al-mudeer
al-Aaamm
managing director

صفقة Safqa | **business deal**

المفردات al-mufradaat • vocabulary

شركة
sharika
company

مركز رئيسي
markaz ra'eesee
head office

فرع
farA
branch

العاملون
al-Aaamiloon
staff

مرتب
murattab
salary

جدول رواتب
jadwal rawaatib
payroll

قسم الحسابات
qism al-Hisaabaat
accounts department

قسم التسويق
qism at-tasweeq
marketing department

قسم المبيعات
qism al-mabeeAaat
sales department

قسم الشؤون القانونية
qism ash-shu'oon al-qaanooneeya
legal department

قسم خدمة العملاء
qism khidmat al-Aumalaa'
customer service department

قسم شؤون الأفراد
qism shu'oon al-afraad
personnel department

الكومبيوتر al-kompyootir • computer

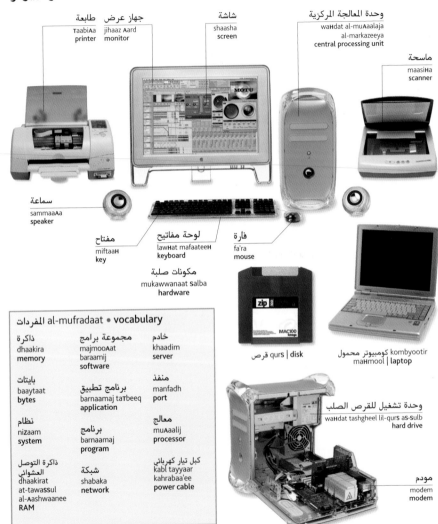

طابعة
TaabiAa
printer

جهاز عرض
jihaaz Aard
monitor

شاشة
shaasha
screen

وحدة المعالجة المركزية
waHdat al-muAaalaja
al-markazeeya
central processing unit

ماسحة
maasiHa
scanner

سماعة
sammaaAa
speaker

مفتاح
miftaaH
key

لوحة مفاتيح
lawHat mafaateeH
keyboard

فأرة
fa'ra
mouse

مكونات صلبة
mukawwanaat Salba
hardware

قرص qurs | disk

كومبيوتر محمول kombyootir
maHmool | laptop

المفردات al-mufradaat • vocabulary

ذاكرة dhaakira memory	مجموعة برامج majmooAat baraamij software	خادم khaadim server
بايتات baaytaat bytes	برنامج تطبيق barnaamaj taTbeeq application	منفذ manfadh port
نظام niZaam system	برنامج barnaamaj program	معالج muAaalij processor
ذاكرة التوصل العشوائي dhaakirat at-tawaSSul al-Aashwaanee RAM	شبكة shabaka network	كبل تيار كهربائي kabl tayyaar kahrabaa'ee power cable

وحدة تشغيل للقرص الصلب
waHdat tashgheel lil-qurs aS-Sulb
hard drive

مودم
modem
modem

سطح المكتب sat-H al-maktab • desktop

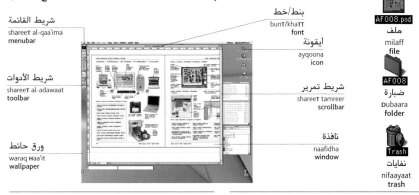

شريط القائمة
shareeT al-qaa'ima
menubar

شريط الأدوات
shareeT al-adawaat
toolbar

ورق حائط
waraq Haa'it
wallpaper

بنط/خط
bunT/khaTT
font

أيقونة
ayqoona
icon

شريط تمرير
shareeT tamreer
scrollbar

نافذة
naafidha
window

ملف
milaff
file

ضبارة
Dubaara
folder

نفايات
nifaayaat
trash

الإنترنت al-internet • internet

مستعرض
mustaAriD
browser

موقع الوارد
mawqiA
al-waarid
inbox

موقع بالإنترنت
mawqiA bil-internet
website

يستعرض yastaAriD | **browse (v)**

البريد الإليكتروني al-bareed al-ileektronee • email

عنوان البريد الإلكتروني
Aunwaan al-bareed al-ileektronee
email address

المفردات al-mufradaat • vocabulary

يتصل yattasil **connect (v)**	مقدم خدمة muqaddim khidma **service provider**	يُسجل الدخول yusajjil ad-dukhool **log on (v)**	يُحمل yuHammil **download (v)**	يُرسل yursil **send (v)**	يحفظ yaHfaz **save (v)**
يُركب yurakkib **install (v)**	حساب بريد إليكتروني hisaab bareed ileektronee **email account**	متصل بالانترنت mutassal bil-internet **on-line**	ملحق mulHaq **attachment**	يستقبل yastaqbil **receive (v)**	يبحث yabHath **search (v)**

الوسائط الإعلامية al-wasaa'iT al-iAlaameeya • media

أستوديو تليفزيون istoodiyo tileefizyon • television studio

مقدم
muqaddim
presenter

إضاءة
iDaa'a
light

تصميم إستوديو
tasmeem istoodiyo
set

آلة تصوير
aalat taSweer
camera

حامل آلة تصوير
Haamil aalat taSweer
camera crane

فني آلة تصوير
fannee aalat taSweer
cameraman

المفردات al-mufradaat • vocabulary

قناة qanaat **channel**	أخبار akhbaar **news**	صحافة saHaafa **press**	قصة مسلسلة qissa musalsala **soap**	صور متحركة suwar mutaHarrika **cartoon**	حي Hayy **live**
برمجة barmaja **programming**	وثائقي wathaa'iqee **documentary**	سلسلة silsila **series**	برنامج ألعاب barnaamij alAaab **game show**	سبق تسجيله sabaqa tasjeeluhu **prerecorded**	يُذيع yudheeA **broadcast (v)**

محاور muHaawir | interviewer

صحفي saHafee | reporter

جهاز تلقين آلي
jihaaz talqeen aalee
autocue

قارئ الأخبار
qaari' al-akhbaar
newsreader

ممثلون
mumaththiloon
actors

حامل الميكروفون
Haamil al-mikrofoon
sound boom

لوح الكلابير
lawH al-clapper
clapper board

تصميم مناظر
tasmeem manaazir
film set

الراديو ar-raadyo • **radio**

مكتب الخلط
maktab al-khalT
mixing desk

ميكروفون
mikrofoon
microphone

فني صوت
fannee sawT
sound technician

أستوديو التسجيل
istoodiyo at-tasjeel | **recording studio**

baththث

القانون al-qaanoon • law

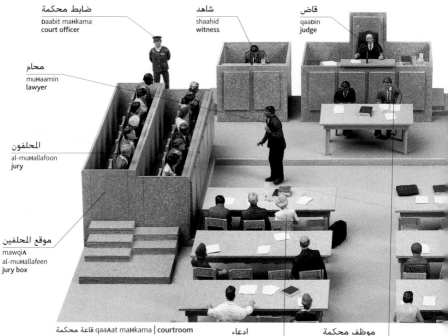

ضابط محكمة
Daabit maHkama
court officer
شاهد
shaahid
witness
قاض
qaaDin
judge
محام
muHaamin
lawyer
المحلفون
al-muHallafoon
jury
موقع المحلفين
mawqiA
al-muHallafeen
jury box
ادعاء
iddiAaa'
prosecution
موظف محكمة
muwaZZaf maHkama
court official

قاعة محكمة qaaAat maHkama | courtroom

المفردات al-mufradaat • vocabulary

مكتب محام maktab muHaamin **lawyer's office**	استدعاء istidAaa' **summons**	أمر محكمة amr maHkama **writ**	قضية محكمة qaDeeyat maHkama **court case**
مشورة قانونية mashoora qaanooneeya **legal advice**	بيان bayaan **statement**	تاريخ أمام محكمة taareekh amaam maHkama **court date**	تهمة tuhma **charge**
موكل muwakkil **client**	إذن idhn **warrant**	دفع dafA **plea**	متهم mutahham **accused**

مختزل
mukhtazil
stenographer

مشتبه فيه
mushtabah feehi
suspect

مدعى عليه
muddaAan Aalayhi
defendant

دفاع
difaaA
defence

تشكيل ليلائم الوصف tashkeel
li-yulaa'im al-wasf | photofit

مجرم
mujrim
criminal

سجل جرائم
sijjil jaraa'im | criminal record

حارس سجن Haaris sijn | prison guard

زنزانة zinzaana | cell

سجن sijn | prison

المفردات al-mufradaat • vocabulary

دليل daleel evidence	مذنب mudhnib guilty	كفالة kafaala bail	اريد أن أقابل محاميًا. ureed an uqaabil muHaamiyan I want to see a lawyer.
قرار محلفين qaraar muHallafeen verdict	بُرّئ burri' acquitted	استئناف isti'naaf appeal	أين المحكمة؟ ayna l-maHkama? Where is the courthouse?
بَريء baree' innocent	حكم Hukm sentence	إفراج مشروط ifraaj mashrooт parole	هل يمكنني تقديم ضمان مالي؟ hal yumkinunee taqdeem Damaan maalee? Can I post bail?

المزرعة ١ al-mazraAa waaHid • farm 1

مزارع
muzaariA
farmer

أرض زراعية
arD ziraaAeeya
farmland

فناء مزرعة
finaa' mazraAa
farmyard

مبنى على الأطراف
mabna Aalal-aTraaf
outbuilding

منزل المزارع
manzil al-muzaariA
farmhouse

حقل
Haql
field

حظيرة
Hazeera
barn

رقعة خضراوات
riqA'at khuDrawaat
vegetable plot

سياج
siyaaj
hedge

بوابة
bawaaba
gate

سور
soor
fence

مرعى
marAa
pasture

مواش
muwaashin
livestock

مِسلفة
mislafa
cultivator

جرار jarraar | **tractor**

حصادة درّاسة HaSSaada darraasa | **combine harvester**

أنواع المزارع anwaaA al-mazaariA • types of farm

محصول
maHSool
crop

مزرعة زراعية
mazraAa ziraaAeeya
arable farm

مزرعة ألبان
mazraAat albaan
dairy farm

قطيع
qaTeeA
flock

مزرعة أغنام
mazraAat aghnaam
sheep farm

مزرعة دواجن
mazraAat dawaajin
poultry farm

مزرعة خنازير
mazraAat khanaazeer
pig farm

مزرعة سمكية
mazraAa samakeeya
fish farm

مزرعة فواكه
mazraAat fawaakih
fruit farm

كرم
karm
vine

مزرعة عنب
mazraAat Ainab
vineyard

العمليات al-Aamaleeyaat • actions

شق
shaqq
furrow

يحرث
yaHrith
plough (v)

يبذر
yabdhur
sow (v)

يحلب
yaHlib
milk (v)

يُطعم
yuTAim
feed (v)

يسقي yasqee | **water (v)**

يحصد yaHSud | **harvest (v)**

المفردات al-mufradaat • vocabulary

مبيد أعشاب mubeed Aashaab **herbicide**	قطيع qateeA **herd**	مِعلف miAlaf **trough**
مبيد آفات mubeed aafaat **pesticide**	صومعة sawmaAa **silo**	يغرز yaghriz **plant (v)**

المزرعة ٢ al-mazraAa ithnaan • farm 2

محاصيل maHaaSeel • crops

قمح
qamH
wheat

ذرة
dhurra
corn

شعير
shaAeer
barley

لفت
lift
rapeseed

عباد الشمس
Aabbaad ash-shams
sunflower

بالة
baala
bale

تبن
tibn
hay

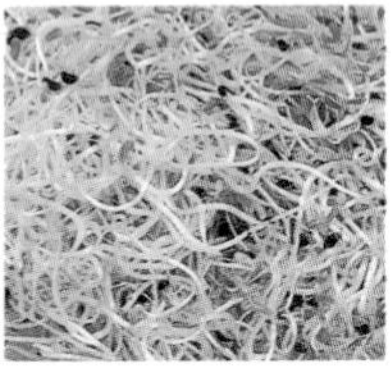

برسيم حجازي
barseem Hijaazee
alfalfa

تبغ
tabgh
tobacco

أرز
aruzz
rice

شاي
shaay
tea

بن
bunn
coffee

كتان
kattaan
flax

قصب السكر
qaSab as-sukkar
sugarcane

قطن
quTn
cotton

نُطار
nuTTaar
scarecrow

المواشي al-mawaashee • livestock

ولد الخنزير
wild al-khinzeer
piglet

عجل
Aijl
calf

خنزير
khinzeer
pig

بقرة
baqara
cow

ثور
thawr
bull

خروف
kharoof
sheep

جدي
jady
kid

مُهر
muhr
foal

حمل
Hamal
lamb

معزة
maAza
goat

حصان
HiSaan
horse

حمار
Himaar
donkey

كتكوت
katkoot
chick

بطبطة
baTbaTa
duckling

دجاجة
dajaaja
chicken

ديك
deek
cockerel

ديك رومي
deek roomee
turkey

بطة
baTTa
duck

إسطبل
isTabl
stable

حظيرة
HaZeera
pen

حظيرة دواجن
HaZeerat dawaajin
chicken coop

زريبة خنازير
zareebat khanaazeer
pigsty

البناء al-binaa' • construction

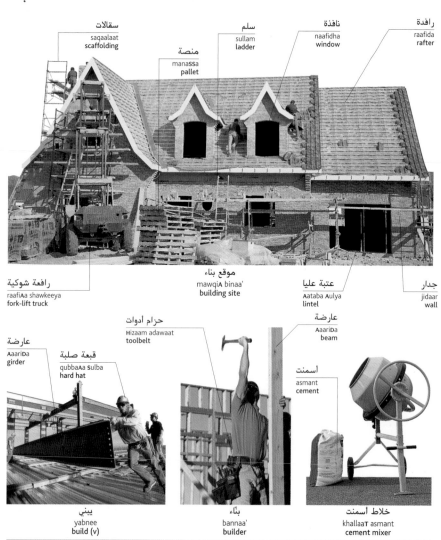

سقالات
saqaalaat
scaffolding

منصة
manaSSa
pallet

سلم
sullam
ladder

نافذة
naafidha
window

رافدة
raafida
rafter

موقع بناء
mawqiA binaa'
building site

رافعة شوكية
raafiAa shawkeeya
fork-lift truck

عتبة عليا
Aataba Aulya
lintel

جدار
jidaar
wall

عارضة
AaariDa
girder

قبعة صلبة
qubbaAa Sulba
hard hat

حزام أدوات
Hizaam adawaat
toolbelt

عارضة
AaariDa
beam

أسمنت
asmant
cement

يبني
yabnee
build (v)

بنّاء
bannaa'
builder

خلاط أسمنت
khallaaT asmant
cement mixer

الخامات al-khaamaat • materials

طوب
Toob
brick

خشب
khashab
timber

قرميد السقف
qarmeed as-saqf
roof tile

كتلة مسلح
kutla musallaH
concrete block

الأدوات al-adawaat • tools

ملاط
milaaT
mortar

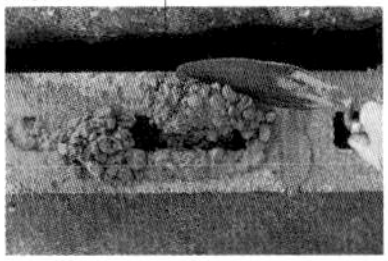

مالج
maalij
trowel

ميزان تسوية
meezaan taswiya
spirit level

مقبض
miqbaD
handle

مطرقة ثقيلة
miTraqa thaqeela
sledgehammer

حداة
Hada'a
pickaxe

مجرفة
mijrafa
shovel

الماكينات al-makeenaat • machinery

هراسة
harraasa
roller

عربة الإلقاء
Aarabat al-ilqaa'
dumper truck

دعم
daAm
support

خطاف
khuTTaaf
hook

ونش winsh l crane

أعمال الطرق Aamaal aT-Turuq • roadworks

أسفلت
asfalt
tarmac

مخروط
makhrooT
cone

مثقاب ضغط هوائي
mithqaab DaghT hawaa'ee
pneumatic drill

إعادة رصف
iAaadat raSf
resurfacing

حفار ميكانيكي
Haffaar meekaneekee
mechanical digger

المهن ١ al-mihan waaHid • **occupations 1**

نجار
najjaar
carpenter

كهربائي
kahrabaa'ee
electrician

سباك
sabbaak
plumber

بنّاء
bannaa'
builder

بستاني
bustaanee
gardener

مكنسة كهربائية
miknasa
kahrabaa'eeya
vacuum cleaner

منظف
munaZZif
cleaner

ميكانيكي
mekaneekee
mechanic

جزار
jazzaar
butcher

مقص
miqaSS
scissors

مزين
muzayyin
hairdresser

بائع سمك
baa'iA samak
fishmonger

خضري
khuDaree
greengrocer

بائع زهور
baa'iA zuhoor
florist

حلاق
Hallaaq
barber

تاجر جواهر
taajir jawaahir
jeweller

بائع
baa'iA
shop assistant

سمسار عقارات
simsaar Aaqaaraat
estate agent

طبيب عيون
Tabeeb Auyoon
optician

قناع
qinaaA
mask

طبيب أسنان
Tabeeb asnaan
dentist

طبيب
Tabeeb
doctor

صيدلي
sayDalee
pharmacist

ممرضة
mumarriDa
nurse

طبيب بيطري
Tabeeb bayTaree
vet

مزارع
muzaariA
farmer

صياد سمك
Sayyaad samak
fisherman

مدفع رشاش
madfaA
rashshaash
machine-gun

جندي
jundee
soldier

زي رسمي
ziyy rasmee
uniform

شرطي
shurTee
policeman

شارة هوية
shaarat huweeya
identity badge

حارس أمن
Haaris amn
security guard

بحار
baHHaar
sailor

رجل الإطفاء
rajul al-iTfaa'
fireman

المهن ٢ al-mihan ithnaan • occupations 2

محام
muHaamin
lawyer

محاسب
muHaasib
accountant

نموذج
namoodhaj
model

مهندس معماري muhandis miAmaaree | **architect**

عالم
Aaalim
scientist

مدرس
mudarris
teacher

أمين مكتبة
ameen maktaba
librarian

موظف استقبال
muwaZZaf istiqbaal
receptionist

حقيبة بريد
Haqeebat bareed
mailbag

ساعي بريد
saaAee bareed
postman

سائق حافلة
saa'iq Haafila
bus driver

سائق شاحنة
saa'iq shaaHina
lorry driver

سائق تاكسي
saa'iq taksee
taxi driver

طيار
Tayyaar
pilot

مضيفة طائرة
muDeefat Taa'ira
air stewardess

وكيل سفر
wakeel safar
travel agent

قبعة طباخ
qubbaAat Tabbaakh
chef's hat

طباخ
Tabbaakh
chef

موسيقار
mooseeqaar
musician

زي الباليه
ziyy al-baaleh
tutu

راقصة
raaqiSa
dancer

ممثل
mumaththil
actor

مغن
mughghanin
singer

نادلة
naadila
waitress

قيم البار
qayyim al-baar
barman

رياضي
riyaaDee
sportsman

نحات
naHHaat
sculptor

رسام
rassaam
painter

مصور
muSawwir
photographer

قارئ أخبار
qaari' akhbaar
newsreader

ملاحظات
mulaaHaZaat
notes

صحفي
SaHafee
journalist

محرر
muharrir
editor

مصمم
muSammim
designer

خياطة
khayyaaTa
seamstress

خياط
khayyaaT
tailor

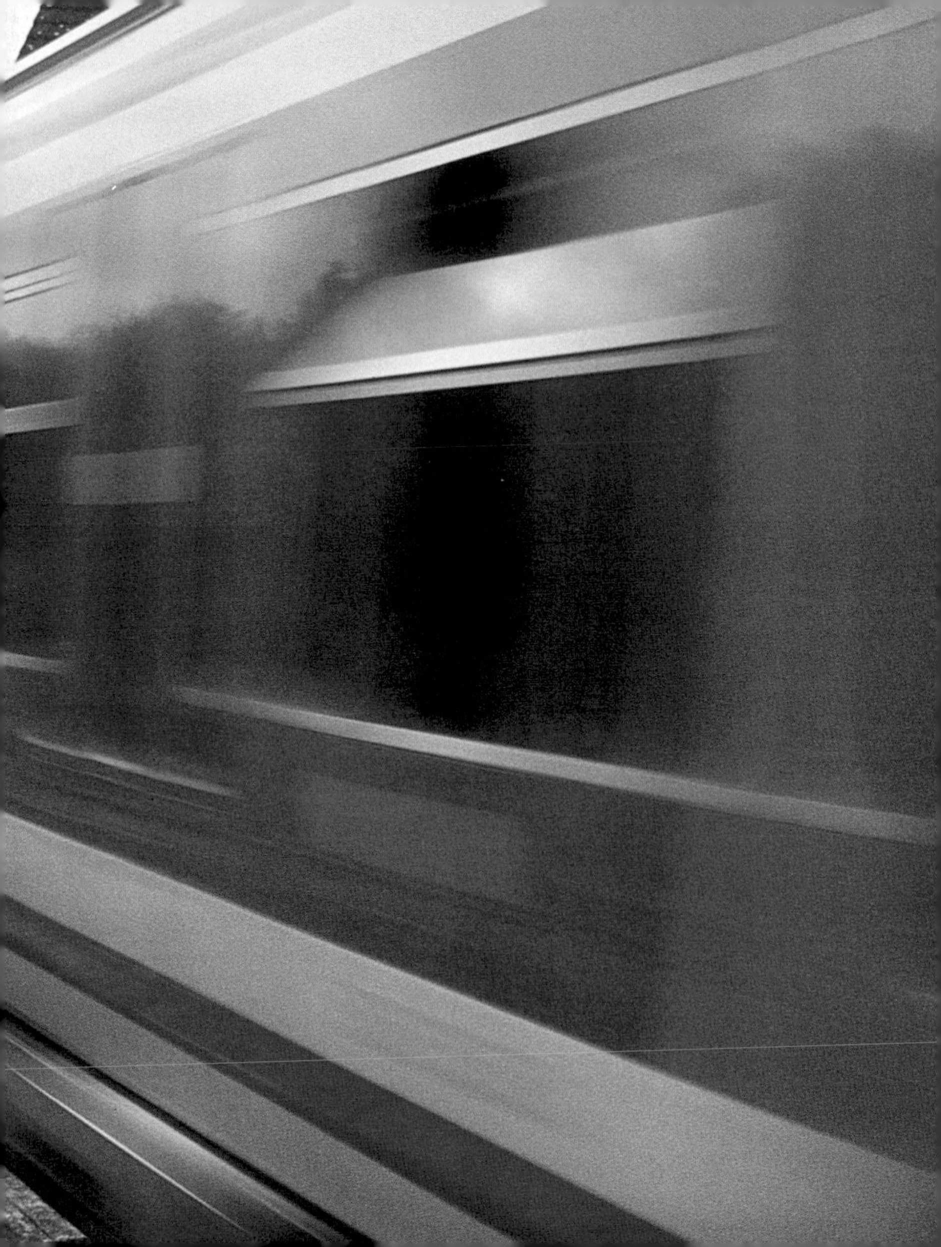

المواصلات al-muwaasalaat
transport

الطرق aT-Turuq • roads

طريق سريع
Tareeq sareeA
motorway

بوابات الرسوم
bawwaabaat ar-rusoom
toll booth

علامات الطريق
Aalaamaat aT-Tareeq
road markings

مدخل
madkhal
slip road

اتجاه واحد
ittijaah waaHid
one-way

فاصل
faaSil
divider

مفترق طرق
muftaraq Turuq
junction

إشارة مرور
ishaarat muroor
traffic light

حارة داخلية
Haara daakhileeya
inside lane

حارة وسطى
Haara wusTa
middle lane

حارة خارجية
Haara khaarijeeya
outside lane

منحدر خروج
munHadar khurooj
exit ramp

مرور
muroor
traffic

طريق علوي
Tareeq Aulwee
flyover

حافة طريق
Haaffat Tareeq
hard shoulder

شاحنة
shaaHina
lorry

شريط بالوسط
shareeT bil-wasaT
central reservation

ممر سفلي
mamarr suflee
underpass

معبر مشاة
maAbar mushaah
pedestrian crossing

هاتف طوارئ
haatif tawaari'
emergency phone

موقف معاقين
mawqaf muAaaqeen
disabled parking

تكدس مرور
takaddus muroor
traffic jam

خريطة
khareeTa
map

شرطي مرور
shurTee muroor
traffic policeman

عداد موقف
Aaddaad mawqaf
parking meter

المفردات al-mufradaat • **vocabulary**

ميدان
meedaan
roundabout

تحويل
taHweel
diversion

أعمال طرق
Aamaal Turuq
roadworks

حاجز تصادم
Haajiz taSaaDum
crash barrier

ثنائي الاتجاه طريق
Tareeq thunaa'ee al-ittijaah
dual carriageway

يصف
yaSuff
park (v)

يقود
yaqood
drive (v)

يرتد للخلف
yartadd lil-khalf
reverse (v)

يتعدى
yataAadda
overtake (v)

يجر
yajurr
tow away (v)

هل هذا الطريق إلى...؟
hal haadha aT-Tareeq ila...?
Is this the road to...?

أين أصف سيارتي؟
ayna aSuff sayyaaratee?
Where can I park?

إشارات طريق ishaaraat Tareeq • **road signs**

ممنوع الدخول
mamnooA ad-dukhool
no entry

حد السرعة
Hadd as-surAa
speed limit

خطر
khaTar
hazard

ممنوع التوقف
mamnooA at-tawaqquf
no stopping

ممنوع الدوران لليمين
mamnooA ad-dawaraan lil-yameen
no right turn

الحافلة al-Haafila • bus

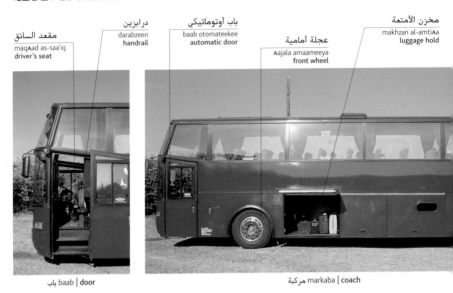

مقعد السائق
maqAad as-saa'iq
driver's seat

درابزين
darabzeen
handrail

باب أوتوماتيكي
baab otomateekee
automatic door

عجلة أمامية
Aajala amaameeya
front wheel

مخزن الأمتعة
makhzan al-amtiAa
luggage hold

باب baab | **door**

مركبة markaba | **coach**

أنواع الحافلات Anwaaa al-Haafilaat • types of buses

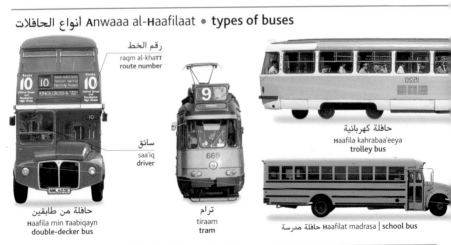

رقم الخط
raqm al-khaTT
route number

سائق
saa'iq
driver

حافلة كهربائية
Haafila kahrabaa'eeya
trolley bus

حافلة من طابقين
Haafila min Taabiqayn
double-decker bus

ترام
tiraam
tram

حافلة مدرسة Haafilat madrasa | **school bus**

نافذة
naafidha
window

زر توقف
zirr tawaqquf
stop button

عجلة خلفية
Aajala khalfeeya
rear wheel

تذكرة حافلة
tadhkarat Haafila
bus ticket

جرس
jaras
bell

محطة حافلات
maHaTTat Haafilaat
bus station

موقف حافلات
mawqaf Haafilaat
bus stop

المفردات al-mufradaat • vocabulary

أجرة ujra **fare**	إتاحة كرسي بعجل itaaHat kursee bi-Aajal **wheelchair access**
جدول المواعيد jadwal al-mawaaAeed **timetable**	ماوى حافلات ma'waa Haafilaat **bus shelter**
هل تتوقف عند...؟ hal tatawaqqaf Ainda...? **Do you stop at...?**	أية حافلة تذهب إلى...؟ ayya Haafila tadh-hab ila...? **Which bus goes to...?**

حافلة صغيرة
Haafila Sagheera
minibus

حافلة سياح Haafilat suyyaaH | tourist bus

حافلة مكوكية Haafila makkookeeya | shuttle bus

السيارة ١ as-sayyaara waaHid · car 1

من الخارج min al-khaarij · exterior

مراة جانبية
mir'aah jaanibeeya
wing mirror

شباك أمامي
shubbaak
amaamee
windscreen

مراة رؤية خلفية
mir'aah ru'ya khalfeeya
rearview mirror

مساحة شباك أمامي
masaaHat shubbaak amaamee
windscreen wiper

باب
baab
door

غطاء محرك
ghiTaa'
muHarrik
bonnet

حقيبة أمتعة
Haqeebat
amtiAa
boot

مؤشر
mua'shshir
indicator

مصدم
masdam
bumper

كشافات أمامية
kashshaafaat
amaameeya
headlight

عجلة
Aajala
wheel

إطار
iTaar
tyre

لوحة رقم السيارة
lawHat raqm as-sayyaara
licence plate

أمتعة
amtiAa
luggage

حامل علوي
Haamil Aulawee
roofrack

باب خلفي
baab khalfee
tailgate

حزام أمان
Hizaam amaan
seat belt

مقعد طفل
maqAad Tifl
child seat

الأنواع al-anwaaA • types

سيارة صغيرة
sayyaara Sagheera
small car

هاتشباك
hatshbaak
hatchback

صالون
Saloon
saloon

إستيت
istayt
estate

مكشوفة
makshoofa
convertible

سيارة رياضية
sayyaara riyaaDeeya
sports car

حاملة ركاب
Haamilat rukkaab
people carrier

رباعية الدفع
rubaaAeeyat ad-dafA
four-wheel drive

عتيقة
Aateeqa
vintage

ليموزين
limoozeen
limousine

محطة بنزين maHaTTat benzeen • petrol station

مضخة بنزين
miDakhkhat benzeen
petrol pump

سعر
siAr
price

ساحة أمامية
saaHa amaameeya
forecourt

مصدر هواء
masdar hawaa'
air supply

المفردات al-mufradaat • vocabulary

زيت zayt **oil**	برصاص bi-rasaas **leaded**	غسيل سيارة ghaseel sayyaara **car wash**
بنزين benzeen **petrol**	ديزل deezil **diesel**	جراج garaaj **garage**
خال من الرصاص khaalin min ar-rasaas **unleaded**	مضاد التجمد muDaadd at-tajammud **antifreeze**	غسل الشباك الأمامي ghasl ash-shubbaak al-amaamee **screenwash**

أملأ الخزان، من فضلك.
imla' al-khizaan, min faDlak.
Fill the tank, please.

السيارة ٢ as-sayyaara ithnaan • car 2

من الداخل min ad-daakhil • interior

مقعد خلفي
maqAad khalfee
back seat
مسند للذراع
masnad lidh-dhiraaA
armrest
مسند للرأس
masnad lir-ra's
headrest
قفل الباب
qufl al-baab
door lock
مقبض
miqbaD
handle

المفردات al-mufradaat • vocabulary

ذات بابين dhaat baabayn **two-door**	أربعة أبواب arbaAa abwaab **four-door**	أوتوماتيكي otomateekee **automatic**	فرملة farmala **brake**	دواسة تسريع dawwaasat tasreeA **accelerator**
ذات ثلاثة أبواب dhaat thalaatat abwaab **three-door**	يدوي yadawee **manual**	إدارة المحرك idaarat al-muHarrik **ignition**	دبرياج dibriyaaj **clutch**	تكييف هواء takyeef hawaa' **air conditioning**

كيف أصل إلى...؟
kayfa asil ila...?
How do I get to...?

أين موقف السيارات؟
ayna mawqaf as-sayyaaraat?
Where is the car park?

هل بإمكاني التوقف هنا؟
hal bi-imkaanee at-tawaqquf huna?
Can I park here?

أدوات التحكم adawaat at-taHakkum • controls

عجلة قيادة
Aajalat qiyaada
wheel

بوق
booq
horn

لوحة أجهزة
lawHat ajhiza
dashboard

أضواء تحذير
aDwaa' taHdheer
hazard lights

الملاحة بالأقمار الصناعية
al-milaaHa bil-aqmaar
as-sinaaAeeya
satellite navigation

قيادة من اليسار qiyaada min al-yasaar | left-hand drive

مقياس درجة الحرارة
miqyaas darajat
al-Haraara
temperature gauge

عداد دورات
Aaddaad dawraat
rev counter

عداد سرعة
Aaddaad surAa
speedometer

مقياس الوقود
miqyaas al-wuqood
fuel gauge

ستريو السيارة
stereo as-sayyaara
car stereo

مفتاح المصابيح
miftaaH al-maSaabeeH
lights switch

أداة التحكم في السخان
adaat at-taHakkum fis-sakhkhaan
heater controls

مقياس مسافة رحلة
miqyaas masaafat riHla
odometer

ذراع التعشيق
dhiraaA at-taAsheeq
gearstick

كيس هواء
kees hawaa'
air bag

قيادة من اليمين qiyaada min al-yameen | right-hand drive

السيارة ٣ as-sayyaara thalaatha • car 3

الميكانيكا al-meekaaneeka • mechanics

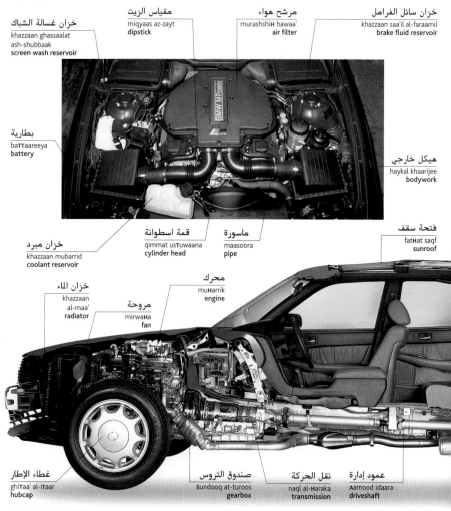

خزان غسالة الشباك
khazzaan ghassaalat
ash-shubbaak
screen wash reservoir

مقياس الزيت
miqyaas az-zayt
dipstick

مرشح هواء
murashshiH hawaa'
air filter

خزان سائل الفرامل
khazzaan saa'il al-faraamil
brake fluid reservoir

بطارية
baTTaareeya
battery

هيكل خارجي
haykal khaarijee
bodywork

خزان مبرد
khazzaan mubarrid
coolant reservoir

قمة اسطوانة
qimmat usTuwaana
cylinder head

ماسورة
maasoora
pipe

فتحة سقف
fatHat saqf
sunroof

خزان الماء
khazzaan
al-maa'
radiator

مروحة
mirwaHa
fan

محرك
muHarrik
engine

غطاء الإطار
ghiTaa' al-iTaar
hubcap

صندوق التروس
sundooq at-turoos
gearbox

نقل الحركة
naql al-Haraka
transmission

عمود إدارة
Aamood idaara
driveshaft

الثقب ath-thuqb • puncture

إطار إضافي
iTaar iDaafee
spare tyre
مفتاح إنكليزي
miftaaH inkileezee
wrench
صواميل عجلة
Sawaameel Aajala
wheel nuts
رافعة
raafiAa
jack

يغير عجلة
yughayyir Aajala
change a wheel (v)

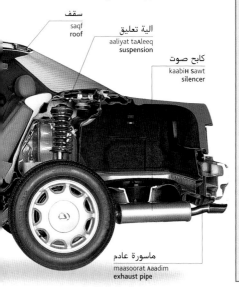

سقف
saqf
roof
آلية تعليق
aaliyat taAleeq
suspension
كابح صوت
kaabiH Sawt
silencer
ماسورة عادم
maasoorat Aaadim
exhaust pipe

المفردات al-mufradaat • vocabulary

حادث سيارة
Haadith sayyaara
car accident

عُطل
AuTl
breakdown

تأمين
ta'meen
insurance

مركبة جر
markabat jarr
tow truck

ميكانيكي
meekaneekee
mechanic

ضغط الإطار
daghT al-iTaar
tyre pressure

صندوق مصاهر
Sundooq maSaahir
fuse box

شمعة إشعال
shamAat ishAaal
spark plug

سير مروحة
sayr mirwaHa
fan belt

خزان بنزين
khazzaan benzeen
petrol tank

توقيت
tawqeet
timing

شاحن تربيني
shaaHin turbeenee
turbocharger

موزع
muwazziA
distributor

هيكل
haykal
chassis

فرملة يد
farmalat yad
handbrake

مولد تيار متناوب
muwallid tayyaar mutanaawib
alternator

سير كامة
sayr kaama
cam belt

حدث عُطل لسيارتي.
Hadath AuTl li-sayyaaratee
I've broken down.

محرك سيارتي لا يعمل.
muHarrik sayyaaratee laa yaAmal
My car won't start.

هل تقوم بإصلاحات؟
hal taqoom bi-iSlaaHaat?
Do you do repairs?

المحرك يسخن جدا.
al-muHarrik yaskhun jiddan
The engine is overheating.

الدراجة البخارية ad-darraaja al-bukhaareeya •
motorbike

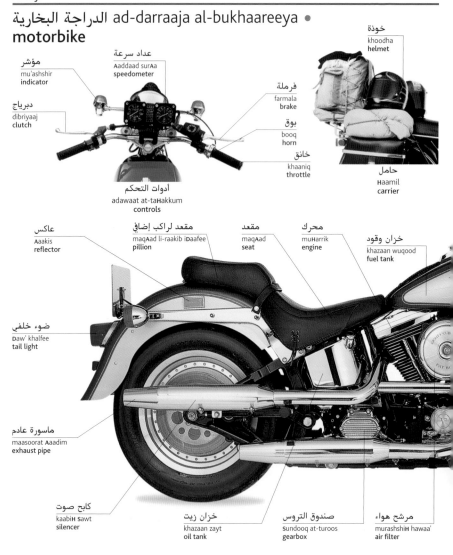

خوذة
khoodha
helmet

مؤشر
mu'ashshir
indicator

عداد سرعة
Aaddaad surAa
speedometer

فرملة
farmala
brake

دبرياج
dibriyaaj
clutch

بوق
booq
horn

خانق
khaaniq
throttle

أدوات التحكم
adawaat at-taHakkum
controls

حامل
Haamil
carrier

عاكس
Aaakis
reflector

مقعد لراكب إضافي
maqAad li-raakib iDaafee
pillion

مقعد
maqAad
seat

محرك
muHarrik
engine

خزان وقود
khazaan wuqood
fuel tank

ضوء خلفي
Daw' khalfee
tail light

ماسورة عادم
maasoorat Aaadim
exhaust pipe

كابح صوت
kaabiH Sawt
silencer

خزان زيت
khazaan zayt
oil tank

صندوق التروس
Sundooq at-turoos
gearbox

مرشح هواء
murashshiH hawaa'
air filter

قناع
qinaaA
visor
جلود
julood
leathers
حزام عاكس
Hizaam Aaakis
reflector strap
وسادة للركبة
wisaada lir-rukba
knee pad

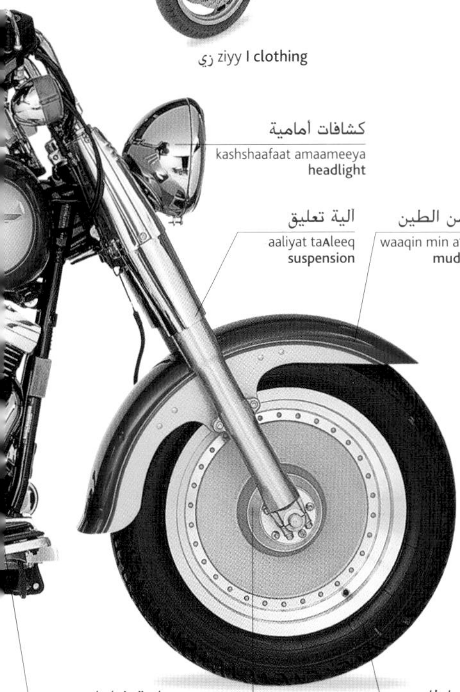

زي ziyy | clothing

كشافات أمامية
kashshaafaat amaameeya
headlight
الية تعليق
aaliyat taAleeq
suspension
واق من الطين
waaqin min aT-Teen
mudguard
دواسة فرامل
dawwaasat faraamil
brake pedal
محور
miHwar
axle
إطار
iTaar
tyre

الأنواع al-anwaaA • types

دراجة سباق darraajat sibaaq | racing bike

حاجز هواء
Haajiz hawaa'
windshield

جوالة jawwaala | tourer

دراجة للطرق الوعرة
darraaja liT-Turuq al-waAra | dirt bike

مسند
masnad
stand

سكوتر sikootir | scooter

الدراجة ad-darraaja • bicycle

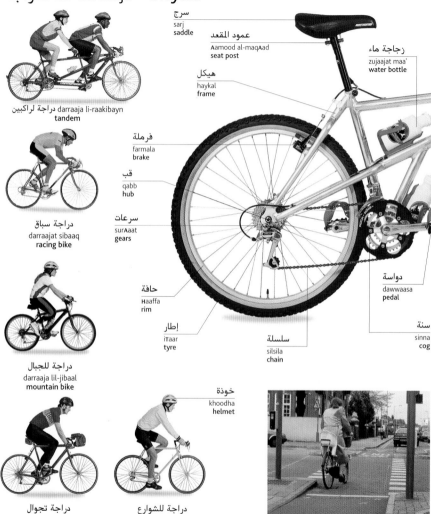

سرج
sarj
saddle

عمود المقعد
Aamood al-maqAad
seat post

زجاجة ماء
zujaajat maa'
water bottle

هيكل
haykal
frame

فرملة
farmala
brake

قب
qabb
hub

سرعات
surAaat
gears

دواسة
dawwaasa
pedal

سنة
sinna
cog

حافة
Haaffa
rim

إطار
iTaar
tyre

سلسلة
silsila
chain

دراجة لراكبين darraaja li-raakibayn
tandem

دراجة سباق
darraajat sibaaq
racing bike

دراجة للجبال
darraaja lil-jibaal
mountain bike

دراجة تجوال
darraajat tijwaal
touring bike

دراجة للشوارع
darrajja lish-shawaariA
road bike

خوذة
khoodha
helmet

حارة الدراجات Haarat ad-darraajaat I cycle lane

عارضة
AaariDa
crossbar

عارضة قيادة
AaariDat qiyaada
handlebar

منظم السرعة
munaZZim as-surAa
gear lever

مقبض الفرامل
miqbaD al-faraamil
brake lever

عتلة إطارات
Aatalat iTaaraat
tyre lever

رقعة
ruqAa
patch

عدة الإصلاح Aiddat al-islaaH
repair kit

قضيب عجلة
qaDeeb Aajala
fork

مفتاح
miftaaH
key

شعاع
shuAaaA
spokes

منفاخ
minfaakh
pump

قفل
qufl
lock

عجلة
Aajala
wheel

صمام
simaam
valve

دوس
daws
tread

إطار داخلي
iTaar dakhilee
inner tube

مقعد طفل
maqAad Tifl
child seat

المفردات al-mufradaat • vocabulary

مصباح misbaaH lamp	مسند دراجة masnad darraaja kickstand	وسادة فرملة wisaadat farmala brake block	سلة salla basket	ماسك القدم maasik al-qadam toe clip	يُفرمل yufarmil brake (v)
مصباح خلفي misbaaH khalfee rear light	موقف ركن mawqaf rukn bike rack	كبل kabl cable	ثقب thuqb puncture	مولد كهربائي muwallid kahrabaa'ee dynamo	يقود دراجة yaqood darraaja cycle (v)
عاكس Aaakis reflector	موازن muwaazin stabilisers	سن ترس sinn turs sprocket	حزام القدم Hizaam al-qadam toe strap	يدوس الدواسة yadoos ad-dawwaasa pedal (v)	يُغير السرعة yughayyir as-surAa change gear (v)

القطار al-qiTaar • train

عربة
Aaraba
carriage

رصيف
raSeef
platform

عربة حقائب
Aaraba
haqaa'ib
trolley

رقم رصيف
raqam raSeef
platform number

مسافر يومي
musaafir yawmee
commuter

محطة قطار mahaTTat qiTaar | train station

أنواع القطارات anwaaA al-qiTaaraat • types of train

محرك
muHarrik
engine

كابينة سائق
kabeenat saa'iq
driver's cab

قضبان
quDbaan
rail

قطار بخاري
qiTaar bukhaaree
steam train

قطار ديزل qiTaar deezil | diesel train

قطار كهربائي
qiTaar kahrabaa'ee
electric train

قطار عالي السرعة
qiTaar Aaalee as-surAa
high-speed train

خط أحادي
khaTT uHaadee
monorail

قطار أنفاق
qiTaar anfaaq
underground train

ترام
tiraam
tram

قطار بضائع
qiTaar baDaa'iA
freight train

رف أمتعة
raff amtiAa
luggage rack

نافذة
naafidha
window

خط قضبان
khaTT quDbaan
track

باب
baab
door

مقعد
maqAad
seat

مقصورة maqSoora
compartment

حاجز فحص تذاكر
Haajiz faHS tadhaakir | ticket barrier

نظام مخاطبة الجمهور
niZaam mukhaaTabat
al-jumhoor
public address system

جدول مواعيد
jadwal mawaaAeed
timetable

تذكرة
tadhkara
ticket

عربة المطعم Aarabat al-maTAam | dining car

ساحة saaHa | concourse

مقصورة نوم
maqSoorat nawm
sleeping compartment

المفردات al-mufradaat · vocabulary

شبكة خطوط قطارات
shabakat khuTooT qiTaaraat
rail network

خريطة قطارات الأنفاق
khareeTat qiTaaraat al-anfaaq
underground map

مكتب تذاكر
maktab tadhaakir
ticket office

قضيب مكهرب
qaDeeb mukahrab
live rail

قطار بين المدن
qiTaar bayna l-mudun
inter-city train

تأخر
ta'akhkhur
delay

مفتش تذاكر
mufattish tadhaakir
ticket inspector

إشارة
ishaara
signal

ذروة
adh-dhurwa
rush hour

أجرة
ujra
fare

يغير
yughayyir
change (v)

مقبض طوارئ
miqbaD Tawaari'
emergency lever

الطائرات aT-Taa'iraat • aircraft

الطائرة aT-Taa'ira • airliner

مقدمة
muqaddima
nose

غرفة قيادة
ghurfat qiyaada
cockpit

محرك
muHarrik
engine

بدن طائرة
badan Taa'ira
fuselage

جناح
jinaaH
wing

ذيل
dhayl
tail

دفة
daffa
rudder

مخرج
makhraj
exit

عجلة المقدمة
Aajalat al-muqaddima
nosewheel

أجهزة هبوط
ajhizat huboot
landing gear

رانفة أفقية
raanifa ufqeeya
aileron

زعنفة
ziAnifa
fin

رفراف جناح
rifraaf jinaaH
tailplane

الكابينة al-kabeena • cabin

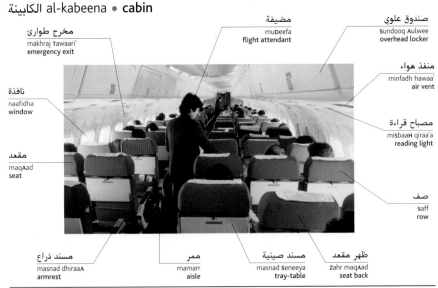

مخرج طوارئ
makhraj Tawaari'
emergency exit

مضيفة
muDeefa
flight attendant

صندوق علوي
Sundooq Aulwee
overhead locker

منفذ هواء
minfadh hawaa'
air vent

نافذة
naafidha
window

مصباح قراءة
misbaaH qiraa'a
reading light

مقعد
maqAad
seat

صف
Saff
row

مسند ذراع
masnad dhiraaA
armrest

ممر
mamarr
aisle

مسند صينية
masnad Seneeya
tray-table

ظهر مقعد
zahr maqAad
seat back

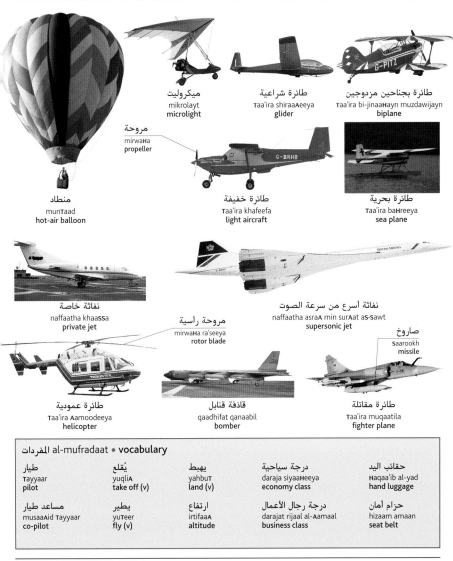

ميكروليت
mikrolayt
microlight

طائرة شراعية
Taa'ira shiraaAeeya
glider

طائرة بجناحين مزدوجين
Taa'ira bi-jinaaHayn muzdawijayn
biplane

مروحة
mirwaHa
propeller

منطاد
munTaad
hot-air balloon

طائرة خفيفة
Taa'ira khafeefa
light aircraft

طائرة بحرية
Taa'ira baHreeya
sea plane

نفاثة خاصة
naffaatha khaaSSa
private jet

نفاثة أسرع من سرعة الصوت
naffaatha asraA min surAat aS-Sawt
supersonic jet

مروحة رأسية
mirwaHa ra'seeya
rotor blade

طائرة عمودية
Taa'ira Aamoodeeya
helicopter

قاذفة قنابل
qaadhifat qanaabil
bomber

صاروخ
Saarookh
missile

طائرة مقاتلة
Taa'ira muqaatila
fighter plane

المفردات al-mufradaat • vocabulary

طيار Tayyaar **pilot**	يُقلع yuqliA **take off (v)**	يهبط yahbuT **land (v)**	درجة سياحية daraja siyaaHeeya **economy class**	حقائب اليد Haqaa'ib al-yad **hand luggage**
مساعد طيار musaaAid Tayyaar **co-pilot**	يطير yuTeer **fly (v)**	ارتفاع irtifaaA **altitude**	درجة رجال الأعمال darajat rijaal al-Aamaal **business class**	حزام أمان hizaam amaan **seat belt**

المطار al-maTaar • airport

ممر
mamarr
apron

مقطورة أمتعة
maqToorat amtiAa
baggage trailer

محطة
maHaTTa
terminal

مركبة خدمات
markabat khidmaat
service vehicle

ممشى
mamsha
walkway

طائرة Taa'ira I airliner

المفردات al-mufradaat • vocabulary

مدرج madraj runway	رقم رحلة raqam riHla flight number	سير الأمتعة sayr al-amtiAa carousel	عطلة AuTla holiday
رحلة دولية riHla duwaleeya international flight	فحص الجوازات faHS al-jawaazaat immigration	أمن amn security	يسجل yusajjil check in (v)
رحلة داخلية riHla daakhileeya domestic flight	جمارك jamaarik customs	جهاز أشعة أكس jihaaz ashiAAat aks X-ray machine	برج التحكم burj at-taHakkum control tower
وصلة wasla connection	تجاوز وزن الأمتعة tajaawuz wazn al-amtiAa excess baggage	كتالوج عطلات kataalog AaTlaat holiday brochure	يحجز رحلة yaHjiz riHla book a flight (v)

تأشيرة
ta'sheera
visa

جواز سفر jawaaz safar I passport

حقائب اليد
Haqaa'ib al-yad
hand luggage

أمتعة
amtiAa
luggage

عربة
Aaraba
trolley

مكتب التسجيل
maktab at-tasjeel
check-in desk

مراقبة الجوازات
muraaqabat al-jawaazaat
passport control

تصريح ركوب
taSreeH rukoob
boarding pass

تذكرة
tadhkara
ticket

رقم بوابة
raqam bawwaaba
gate number

مغادرة
mughaadara
departures

قاعة مغادرة
qaaAat mughaadara
departure lounge

الجهة المقصودة
al-jiha
al-maqSooda
destination

وصول
wuSool
arrivals

شاشة معلومات
shaashat maAloomaat
information screen

متجر سوق حرة
matjar sooq Hurra
duty-free shop

استعادة أمتعة
istiAaadat amtiAa
baggage reclaim

موقف تاكسيات
mawqaf taksiyaat
taxi rank

تأجير سيارة
ta'jeer sayyaara
car hire

الباخرة al-baakhira • ship

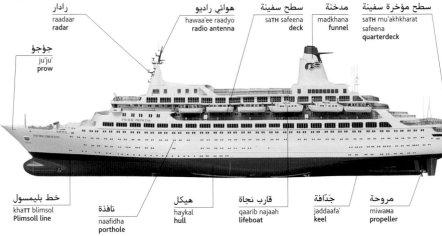

رادار
raadaar
radar

هوائي راديو
hawaa'ee raadyo
radio antenna

سطح سفينة
saTH safeena
deck

مدخنة
madkhana
funnel

سطح مؤخرة سفينة
saTH mu'akhkharat safeena
quarterdeck

جؤجؤ
ju'ju'
prow

خط بليمسول
khaTT blimsol
Plimsoll line

نافذة
naafidha
porthole

هيكل
haykal
hull

قارب نجاة
qaarib najaah
lifeboat

جدّافة
jaddaafa'
keel

مروحة
miwaHa
propeller

عابرة محيطات Aabirat muHeeTaat l ocean liner

برج قيادة
burj qiyaada
bridge

غرفة المحرك
ghurfat al-muHarrik
engine room

قمرة
qamara
cabin

مطبخ
maTbakh
galley

المفردات al-mufradaat • vocabulary

حوض
HawD
dock

ميناء
meenaa'
port

ممر
mamarr
gangway

مرساة
mirsaah
anchor

مربط حبال
marbaT Hibaal
bollard

مرفاع
mirfaaA
windlass

قبطان
qubTaan
captain

زورق بخاري
zawraq bukhaaree
speedboat

قارب تجديف
qaarib tajdeef
rowing boat

قارب تجديف صغير
qaarib tajdeef Sagheer
canoe

البواخر الأخرى al-bawaakhir al-ukhra • other ships

معدية
maAdeeya
ferry

محرك قابل للفصل
muHarrik qaabil lil-fasl
outboard motor

زورق مطاطي قابل للنفخ
zawraq maTaaTee qaabil lin-nafkh
inflatable dinghy

هيدروفويل
hidrofoyil
hydrofoil

يخت
yakht
yacht

كاتامران
katamaraan
catamaran

عوّافة
Aawwaafa
tug boat

حوامة
Hawwaama
hovercraft

سفينة حاويات
safeenat Haawiyaat
container ship

حبال تثبيت
Hibaal tathbeet
rigging

مركبة شراعية
markaba shiraaAeeya
sailboat

مخزن بضائع
makhzan baDaa'iA
hold

ناقلة بضائع
naaqilat baDaa'iA
freighter

ناقلة بترول
naaqilat betrool
oil tanker

حاملة طائرات
Haamilat Taa'iraat
aircraft carrier

سفينة حربية
safeena Harbeeya
battleship

برج مراقبة
burj muraaqaba
conning tower

غواصة
ghawwaaSa
submarine

الميناء al-meenaa' • port

مستودع
mustawdaA
warehouse

ونش
winsh
crane

رافعة شوكية
raafiAa shawkeeya
fork-lift truck

شارع يتيح الدخول
shaariA yuteeH ad-dukhool
access road

دار الجمارك
daar al-jamaarik
customs house

حوض
HawD
dock

حاوية
Haawiya
container

رصيف
raSeef
quay

بضائع
baDaa'iA
cargo

محطة معدية
maHaTTat maAdeeya
ferry terminal

معدية
maAdeeya
ferry

مكتب تذاكر
maktab
tadhaakir
ticket office

راكب
raakib
passenger

ميناء حاويات meenaa' Haawiyaat | container port

ميناء ركاب meenaa' rukkaab | passenger port

شبك
shabak
net

مركب صيد
markab Sayd
fishing boat

مربط بالمرسى
marbaT bil-marsa
mooring

مرسى marsaa | marina

ميناء صيد
meenaa' Sayd | fishing port

ميناء meenaa' | harbour

جسر داخل البحر
jisr daakhil al-baHr | pier

لسان داخل البحر
lisaan daakhil al-baHr
jetty

حوض بناء السفن
HawD binaa' as-sufun
shipyard

مصباح
misbaaH
lamp

منارة
manaara
lighthouse

عوامة
Aawwaama
buoy

المفردات al-mufradaat • vocabulary

حرس سواحل Haras sawaaHil coastguard	حوض جاف HawD jaaff dry dock	يصعد yaSAad board (v)
مدير الميناء mudeer al-meenaa' harbour master	يرسي yursee moor (v)	ينزل yanzil disembark (v)
يسقط المرساة yasquT al-mirsaah drop anchor (v)	يحاذي الرصيف yuHaadhee ar-raseef dock (v)	يبحر yubHir set sail (v)

ULTRA
3
DUNLOP
DDH III
4
DUNLOP
MOLITOR
TOUR
EDITION
1
ProStaff
4
GOLF CLUB
4
TOP-FLITE
HOT XL
ProStaff
4
RAM TOUR
1
MAXFLI
TOP-FLITE
STRATA
3
DISTANCE

الرياضة ar-riyaaDa
sports

كرة القدم الأمريكية kurat al-qadam al-amreekeeya • American football

قائم المرمى
qaa'im
al-marma
goalpost

خط جانبي
khaTT jaanibee
sideline

حكم الخط
Hakam al-khaTT
line judge

خط المرمى
khaTT al-marma
goal line

منطقة نهائية
manTiqa nihaa'eeya
end zone

ملعب كرة قدم
malAab kurat qadam
football field

كرة قدم
kurat qadam
football

حشاوي
Hashaawee
pads

خوذة
khoodha
helmet

حذاء
Hidhaa'
boot

لاعب كرة قدم
laaAib kurat qadam
football player

يتعلق بلاعب
yataAallaq bi-laaAib
tackle (v)

يناول
yunaawil
pass (v)

يمسك
yamsik
catch (v)

المفردات al-mufradaat • vocabulary

فترة راحة fitrat raaHa **time out**	فريق fareeq **team**	دفاع difaaA **defence**	مشجّعة رسمية mushajjiAa rasmeeya **cheerleader**	ما النتيجة؟ maa an-nateeja? **What is the score?**
يسقط الكرة yusqiT al-kura **fumble**	هجوم hujoom **attack**	تسجيل tasjeel **score**	لمس الخط lams al-khaTT **touchdown**	من الفائز حتى الآن؟ man al-faa'iz Hattal-aan? **Who is winning?**

الرجبي ar-rugbee • rugby

مرمى
marma
goal

منطقة المرمي
manᴛiqat al-marma
in-goal area

خط اللمس
khaᴛᴛ al-lams
touch line

علم
ᴀalam
flag

خط وراء المرمى
khaᴛᴛ waraa' al-marma
dead ball line

ملعب رجبي malᴀab rugbee | rugby pitch

كرة
kura
ball

زي رجبي
ziyy rugbee
rugby strip

يرمي
yarmee
throw (v)

يركل
yarkul
kick (v)

يناول
yunaawil
pass (v)

يتعلق بلاعب
yataᴀallaq bi-laaᴀib
tackle (v)

تجاوز خط مرمى بالكرة
tajaawuz khaᴛᴛ marma bil-kura
try

لاعب
laaᴀib
player

تجمهر مهاجمين صغير tajamhur muhaajimeen sagheer | ruck

تجمهر مهاجمين tajamhur muhaajimeen | scrum

لعبة كرة القدم laAbat kurat al-qadam • soccer

كرة قدم
kurat qadam
football

مهاجم
muhaajim
forward

حكم
Hakam
referee

دائرة وسط
daa'irat wasaт
centre circle

حارس مرمى
Haaris marma
goalkeeper

زي كرة قدم
ziyy kurat qadam
football strip

لاعب كرة القدم
laaAib kurat qadam
footballer

ملعب كرة قدم
malAab kurat qadam
football pitch

قائم مرمى
qaa'im marma
goalpost

شباك
shibaak
net

عارضة
Aaariда
crossbar

يجري بالكرة yajree bil-kura I
dribble (v)

يضرب الكرة بالرأس
yadrib al-kura bir-ra's
head (v)

حائط
Haa'it
wall

هدف hadaf I goal

ضربة حرة Darba Hurra I free kick

خط المرمى
khaTT al-marma
goal line
منطقة الجزاء
manTiqat al-jazaa'
penalty area
منطقة المرمى
manTiqat al-marma
goal area
هدف
hadaf
goal
مدافع
mudaafiA
defender
مراقب خط
muraaqib khaTT
linesman
علم ركن
Aalam rukn
corner flag

رمية تماس ramyat tamaass
throw-in

يركل yarkul **I kick (v)**

حذاء
Hidhaa'
boot

يمرر
yumarrir
pass (v)

يسدد
yusaddid
shoot (v)

ينقذ
yanqidh
save (v)

يراوغ
yuraawigh
tackle (v)

المفردات al-mufradaat • vocabulary

استاد istaad **stadium**	فاول faawil **foul**	بطاقة صفراء biTaaqa Safraa' **yellow card**	دوري dawree **league**	وقت إضافي waqt iDaafee **extra time**
يسجل هدف yusajjil hadaf **score a goal (v)**	ضربة ركنية Darba rukneeya **corner**	متسلل mutasallil **off-side**	تعادل taAaadul **draw**	لاعب احتياطي laaAib iHtiyaaTee **substitute**
ضربة جزاء Darbat jazaa' **penalty**	بطاقة حمراء biTaaqa Hamraa' **red card**	طرد Tard **send off**	فترة ما بين الشوطين fitra maa bayn ash-shooTayn **half time**	استبدال istibdaal **substitution**

لعبة الهوكي laAbat al-hokee • hockey

هوكي جليد hokee jaleed • ice hockey

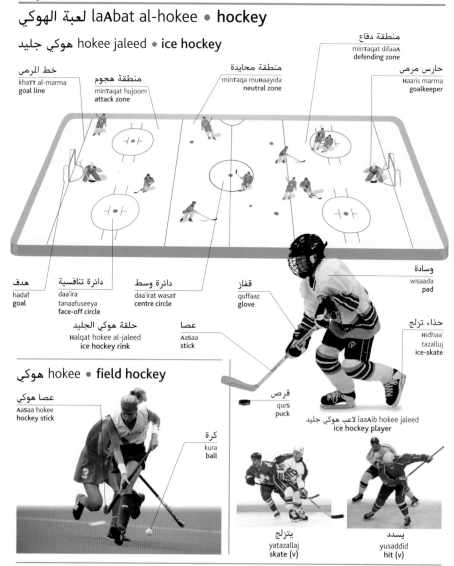

خط المرمى
khaTT al-marma
goal line

منطقة هجوم
minTaqat hujoom
attack zone

منطقة محايدة
minTaqa muHaayida
neutral zone

منطقة دفاع
minTaqat difaaA
defending zone

حارس مرمى
Haaris marma
goalkeeper

هدف
hadaf
goal

دائرة تنافسية
daa'ira tanaafuseeya
face-off circle

دائرة وسط
daa'irat wasaT
centre circle

حلقة هوكي الجليد
Halqat hokee al-jaleed
ice hockey rink

قفاز
quffaaz
glove

وسادة
wisaada
pad

عصا
AaSaa
stick

حذاء تزلج
Hidhaa' tazalluj
ice-skate

قرص
qurs
puck

لاعب هوكي جليد laaAib hokee jaleed
ice hockey player

يتزلج
yatazallaj
skate (v)

يسدد
yusaddid
hit (v)

هوكي hokee • field hockey

عصا هوكي
AaSaa hokee
hockey stick

كرة
kura
ball

لعبة الكريكيت laАbat al-kreeket • cricket

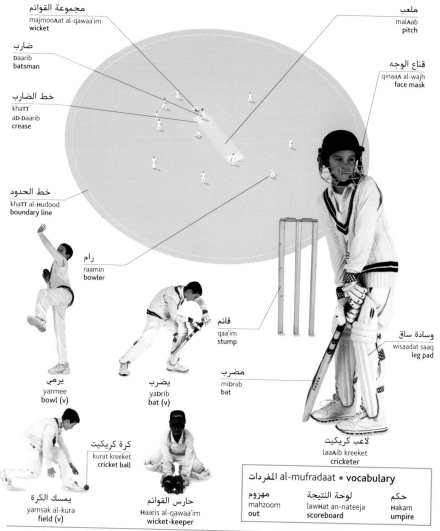

مجموعة القوائم
majmooАat al-qawaa'im
wicket

ملعب
malАab
pitch

ضارب
ᴅaarib
batsman

قناع الوجه
qinaaА al-wajh
face mask

خط الضارب
khaᴛᴛ
aᴅ-ᴅaarib
crease

خط الحدود
khaᴛᴛ al-ʜudood
boundary line

رام
raamin
bowler

قائم
qaa'im
stump

وسادة ساق
wisaadat saaq
leg pad

مضرب
miᴅrab
bat

يرمي
yarmee
bowl (v)

يضرب
yaᴅrib
bat (v)

كرة كريكيت
kurat kreeket
cricket ball

لاعب كريكيت
laaАib kreeket
cricketer

يمسك الكرة
yamsak al-kura
field (v)

حارس القوائم
ʜaaris al-qawaa'im
wicket-keeper

المفردات al-mufradaat • vocabulary		
مهزوم mahzoom out	لوحة النتيجة lawʜat an-nateeja scoreboard	حكم ʜakam umpire

لعبة كرة السلة laAbat kurat as-salla • basketball

خط جانبي
khaTT jaanibee
sideline

حكم
Hakam
referee

دائرة وسط
daa'irat wasaT
centre circle

خط الرمية الحرة
khaTT ar-ramya al-Hurra
free-throw line

خط النهاية
khaTT an-nihaaya
endline

ملعب malAab | **court**

خط الوسط
khaTT al-wasaT
centreline

خط النقاط الثلاث
khaTT an-niqaaT
ath-thalaath
three-point line

رقم
raqam
number

لوحة خلفية
lawHa khalfeyya
backboard

كرة
kura
ball

طوق
Tawq
hoop

شباك
shibaak
net

سلة
salla
basket

لاعب كرة سلة
laaAib kurat as-salla | **basketball player**

المفردات al-mufradaat • vocabulary

قذف الكرة qadhf al-kura **throw-in**	تمريرة tamreera **pass**
كرة قفز kurat qafz **jump ball**	فاول faawil **foul**
خارج الحدود khaarij al-Hudood **out of bounds**	ارتداد irtidaad **rebound**

الحركات al-Harakaat • actions

يرمي
yarmee
throw (v)

يمسك
yumsik
catch (v)

يصوب
yaSawwib
shoot (v)

يقفز
yaqfiz
jump (v)

يلاصق
yulaaSiq
mark (v)

يعترض
yaAtariD
block (v)

ينطط
yunaTTiT
bounce (v)

يدفع من أعلى
yadfaA min aAla
dunk (v)

لعبة الكرة الطائرة laAbat al-kura aT-Taa'ira • volleyball

يعترض
yaAtariD
block (v)

شباك
shibaak
net

يرفع الكرة لأعلى
yarfaA al-kura li-aAla
dig (v)

حكم
Hakam
referee

دعامة ركبة
diAaamat rukba
knee support

ملعب malAab | **court**

لعبة البيسبول laAbat al-baysbool • baseball

الملعب al-malAab • field

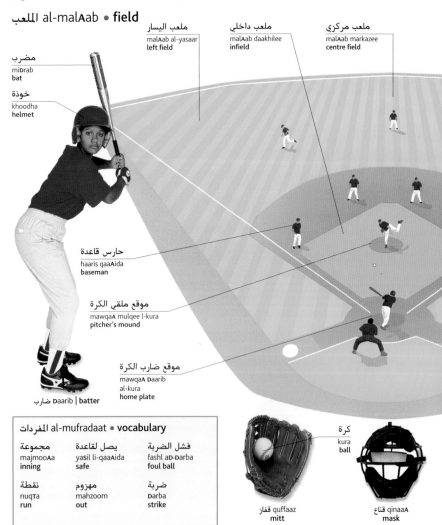

ملعب اليسار
malAab al-yasaar
left field

ملعب داخلي
malAab daakhilee
infield

ملعب مركزي
malAab markazee
centre field

مضرب
miDrab
bat

خوذة
khoodha
helmet

حارس قاعدة
haaris qaaAida
baseman

موقع ملقي الكرة
mawqaA mulqee l-kura
pitcher's mound

موقع ضارب الكرة
mawqaA Daarib
al-kura
home plate

ضارب Daarib | **batter**

المفردات al-mufradaat • vocabulary

مجموعة majmooAa **inning**	يصل لقاعدة yasil li-qaaAida **safe**	فشل الضربة fashl aD-Darba **foul ball**
نقطة nuqTa **run**	مهزوم mahzoom **out**	ضربة Darba **strike**

كرة
kura
ball

قفاز quffaaz
mitt

قناع qinaaA
mask

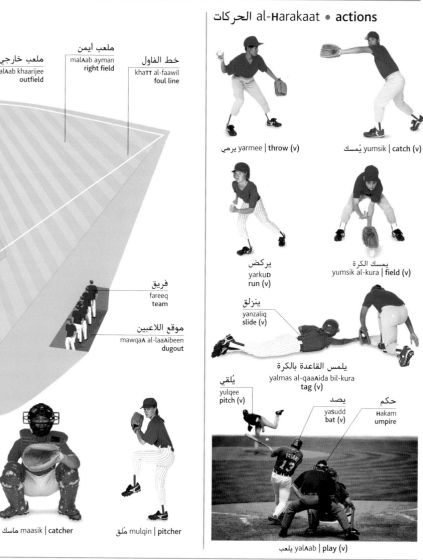

ملعب خارجي
malAab khaarijee
outfield
ملعب أيمن
malAab ayman
right field
خط الفاول
khaTT al-faawil
foul line
فريق
fareeq
team
موقع اللاعبين
mawqaA al-laaAibeen
dugout

ماسك maasik | catcher

مُلق mulqin | pitcher

الحركات al-Harakaat • actions

يرمي yarmee | throw (v)

يُمسك yumsik | catch (v)

يركض
yarkuD
run (v)

يمسك الكرة
yumsik al-kura | field (v)

ينزلق
yanzaliq
slide (v)

يلمس القاعدة بالكرة
yalmas al-qaaAida bil-kura
tag (v)

يُلقي
yulqee
pitch (v)
يصد
yaSudd
bat (v)
حكم
Hakam
umpire

يلعب yalAab | play (v)

لعبة التنس laAbat at-tenis • tennis

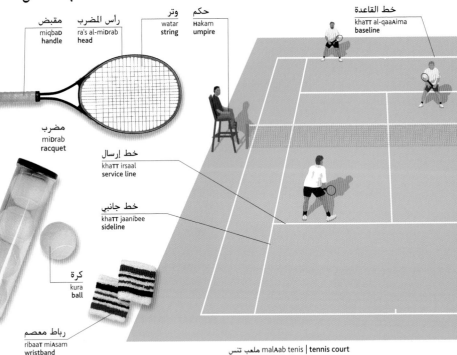

مقبض
miqbaD
handle

رأس المضرب
ra's al-miDrab
head

وتر
watar
string

حكم
Hakam
umpire

خط القاعدة
khaTT al-qaaAima
baseline

مضرب
miDrab
racquet

خط إرسال
khaTT irsaal
service line

خط جانبي
khaTT jaanibee
sideline

كرة
kura
ball

رباط معصم
ribaaT miAsam
wristband

ملعب تنس malAab tenis | tennis court

المفردات al-mufradaat • vocabulary

مباراة فردية	مجموعة	صفر	خطأ	ضربة بزاوية	مراقب خط
mubaaraah fardeeya	majmooAa	sifr	khaTaa'	Darba bi-zaawiya	muraaqib khaTT
singles	**set**	**love**	**fault**	**slice**	**linesman**
مباراة زوجية	مباراة	تعادل	كرة إرسال فائزة	ضربة لا تحتسب	شوط التعادل
mubaaraah zawjeeya	mubaaraah	taAaadul	kurat irsaal faa'iza	Darba laa tuHtasab	shawT at-taAaadul
doubles	**match**	**deuce**	**ace**	**let**	**tiebreak**
شوط	بطولة	متقدم	كرة ساقطة	تبادل عدة ضربات	لف
shawT	buToola	mutaqaddim	kura saaqiTa	tabaadul Aiddat Darabaat	laff
game	**championship**	**advantage**	**dropshot**	**rally**	**spin**

شبكة
shabaka
net
ضربة قوية
Darba qawiya
smash
صبي جمع الكرات
Sabiyy jamA al-kuraat
ballboy
يرسل
yursil
serve (v)
حذاء تنس
Hidhaa' tenis
tennis shoes

لاعب laaAib | player

الضربات aD-Darabaat • strokes

إرسال
irsaal
serve

ضربة مباشرة
Darba mubaashira
volley

صد
Sadd
return

ضربة في قوس علوي
Darba fee qaws Aulwee
lob

ضربة أمامية
Darba amaameeya
forehand

ضربة خلفية
Darba khalfeeya
backhand

ألعاب المضرب alAaab al-miDrab • racquet games

ريشة
reesha
shuttlecock

تنس الريشة
tenis ar-reesha
badminton

مضرب
miDrab
bat

تنس طاولة
tenis Taawila
table tennis

سكواش
skwaash
squash

لعبة الراكيت
laAbat ar-raaket
racquetball

الجولف al-golf • golf

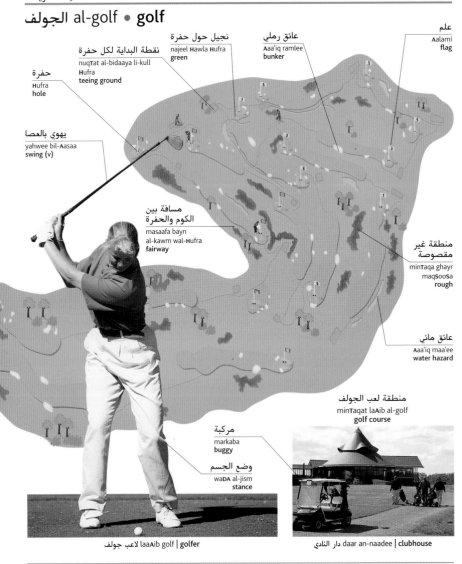

نقطة البداية لكل حفرة
nuqTat al-bidaaya li-kull Hufra
teeing ground
نجيل حول حفرة
najeel Hawla Hufra
green
عائق رملي
Aaa'iq ramlee
bunker
علم
Aalam
flag
حفرة
Hufra
hole
يهوي بالعصا
yahwee bil-Aasaa
swing (v)
مسافة بين الكوم والحفرة
masaafa bayn al-kawm wal-Hufra
fairway
منطقة غير مقصوصة
minTaqa ghayr maqsooSa
rough
عائق مائي
Aaa'iq maa'ee
water hazard

منطقة لعب الجولف
minTaqat laAib al-golf
golf course

مركبة
markaba
buggy
وضع الجسم
waDA al-jism
stance

لاعب جولف laaAib golf | golfer

دار النادي daar an-naadee | clubhouse

المعدات al-muAiddaat • equipment

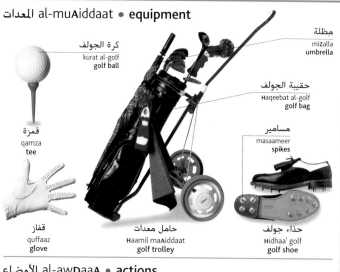

كرة الجولف
kurat al-golf
golf ball

قمزة
qamza
tee

قفاز
quffaaz
glove

مِظلة
miZalla
umbrella

حقيبة الجولف
Haqeebat al-golf
golf bag

حامل معدات
Haamil maAiddaat
golf trolley

مسامير
masaameer
spikes

حذاء جولف
Hidhaa' golf
golf shoe

الأوضاع al-awDaaA • actions

يُسدد من قمزة
yusaddid min qamza
tee-off (v)

يدفع
yadfaA
drive (v)

يُسقط في حفرة
yusqiT fee Hufra
putt (v)

يُسقط عن قرب
yusqiT Aan qurb
chip (v)

عصي الجولف AuSee al-golf • golf clubs

خشب
khashab
wood

مُسقط
musqiT
putter

حديد
Hadeed
iron

إسفين
isfeen
wedge

المفردات al-mufradaat • vocabulary

سوية sawiya **par**	فوق السوية fawq as-sawiya **over par**	معادلة muAaadala **handicap**
حمال الجولف Hammaal al-golf **caddy**	ضربة تدريب Darba tadreeb **practice swing**	ضربة Darba **stroke**
دون السوية doon as-sawiya **under par**	إسقاط بضربة واحدة isqaaT bi-darba waaHida **hole in one**	مسابقة musaabaqa **tournament**
متفرجون mutafarrijoon **spectators**	ضربة طويلة من الخلف Darba Taweela min al-khalf **backswing**	اتجاه مقصود ittijaah maqsood **line of play**

ألعاب القوى aLAaab al-quwa • athletics

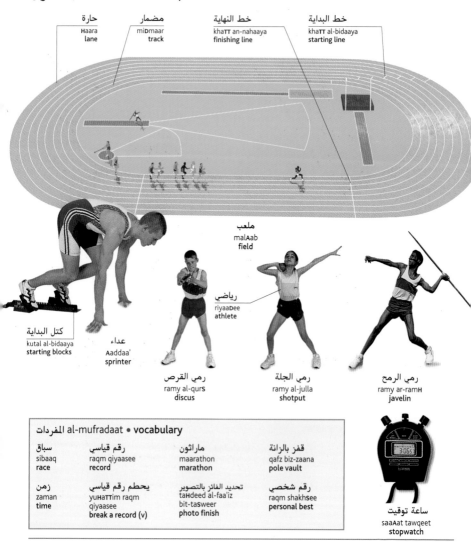

حارة
Haara
lane

مضمار
miDmaar
track

خط النهاية
khaTT an-nahaaya
finishing line

خط البداية
khaTT al-bidaaya
starting line

ملعب
malAab
field

كتل البداية
kutal al-bidaaya
starting blocks

عداء
Aaddaa'
sprinter

رمي القرص
ramy al-qurS
discus

رياضي
riyaaDee
athlete

رمي الجلة
ramy al-julla
shotput

رمي الرمح
ramy ar-ramH
javelin

المفردات al-mufradaat • vocabulary

سباق
sibaaq
race

رقم قياسي
raqm qiyaasee
record

ماراثون
maarathon
marathon

قفز بالزانة
qafz biz-zaana
pole vault

زمن
zaman
time

يحطم رقم قياسي
yuHaTTim raqm qiyaasee
break a record (v)

تحديد الفائز بالتصوير
taHdeed al-faa'iz bit-tasweer
photo finish

رقم شخصي
raqm shakhsee
personal best

ساعة توقيت
saaAat tawqeet
stopwatch

عصا
Aasaa
baton

سباق تتابع
sibaaq tataabuA
relay race

عارضة
AaariDa
crossbar

الوثب العالي
al-wathb al-Aalee
high jump

الوثب الطويل
al-wathb aT-Taweel
long jump

حواجز
Hawaajiz
hurdles

جمباز jumbaaz • **gymnastics**

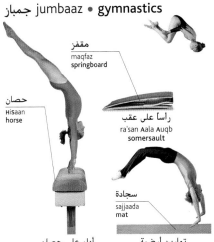

مقفز
maqfaz
springboard

رأساً على عقب
ra'san Aala Auqb
somersault

حصان
HiSaan
horse

أداء على حصان
adaa' Aala HiSaan
vault

لاعب جمباز
laaAib jumbaaz
gymnast

عارضة AaariDa | **beam**

سجادة
sajjaada
mat

تمارين أرضية
tamaareen arDeeya
floor exercises

شقلبة
shaqlaba
tumble

شريط
shareeT
ribbon

جمباز إيقاعي
jumbaaz eeqaaAee
rhythmic gymnastics

المفردات al-mufradaat • **vocabulary**

عارضة أفقية
AaariDa ufuqeeya
horizontal bar

عارضتان موازيتان
AaariDataan muwaaziyataan
parallel bars

حصان توازن
HiSaan tawaazun
pommel horse

عوارض غير متناظرة
AawaariD ghayr mutanaaZira
asymmetric bars

أطواق
aTwaaq
rings

منصة
minaSSa
podium

ميداليات
meedaalyaat
medals

ذهب
dhahab
gold

فضة
fiDDa
silver

برونز
bironz
bronze

ألعاب النزال alAaab an-nizaal • combat sports

خصم
khiSm
opponent

واق
waaqin
guard

كراتيه karaateh | **karate**

قفاز
quffaaz
glove

حزام
Hizaam
belt

تي كوندو tai kwondo | **tae-kwon-do**

قناع
qinaaA
mask

جودو joodo | **judo**

سيف
sayf
sword

ايكيدو aykeedo | **aikido**

كيندو kendo | **kendo**

كونفو kunfoo | **kung fu**

ملاكمة بالأرجل
mulaakama bil-arjul
kickboxing

مصارعة muSaaraAa | **wrestling**

ملاكمة mulaakama | **boxing**

الحركات al-Harakaat • actions

وقوع wuqooA | **fall**

مسك mask | **hold**

رمي ramy | **throw**

تثبيت tathbeet | **pin**

ركل rakl | **kick**

لكم lakm | **punch**

ضرب Darb | **strike**

ضربة قاطعة
Darba qaaTiAa | **chop**

قفز qafz | **jump**

صد Sadd | **block**

المفردات al-mufradaat • vocabulary

حلقة ملاكمة
Halqat mulaakama
boxing ring

جولة
jawla
round

قبضة يد
qabDat yad
fist

حزام أسود
Hizaam aswad
black belt

كابورا
kaboora
capoeira

واقي الفم
waaqee l-fam
mouth guard

مباراة
mubaaraah
bout

ضربة قاضية
Darba qaaDiya
knock out

دفاع عن النفس
difaaA Aan an-nafs
self defence

تي شي
tai shee
tai-chi

قفازات ملاكمة
quffaazaat mulaakama
boxing gloves

تدريب الملاكم
tadreeb al-mulaakim
sparring

كيس معلق للتدريب
kees muAallaq lit-tadreeb
punch bag

فنون القتال
funoon al-qitaal
martial arts

مصارعة يابانية
musaaraAa yaabaaneeya
sumo wrestling

السباحة as-sibaaHa • swimming
المعدات al-muAiddaat • equipment

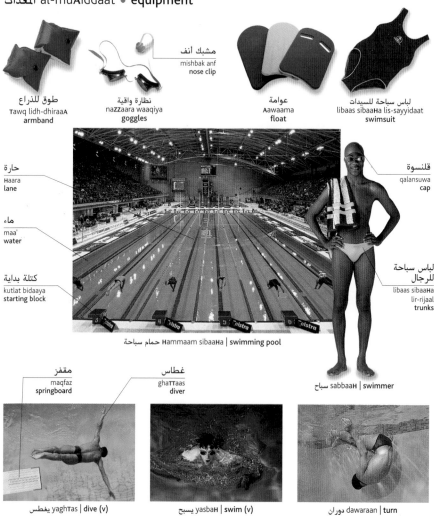

طوق للذراع
Tawq lidh-dhiraaA
armband

نظارة واقية
naZZaara waaqiya
goggles

مشبك أنف
mishbak anf
nose clip

عوامة
Aawaama
float

لباس سباحة للسيدات
libaas sibaaHa lis-sayyidaat
swimsuit

حارة
Haara
lane

ماء
maa'
water

كتلة بداية
kutlat bidaaya
starting block

قلنسوة
qalansuwa
cap

لباس سباحة
للرجال
libaas sibaaHa
lir-rijaal
trunks

حمام سباحة Hammaam sibaaHa | swimming pool

مقفز
maqfaz
springboard

غطاس
ghaTTaas
diver

سباح sabbaaH | swimmer

يغطس yaghTas | dive (v)

يسبح yasbaH | swim (v)

دوران dawaraan | turn

الأساليب al-asaaleeb • styles

سباحة حرة sibaaнa нurra | front crawl

سباحة صدر sibaaнat sadr | breaststroke

حركة
нaraka
stroke

ركلة
rakla
kick

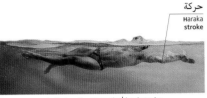

سباحة ظهر sibaaнat zahr | backstroke

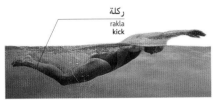

سباحة فراشة sibaaнat faraasha | butterfly

الغطس al-ghaтs • scuba diving

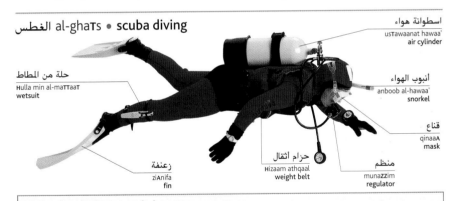

اسطوانة هواء
usтawaanat hawaa'
air cylinder

أنبوب الهواء
anboob al-hawaa'
snorkel

قناع
qinaaᴀ
mask

حلة من المطاط
нulla min al-maттaaт
wetsuit

زعنفة
ziᴀnifa
fin

حزام أثقال
нizaam athqaal
weight belt

منظم
munaᴢᴢim
regulator

المفردات al-mufradaat • vocabulary

غطس ghaтs dive	سباق غوص sibaaq ghaws racing dive	خزانة بقفل khizaana bi-qufl lockers	كرة الماء kurat al-maa' water polo	جانب ضحل jaanib ᴅaнl shallow end	شد عضلي shadd ᴀᴀᴅalee cramp
غطس عال ghaтs ᴀaalin high dive	يطفو فوق الماء بالركل yaтfoo fawq al-maa' bir-rakl tread water (v)	سباح الإنقاذ sabbaaн al-inqaadh lifeguard	جانب عميق jaanib ᴀameeq deep end	السباحة التوقيعية as-sibaaнa at-tawqeeᴀeeya synchronized swimming	يغرق yaghriq drown (v)

الإبحار al-ibʜaar • sailing

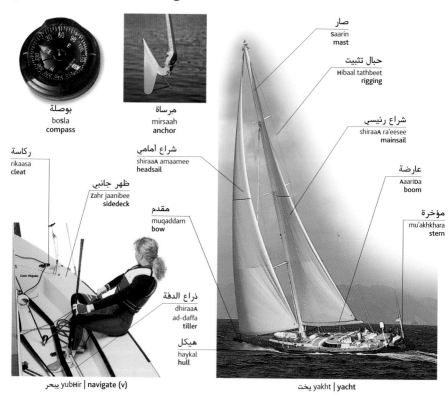

بوصلة
bosla
compass

مرساة
mirsaah
anchor

صار
saarin
mast

حبال تثبيت
ʜibaal tathbeet
rigging

شراع رئيسي
shiraaᴀ ra'eesee
mainsail

ركاسة
rikaasa
cleat

شراع أمامي
shiraaᴀ amaamee
headsail

ظهر جانبي
zahr jaanibee
sidedeck

مقدم
muqaddam
bow

عارضة
ᴀaariᴅa
boom

مؤخرة
mu'akhkhara
stern

ذراع الدفة
dhiraaᴀ ad-daffa
tiller

هيكل
haykal
hull

يبحر yubʜir | **navigate (v)**

يخت yakht | **yacht**

سلامة salaama • safety

شهاب
shihaab
flare

عوامة إنقاذ
ᴀawaamat inqaadh
lifebuoy

سترة إنقاذ
sutrat inqaadh
life jacket

رمث نجاة
ramath najaah
life raft

الرياضات المائية al-riyaaDaat al-maa'eeya • watersports

جداف
jaddaaf
rower

مجداف
mijdaaf
oar

قايق
qaayaq
kayak

مدرا
midra'
paddle

يجدف yujaddif | **row (v)**

ركوب كنو
rukoon kanoo
canoeing

شراع
shiraaA
sail

لوحة ركوب الأمواج
lawHat rukoob al-amwaaj
surfboard

زحلوقة
zaHlooqa
ski

راكب لوح
raakib lawH
windsurfer

لوح
lawH
board

ركوب الأمواج
rukoob al-amwaaj
surfing

تزحلق على الماء
tazaHluq Aalal-maa'
waterskiing

ركوب مراكب السرعة
rukoob maraakib as-surAa
speed boating

حزام القدم
Hizaam al-qadam
footstrap

ركوب الرياح rukoob ar-riyaaH | **windsurfing**

ركوب رمث
rukoob ramath
rafting

تزحلق نفاث
tazaHluq naffaath
jet skiing

المفردات al-mufradaat • vocabulary

متزحلق على الماء mutazaHliq Aalal-maa' **waterskier**	ملاحون mallaaHoon **crew**	هواء hawaa' **wind**	أمواج amwaaj **surf**	شراع shiraaA **sheet**	لوحة وسطية lawHa wasaTeeya **centreboard**
راكب الأمواج raakib al-amwaaj **surfer**	يتعرج في إبحاره yataAarraj fee ibHaarihi **tack (v)**	موجة mawja **wave**	خرخار kharkhaar **rapids**	دفة daffa **rudder**	ينقلب yanqalib **capsize (v)**

ركوب الخيل rukoob al-khayl • **horse riding**

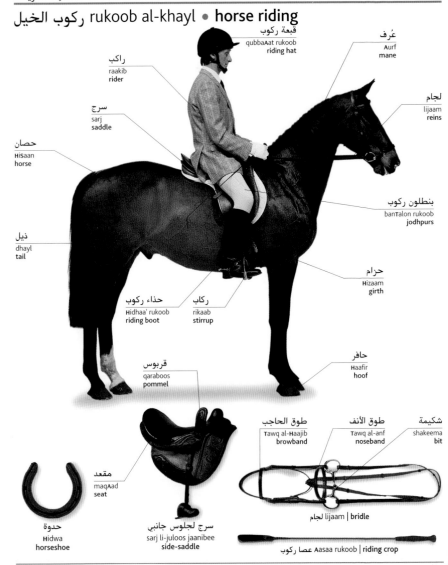

قبعة ركوب
qubbaᴀat rukoob
riding hat

غُرف
ᴀurf
mane

راكب
raakib
rider

لجام
lijaam
reins

سرج
sarj
saddle

حصان
ᴴiṢaan
horse

بنطلون ركوب
banᴛalon rukoob
jodhpurs

ذيل
dhayl
tail

حزام
ᴴizaam
girth

حذاء ركوب
ᴴidhaa' rukoob
riding boot

ركاب
rikaab
stirrup

حافر
ᴴaafir
hoof

قربوس
qaraboos
pommel

طوق الحاجب
ᴛawq al-ᴴaajib
browband

طوق الأنف
ᴛawq al-anf
noseband

شكيمة
shakeema
bit

مقعد
maqᴀad
seat

حدوة
ᴴidwa
horseshoe

سرج لجلوس جانبي
sarj li-juloos jaanibee
side-saddle

لجام lijaam | **bridle**

عصا ركوب ᴀasaa rukoob | **riding crop**

المباريات al-mubaariyaat • events

حصان سباق
HiSaan sibaaq
racehorse

سياج
siyaaj
fence

سباق خيول
sibaaq khuyool
horse race

سباق حوائل
sibaaq Hawaa'il
steeplechase

سباق عربات ذات عجلتين
sibaaq Aarabaat dhaat Aajalatayn
harness race

روديو
roodyo
rodeo

مباراة قفز
mubaraat qafz
showjumping

سباق مركبة
sibaaq markaba
carriage race

رحلة بالحصان
riHla bil-HuSaan | **trekking**

الراكب يُحرك الحصان ar-raakib yuHarrik al-HiSaan | **dressage**

بولو
bolo | **polo**

المفردات al-mufradaat • vocabulary

مشي mashy **walk**	خبب khabab **canter**	قفز qafz **jump**	لجام lijaam **halter**	حقل ترويض Haql tarweeD **paddock**	سباق على أرض مستوية sibaaq Aala arD mustawiya **flat race**
هرولة harwala **trot**	جري jary **gallop**	سائس saa'is **groom**	إسطبل isTabl **stable**	ميدان تنافس meedaan tanaafus **arena**	مضمار miDmaar **racecourse**

صيد السمك Sayd as-samak • fishing

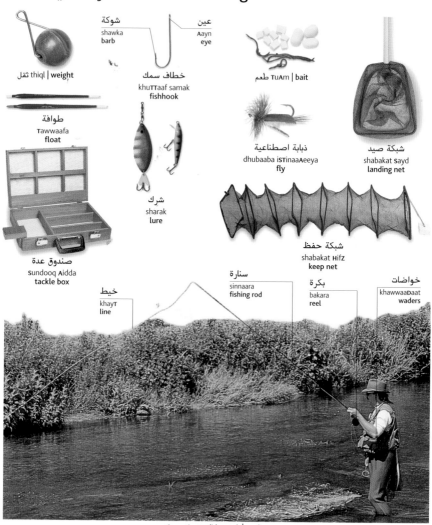

ثقل thiql | weight

شوكة
shawka
barb

عين
Aayn
eye

خطاف سمك
khuTTaaf samak
fishhook

طعم TuAm | **bait**

شبكة صيد
shabakat Sayd
landing net

طوافة
Tawwaafa
float

ذبابة اصطناعية
dhubaaba iSTinaaAeeya
fly

شرك
sharak
lure

صندوق عدة
Sundooq Aidda
tackle box

شبكة حفظ
shabakat Hifz
keep net

خيط
khayT
line

سنارة
sinnaara
fishing rod

بكرة
bakara
reel

خواضات
khawwaaDaat
waders

صائد سمك Saa'id samak | **angler**

أنواع صيد السمك anwaaA Sayd as-samak • types of fishing

صيد سمك من ماء حلو
Sayd samak min maa' Hulw
freshwater fishing

صيد بذبابة اصطناعية
sayd bi-dhubaaba isTinaaAeeya
fly fishing

رياضة صيد السمك
riyaaDat Sayd as-samak
sport fishing

صيد في البحار العميقة
Sayd fil-biHaar al-Aameeqa
deep sea fishing

صيد من الشاطئ
Sayd min ash-shaaTi'
surfcasting

الأنشطة al-anshiTa • activities

يرمي
yarmee
cast (v)

يصطاد
yaSTaad
catch (v)

يجر للخارج
yajurr lil-khaarij
reel in (v)

يصطاد في شبكة
yaSTaad fee shabaka
net (v)

يطلق سراح
yuTliq saraaH
release (v)

المفردات al-mufradaat • vocabulary

يُطعم yuTaAAim **bait (v)**	عدة Aidda **tackle**	زي مقاوم للماء ziyy muqaawim lil-maa' **waterproofs**	تصريح صيد taSreeH Sayd **fishing permit**	سلة salla **creel**
يلتقط الطعم yaltaqiT aT-TuAm **bite (v)**	بكرة خيط bakrat khayT **spool**	سنارة sinnaara **pole**	صيد بحري Sayd baHree **marine fishing**	صيد بالحراب Sayd bil-Hiraab **spearfishing**

التزلج at-tazalluj • skiing

منحدر تزلج
munHadar tazalluq
ski slope

مصعد بكرسي
maSAad
bi-kursee
chairlift

عربة كبل
Aarabat kabal
cable car

بذلة تزلج
badhlat tazalluj
ski suit

عصا تزلج
AaSaa tazalluj
ski pole

قفاز
quffaaz
glove

مجرى تزلج
majra tazalluj
ski run

حذاء تزلج
Hidhaa' tazalluj
ski boot

حاجز أمان
Haajiz amaan
safety barrier

زحلوقة
zaHlooqa
ski

حافة
Haafa
edge

متزلج
mutazallij
skier

طرف
ᴛarf
tip

المباريات al-mubaariyaat • events

تزلج نحو السفح
tazalluj naHw as-safH
downhill skiing

حد المسار
Hadd al-masaar
gate

تزلج متعرج
tazalluj mutaAarrij
slalom

تزلج مع القفز
tazalluj maAa l-qafz
ski jump

تزلج لسافات طويلة
tazalluj li-masaafaat Taweela
cross-country skiing

رياضات الشتاء riyaaDaat ash-shitaa' • winter sports

صعود الجليد
suAood al-jaleed
ice climbing

تزلج على الجليد
tazalluj Aala l-jaleed
ice-skating

نظارات واقية
naZZaaraat waaqiya
goggles

حذاء تزلج
Hidhaa' tazalluj
skate

رقص على الجليد
raqS Aala l-jaleed
figure skating

تزلج على لوحة
tazalluj Aala lawH
snowboarding

تزلج في مركبة
tazalluj fee markaba
bobsleigh

تزلج في وضع الجلوس
tazalluj fee waDA al-juloos
luge

عربة الثلوج
Aarabat ath-thulooj
snowmobile

استعمال مزالج
istiAmaal mazaalij
sledding

المفردات al-mufradaat • vocabulary

تزلج ترفيهي
tazalluj tarfeehee
alpine skiing

كرلنج
kurling
curling

تزلج متعرج طويل
tazalluj mutaAarrij Taweel
giant slalom

تزلج السرعة
tazalluj as-surAa
speed skating

خارج المجرى
khaarij al-majra
off-piste

انهيار
inhiyaar
avalanche

استعانة بكلاب للتزلج
istiAaanat bi-kilaab lit-tazalluj
dog sledding

رياضة الرماية والتزلج
riyaaDat ar-rimaaya wat-tazalluj
biathlon

رياضات أخرى riyaaDaat ukhra • other sports

طائرة شراعية
Taa'ira shiraaAeyya
glider

شراع طائر
shiraaA Taa'ir
hang-glider

طيران بطائرة شراعية
Tayaraan bi-Taa'ira shiraaAeeya
gliding

مظلة هبوط
miZallat hubooT
parachute

طيران بشراع طائر
Tayaraan bi-shiraaA Taa'ir
hang-gliding

حبل
Habl
rope

صعود الصخور
suAood as-sukhoor
rock climbing

قفز بمظلات
qafz bi-maZallaat
parachuting

تعلق على شراع
taAalluq Aala shiraaA
paragliding

سباحة في الفضاء
sibaaHa fil-faDaa'
skydiving

هبوط عبر حبل ثابت
hubooT Aabra Habl thaabit
abseiling

قفز بالبنجي
qafz bil-banjee
bungee jumping

سباق الطرق الوعرة
sibaaq aT-Turuq al-waAra
rally driving

سائق سباق
saa'iq sibaaq
racing driver

سباق سيارات
sibaaq sayyaaraat
motor racing

سباق الطرق الوعرة بدراجات
sibaaq aT-Turuq al-waAra bi-darraajaat
motorcross

سباق دراجات بخارية
sibaaq darraajaat bukhaareeya
motorbike racing

ألواح بعجل
alwaaH bi-Aajal
skateboard

ركوب ألواح بعجل
rukoob alwaaH bi-Aajal
skateboarding

حذاء بعجل
Hidhaa' bi-Aajal
rollerskate

تزلج بحذاء ذات عجل
tazalluj bi-Hidhaa' dhaat Aajal
roller skating

عصا
AaSaa
stick

لعبة لاكروس
laAbat lakros
lacrosse

قناع
qinaaA
mask

سلاح
silaaH
foil

مبارزة
mubaaraza
fencing

وتد
watad
pin

كرة البولينج
kurat al-bohling
bowling ball

لعبة بولينج
laAbat bohling
bowling

قوس
qaws
bow

سهم
sahm
arrow

حامل السهام
Haamil as-sihaam
quiver

رماية بالقوس والسهم
rimaaya bil-qaws was-sahm
archery

هدف
hadaf
target

رماية نحو هدف
rimaaya naHwa hadaf
target shooting

بلياردو
bilyaardo
pool

سنوكر
snookir
snooker

اللياقة البدنية al-liyaaqa al-badaneeya • fitness

دراجة تمرينات
darraajat tamreenaat
exercise bike

جهاز جمنازيوم
jihaaz jimnaazyum
gym machine

مقعد طويل
maqAad Taweel
bench

أثقال حرة
athqaal Hurra
free weights

عارضة
AaariDa
bar

جمنازيوم
jimnaazyum
gym

جهاز تجديف
jihaaz tajdeef
rowing machine

مشاية
mashshaaya
treadmill

جهاز تمرين شامل
jihaaz tamreen shaamil
cross trainer

مدرب شخصي
mudarrib shakhsee
personal trainer

جهاز تدرب على درج
jihaaz tadarrub Aala daraj
step machine

حمام سباحة
Hammaam sibaaHa
swimming pool

ساونا
saawna
sauna

التمارين الرياضية at-tamaareen ar-riyaaDeeyaat • exercises

مد
madd
stretch

تحرك للأمام
taHarruk lil-amaam
lunge

جوارب
jawaarib
tights

رفع وخفض الجسم
rafA wa-khafD al-jism
press-up

قرفصاء
qurfuSaa'
squat

رفع الرأس والصدر
rafA ar-ra's waS-Sadr
sit-up

قضيب بكرتين
qaDeeb bi-kuratayn
dumb bell

تدريب عضلة الذراع
tadreeb AaDalat adh-dhiraaA
bicep curl

دفع بالأرجل
dafA bil-arjul
leg press

ضغط الصدر
daghT aS-Sadr
chest press

حذاء تدريب
Hidhaa' tadreeb
trainers

قضيب أثقال
qadeeb athqaal
weight bar

تدريب على رفع الأثقال
tadreeb Aala rafA al-athqaal
weight training

صدرة
Sudra
vest

عدو
Aadw
jogging

تمارين رياضية إيقاعية
tamaareen riyaaDeeya eeqaaAeeya
aerobics

المفردات al-mufradaat • vocabulary

يتدرب
yatadarrab
train (v)

يعدو على الواقف
yaAdoo Aalal-waaqif
jog on the spot (v)

يمد
yamudd
extend (v)

بيلاتس
bilaatis
Pilates

لياقة من جهاز لجهاز
liyaaqa min jihaaz li-jihaaz
circuit training

يسخن العضلات
yusakhkhin al-Aadalaat
warm up (v)

يثني
yathnee
flex (v)

يرفع
yarfaA
pull up (v)

تدريب ملاكمة
tadreeb mulaakama
boxercise

نط الحبل
naTT al-Habl
skipping

الترفيه at-tarfeeh
leisure

المسرح al-masraH • theatre

ستارة
sitaara
curtain
أجنحة
ajniHa
wings
مشهد
mash-had
set
مشاهدون
mushaahidoon
audience
اوركسترا
orkestra
orchestra

مسرح masraH | stage

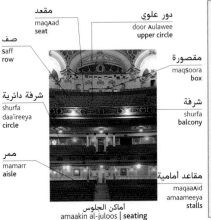

مقعد
maqAad
seat
دور علوي
door Aulawee
upper circle
صف
saff
row
مقصورة
maqsoora
box
شرفة دائرية
shurfa daa'ireeya
circle
شرفة
shurfa
balcony
ممر
mamarr
aisle
مقاعد أمامية
maqaaAid amaameeya
stalls

أماكن الجلوس
amaakin al-juloos | seating

المفردات al-mufradaat • vocabulary

ممثل mumaththil **actor**	نص nass **script**	ليلة الافتتاح laylat al-iftitaaH **first night**
ممثلة mumaththila **actress**	خلفية khalfeeya **backdrop**	استراحة istiraaHa **interval**
مسرحية masraHeeya **play**	مخرج mukhrij **director**	برنامج barnaamij **programme**
شخصيات رواية shakhseeyaat riwaaya **cast**	منتج muntij **producer**	موضع للاوركسترا mawDaA lil-orkestra **orchestra pit**

حفلة موسيقية
Hafla moosiqeeya | **concert**

مسرحية موسيقية
masraHeeya moosiqeeya | **musical**

زي
ziyy
costume

باليه baalleh | **ballet**

أوبرا obera | **opera**

المفردات al-mufradaat • vocabulary

مرشد لمقاعد
murshid li-maqaaAid
usher

يصفق
yussfiq
applaud (v)

موسيقى كلاسيكية
moosiqa kelaasikeeya
classical music

استعادة
istiAaada
encore

نوتة موسيقية
noota moosiqeeya
musical score

الموسيقى المصاحبة
al-moosiqa al-muSaaHiba
soundtrack

متى تبدأ؟
mata tabda'?
When does it start?

أريد تذكرتين لبرنامج الليلة.
ureed tadhkaratayn li-barnaamij al-layla
I'd like two tickets for tonight's performance.

السينما as-seenimaa • cinema

فشار
fishaar
popcorn

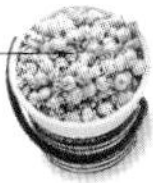

ردهة
radha
lobby

مكتب الحجز
maktab al-Hajz
box office

إعلان
iAlaan
poster

قاعة سينما
qaaAat seenimaa
cinema hall

شاشة
shaasha
screen

المفردات al-mufradaat • vocabulary

فيلم هزلي
film hazalee
comedy

فيلم غرامي
film gharaamee
romance

فيلم إثارة
film ithaara
thriller

فيلم خيال علمي
film khayaal Ailmee
science fiction film

فيلم رعب
film raAb
horror film

فيلم مغامرات
mughaamara
adventure film

فيلم رعاة بقر
film ruAaah baqar
western

رسوم متحركة
rusoom mutaHarrika
animated film

الاوركسترا al-orkestra • **orchestra**

آلات وترية aalaat watareeya • **strings**

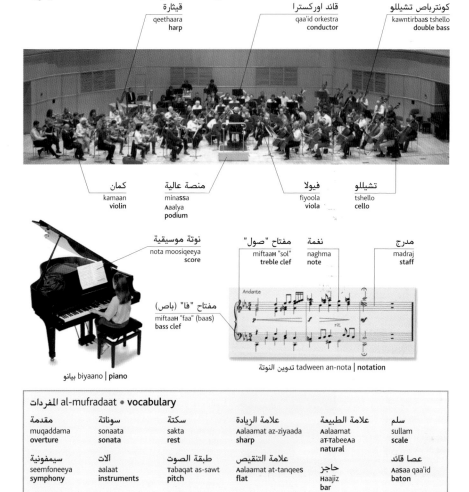

قيثارة
qeethaara
harp

قائد اوركسترا
qaa'id orkestra
conductor

كونترباص تشيللو
kawntirbaas tshello
double bass

كمان
kamaan
violin

منصة عالية
minassa
Aaalya
podium

فيولا
fiyoola
viola

تشيللو
tshello
cello

نوتة موسيقية
nota moosiqeeya
score

مفتاح "صول"
miftaaH "sol"
treble clef

نغمة
naghma
note

مدرج
madraj
staff

مفتاح "فا" (باص)
miftaaH "faa" (baas)
bass clef

بيانو biyaano | **piano**

تدوين النوتة tadween an-nota | **notation**

المفردات al-mufradaat • **vocabulary**

مقدمة muqaddama **overture**	سوناتة sonaata **sonata**	سكتة sakta **rest**	علامة الزيادة Aalaamat az-ziyaada **sharp**	علامة الطبيعة Aalaamat aт-тabeeAa **natural**	سلم sullam **scale**
سيمفونية seemfoneeya **symphony**	آلات aalaat **instruments**	طبقة الصوت тabaqat as-sawt **pitch**	علامة التنقيص Aalaamat at-tanqees **flat**	حاجز Haajiz **bar**	عصا قائد Aasaa qaa'id **baton**

الات النفخ aalaat an-nafkh • woodwind

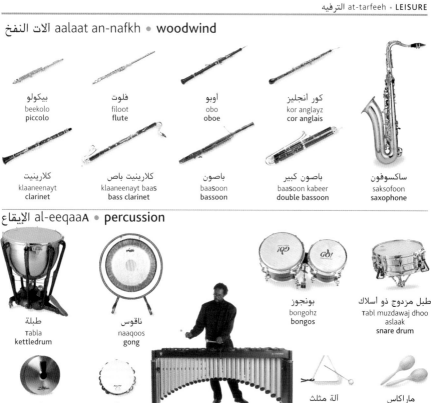

بيكولو
beekolo
piccolo

فلوت
filoot
flute

أوبو
obo
oboe

كور أنجليز
kor anglayz
cor anglais

كلارينيت
klaaneenayt
clarinet

كلارينيت باص
klaaneenayt baas
bass clarinet

باصون
baasoon
bassoon

باصون كبير
baasoon kabeer
double bassoon

ساكسوفون
saksofoon
saxophone

الإيقاع al-eeqaaA • percussion

طبلة
Tabla
kettledrum

ناقوس
naaqoos
gong

بونجوز
bongohz
bongos

طبل مزدوج ذو أسلاك
Tabl muzdawaj dhoo aslaak
snare drum

صنج
sanj
cymbals

رق
riqq
tambourine

فيبرافون
feebraafohn
vibraphone

آلة مثلث
aalat muthallath
triangle

ماراكاس
maraakas
maracas

الات نحاسية aalaat nuHaaseeya • brass

بوق
booq
trumpet

ترُمبون
tirumboon
trombone

بوق فرنسي
booq faransee
French horn

توبا
tooba
tuba

الحفلة الموسيقية al-Hafla al-mooseeqeeya • concert

عازف القيثارة
Aaazif
al-qeethaara
guitarist

معجبون
muAjaboon
fans

عازف باس
Aaazif baas
bass guitarist

ميكروفون
meekrofohn
microphone

مطرب رئيسي
muTrib ra'eesee
lead singer

طبال
Tabbaal
drummer

سماعة
sammaaAa
speaker

حفل موسيقى الروك Hafl mooseeqa ar-rok | rock concert

الآلات al-aalaat • instruments

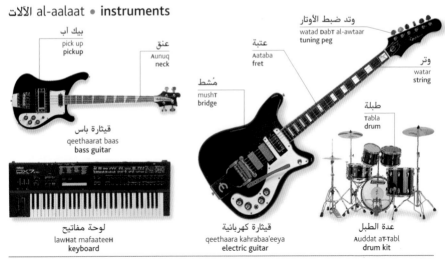

بيك اب
pick up
pickup

عنق
Aunuq
neck

وتد ضبط الأوتار
watad DabT al-awtaar
tuning peg

عتبة
Aataba
fret

وتر
watar
string

مُشط
mushT
bridge

طبلة
Tabla
drum

قيثارة باس
qeethaarat baas
bass guitar

لوحة مفاتيح
lawHat mafaateeH
keyboard

قيثارة كهربائية
qeethaara kahrabaa'eeya
electric guitar

عدة الطبل
Auddat aT-Tabl
drum kit

الأساليب الموسيقية al-asaaleeb al-mooseeqeeya • **musical styles**

جاز jaaz | **jazz**

بلوز blooz | **blues**

بونك punk | **punk**

موسيقى شعبية mooseeqa shaAbeeya
folk music

أغاني شباب aghaanee shabaab | **pop**

موسيقى رقص mooseeqa raqs | **dance**

موسيقى راب mooseeqa rap | **rap**

موسيقى روك صاخبة
mooseeqa rok saakhiba
heavy metal

موسيقى كلاسيكية
mooseeqa kalaaseekeeya
classical music

المفردات al-mufradaat • **vocabulary**

أغنية	كلمات أغنية	لحن	إيقاع	ريجي	ريفية أمريكية	ضوء المسرح
ughniya	kalimaat ughniya	laHn	eeqaaA	raygay	reefeeya amreekeeya	Daw' al-masraH
song	**lyrics**	**melody**	**beat**	**reggae**	**country**	**spotlight**

مشاهدة المعالم mushaahadat al-maAaalim • **sightseeing**

برنامج رحلة
barnaamij riHla
itinerary

دور علوي مكشوف
door Aulwee makshoof
open-top

سائح
saa'iH
tourist

حافلة سياحية Haafila siyaaHeeya | **tour bus**

مزار سياحي mazaar siyaaHee | **tourist attraction**

مرشد سياحي
murshid siyaaHee
tour guide

جولة مع مرشد
jawla maAa murshid
guided tour

تمثال صغير
timthaal SagHeer
statuette

تذكارات
tidhkaaraat
souvenirs

المفردات al-mufradaat • **vocabulary**

مفتوح maftooH **open**	كتيب إرشاد kutayb irshaad **guide book**	الة تصوير فيديو aalat taSweer fidyo **camcorder**	يسار yasaar **left**	أين الـ...؟ ayna-l...? **Where is the...?**
مغلق mughlaq **closed**	فيلم film **film**	الة تصوير aalat taSweer **camera**	يمين yameen **right**	لقد ضللت الطريق. laqad Dalaltu T-Tareeq. **I'm lost.**
رسم دخول rasm dukhool **entrance fee**	بطاريات baTTaareeyaat **batteries**	إرشادات irshaadaat **directions**	إلى الأمام ilal-amaam **straight on**	هل ممكن إرشادي إلى...؟ hal mumkin irshaadee ila...? **Can you tell me the way to...?**

المزارات al-mazaaraat • attractions

لوحة فنية
lawHa fanneeya
painting

أحد المعروضات
aHad al-maAroozaat
exhibit

معرض
maAraD
exhibition

أطلال مشهورة
aTlaal mash-hoora
famous ruin

قاعة فنون
qaaAat funoon
art gallery

صرح
SarH
monument

متحف
matHaf
museum

مبنى أثري
mabna atharee
historic building

ناد للقمار
naadee lil-qumaar
casino

حدائق
Hadaa'iq
gardens

منتزه قومي
muntazah qawmee
national park

المعلومات al-maAloomaat • information

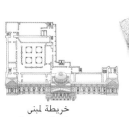

مواعيد
mawaaAeed
times

خريطة لمبنى
khareeTa li-mabna
floor plan

خريطة
khareeTa
map

جدول مواعيد
jadwal mawaaAeed
timetable

معلومات سياحية
maAloomaat siyaaHeeya
tourist information

الأنشطة خارج المنزل al-anshiTa khaarij al-manzil • outdoor activities

ممر مشاة
mamarr mushaah
footpath

ساعة شمسية
saaAa shamseeya
sundial

مقهى
maqhan
café

منتزه muntazah | **park**

نجيل
najeel
grass

مقعد طويل
maqAad Taweel
bench

حدائق رسمية
Hadaaiq rasmeeya
formal gardens

قطار مرتفع
qiTaar murtafiA
roller coaster

مدينة الملاهي
madeenat al-malaahee
fairground

منتزه بموضوع مشترك
muntazah bi-mawDooA mushtarik
theme park

حديقة رحلة سفاري
Hadeeqat riHlat safaaree
safari park

حديقة حيوانات
Hadeeqat Hayawaanaat
zoo

الأنشطة al-anshiTa • activities

ركوب الدراجات
rukoob ad-darraajaat
cycling

عدو
Aadw
jogging

ركوب ألواح بعجل
rukoob alwaaH bi-Aajal
skateboarding

تنزه بأحذية بعجل
tanazzuh bi-aHdhiya bi-Aajal
rollerblading

مسار لركوب الخيل
masaar li-rukoob al-khayl
bridle path

مشاهدة الطيور
mushaahadat aT-Tuyoor
bird watching

ركوب الخيل
rukoob al-khayl
horse riding

المشي لمسافات طويلة
al-mashy li-masaafaat Taweela
hiking

سلة طعام
sallat TaAaam
hamper

نزهة
nuzha
picnic

ملعب أطفال malAab aTfaal • playground

ملعب رملي
malAab ramlee
sandpit

بركة خوض
birkat khawD
paddling pool

أرجوحة
urjooHa
swings

زحلوفة zaHloofa | **seesaw**

منزلق munzaliq | **slide**

هيكل تسلق haykal tasalluq
climbing frame

الشاطئ ash-shaaTi' • beach

فندق	شمسية	كوخ شاطئ	رمل	موجة	بحر
funduq	shamseeya	kookh shaaTi'	raml	mawja	baHr
hotel	beach umbrella	beach hut	sand	wave	sea

حقيبة شاطئ	بيكيني
Haqeebat shaaTi'	bikeenee
beach bag	bikini

يتشمس yatashammas | sunbathe (v)

سباح الإنقاذ
sabbaaH al-inqaadh
lifeguard

برج سباح الإنقاذ
burj sabbaaH al-inqaadh
lifeguard tower

مصد ريح
maSadd reeH
windbreak

ممشى ساحلي
mamsha saaHilee
promenade

كرسي شاطئ
kursee shaaTi'
deck chair

نظارة شمس
naZZaarat shams
sunglasses

قبعة شمس
qubbaAat shams
sunhat

كريم للسمار
kreem lis-samaar
suntan lotion

حاجب لأشعة الشمس
Haajib li-ashiAat ash-shams
sunblock

كرة شاطئ
kurat shaaTi'
beach ball

عوامة أطفال
Aawwaamat aTfaa
rubber ring

لباس سباحة
libaas sibaaHa
swimsuit

جاروف
jaaroof
spade

دلو
dalw
bucket

قصر من الرمل
qaSr min ar-raml
sandcastle

صدف
Sadaf
shell

منشفة شاطئ
minshafat shaaTi'
beach towel

التخييم at-takhyeem • camping

دورات المياه
dawraat al-miyaah
toilets

التخلص من النفايات
at-takhallus min an-nifaayaat
waste disposal

مبنى الأدشاش
mabna al-adshaash
shower block

مصدر كهربائي
masdar kahrabee'ee
electric hook-up

إطار خارجي
iTaar khaarijee
flysheet

وتد خيمة
watad khayma
tent peg

حبل
Habl
guy rope

بيت متنقل
bayt mutanaqqil
caravan

مخيم mukhayyam | campsite

المفردات al-mufradaat • vocabulary

يخيم
yukhayyim
camp (v)

موقع نصب خيمة
mawqaA nasb khayma
pitch

مقعد نزهة
maqAad nuzha
picnic bench

فحم
faHm
charcoal

مكتب مدير الموقع
maktab mudeer al-mawqaA
site manager's office

ينصب خيمة
yansub khayma
pitch a tent (v)

أرجوحة مشبوكة
urjooHa mashbooka
hammock

وقيد
waqqeed
firelighter

أماكن متوفرة
amaakin mutawaffira
pitches available

عمود خيمة
Aamood khayma
tent pole

مقطورة للبيات
maqToora lil-bayaat
camper van

يشعل نارا
yushAil naaran
light a fire (v)

كامل العدد
kaamil al-Aadad
full

سرير معسكر
sareer muAaskar
camp bed

مقطورة
maqToora
trailer

نار مخيم
naar mukhayyam
campfire

هيكل
haykal
frame

مفرش للأرض
mafrash al-arD
ground sheet

ثرموس
thirmos
vacuum flask

حقيبة ظهر
Haqeebat Zahr
backpack

زجاجة للماء
zujaajat lil-maa'
water bottle

خيمة
khayma
tent

شبكة للبعوض
shabaka lil-baAood
mosquito net

طارد للحشرات
Taarid lil-Hasharaat
insect repellent

بطارية إضاءة
baTTaareeyat iDaa'a
torch

ملابس حافظة للحرارة
mallabis HaafiZa lil-Haraara
thermals

حذاء للمشي
Hidhaa' lil-mashy
walking boots

ملابس مقاومة للماء
malaabis muqaawama lil-maa'
waterproofs

كيس للنوم
kees lin-nawm
sleeping bag

سجادة للنوم
sajaada lin-nawm
sleeping mat

فرن للمخيمات
furn lil-mukhayyamaat
camping stove

شواية
shawwaaya
barbecue

مرتبة تملأ بالهواء martaba tumla' bil-hawaa' | air mattress

الترفيه المنزلي at-tarfeeh al-manzilee • home entertainment

مشغل سي دي شخصي
mushaghghil CD shakhsee
personal CD player

مسجل أقراص مصغر
musajjil aqraas muSaghghar
mini disk recorder

مشغل MP3
mushaghghil MP3
MP3 player

قرص DVD
qurS DVD
DVD disk

مشغل DVD
mushaghghil DVD
DVD player

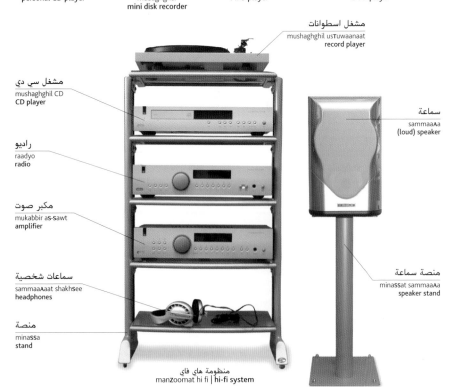

مشغل اسطوانات
mushaghghil usTuwaanaat
record player

مشغل سي دي
mushaghghil CD
CD player

راديو
raadyo
radio

مكبر صوت
mukabbir aS-Sawt
amplifier

سماعات شخصية
sammaaAaat shakhSee
headphones

منصة
minaSSa
stand

منظومة هاي فاي
manZoomat hi fi | **hi-fi system**

سماعة
sammaaAa
(loud) speaker

منصة سماعة
minaSSat sammaaAa
speaker stand

شريط فيديو
shareeT feedyo
video tape

مسجل فيديو
musajjil feedyo
video recorder

شاشة
shaasha
screen

فتحة للعين
fatHa lil-Aayn
eyecup

آلة تصوير فيديو
aalat taSweer feedyo
camcorder

طبق استقبال الفضائيات
Tabaq istiqbaal al-faDaa'eeyaat
satellite dish

تليفزيون بشاشة عريضة
tileefizyon bi-shaasha AareeDa
widescreen television

خزانة
khizaana
console

مُنظم
munaZZim
controller

لعبة فيديو laAbat feedyo | video game

تشغيل للأمام
tashgheel lil-amaam
fast forward

وقفة
waqfa
pause

تسجيل
tasjeel
record

حجم الصوت
Hajm aS-Sawt
volume

إعادة اللف
iAaadat al-laff
rewind

تشغيل
tashgheel
play

إيقاف
eeqaaf
stop

تحكم عن بعد taHakkum Aan buAd | remote control

المفردات al-mufradaat • vocabulary

قرص سي دي
qurS CD
compact disc

شريط كاسيت
shareeT kaaset
cassette tape

مشغل كاسيت
mushaghghil kaaset
cassette player

فيلم رئيسي
film ra'eesee
feature film

إعلان
iAlaan
advertisement

رقمي
raqamee
digital

برنامج
barnaamij
programme

ستريو
steriyo
stereo

بث عبر كابلات
baththh Aabra kablaat
cable television

يشاهد التليفزيون
yushaahid at-tileefizyon
watch television (v)

يقفل التليفزيون
yuqfil at-tileefizyon
turn the television off (v)

يضبط الراديو
yaDbiT ar-raadyo
tune the radio (v)

يُغير القناة
yughayyir al-qanaah
change channel (v)

يشغل التليفزيون
yushaghghil at-tileefizyon
turn the television on (v)

قناة الدفع لقاء كل مشاهدة
qanaat ad-dafa liqaa' kull mushaahada
pay per view channel

التصوير at-taSweer • **photography**

عداد صور
Aaddaad Suwar
frame counter

فلاش
flaash
flash

تحكم في الفتحة
taHakkum fil-fatHa
aperture dial

مرشح
murashshiH
filter

تحرير مغلاق العدسة
taHreer mighlaaq al-Aadasa
shutter release

غطاء عدسة
ghaTaa' Aadasa
lens cap

عدسة
Aadasa
lens

تحكم في سرعة المغلاق
taHakkum fee surAat
al-mighlaaq
shutter-speed dial

SLR كاميرا kameera SLR | **SLR camera**

فلاش منفصل
flaash munfaSil
flash gun

عداد الضوء
Aaddaad aD-Daw'
lightmeter

عدسة تزويم
Aadasat tazweem
zoom lens

حامل ثلاثي
Haamil thulaathee
tripod

أنواع الكاميرات anwaaA al-kameeraat • **types of camera**

كاميرا رقمية
kameera raqameeya
digital camera

كاميرا بمنظومة التصوير المتقدم
kameera bi-manZoomat
at-taSweer al-mutaqaddim
APS camera

كاميرا فورية
kameera fawreeya
instant camera

كاميرا للرمي
kameera lir-ramy
disposable camera

يصور yuSawwir • photograph (v)

بكرة فيلم
bakarat film
film spool

فيلم
film
film

يضبط البؤرة
yaDbiT al-bu'ra
focus (v)

يحمض
yuHammiD
develop (v)

صورة سلبية
Soora salbeeya
negative

أفقي
ufuqee
landscape

رأسي
ra'see
portrait

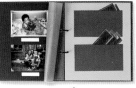

صورة Soora | **photograph**

ألبوم صور
alboom Suwar
photo album

إطار صورة
iTaar Soora
photo frame

المشاكل al-mashaakil • problems

لم يتعرض لضوء كاف
lam yataAarraD li-Daw' kaafin
underexposed

تعرض لضوء أكثر من اللازم
taAarraD li-Daw' akthar min
al-laazim | **overexposed**

ببؤرة خاطئة
bi-bu'ra khaaTi'a
out of focus

عين حمراء
Aayn Hamraa'
red eye

المفردات al-mufradaat • vocabulary

رؤية المنظر
ru'yat al-manzar
viewfinder

طبع
TabA
print

حقيبة كاميرا
Haqeebat kameera
camera case

غير لامع
ghayr laamiA
matte

تعرض للضوء
taAarruD liD-Daw'
exposure

لامع
laamiA
gloss

غرفة مظلمة
ghurfa muzlima
darkroom

تكبير
takbeer
enlargement

أريد طبع هذا الفيلم.
ureed TabA haadha l-film.
I'd like this film processed.

اللُّعب al-luAab · games

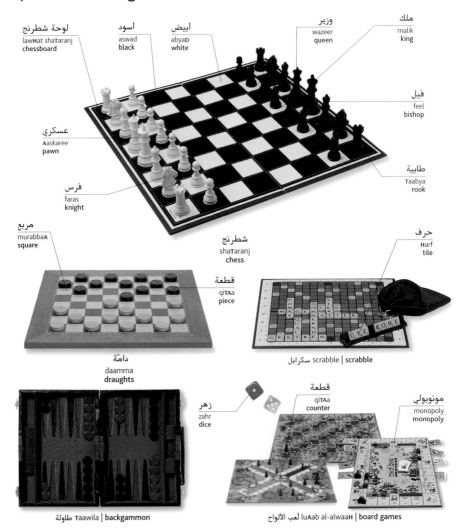

لوحة شطرنج
lawHat shaTaranj
chessboard

أسود
aswad
black

أبيض
abyaD
white

وزير
wazeer
queen

ملك
malik
king

عسكري
Aaskaree
pawn

فيل
feel
bishop

فرس
faras
knight

طابية
Taabya
rook

مربع
murabbaA
square

شطرنج
shaTaranj
chess

حرف
Harf
tile

قطعة
qiTaa
piece

دامّة
daamma
draughts

سكرابل scrabble | **scrabble**

زهر
zahr
dice

قطعة
qiTaa
counter

مونوبولي
monopoly
monopoly

طاولة Taawila | **backgammon**

لعب الألواح luAab al-alwaaH | **board games**

جمع الطوابع jamA aT-TawaabiA
stamp collecting

أحجية صور مقسمة aHjiyat Suwar
muqassama | jigsaw puzzle

دومينو doomeeno
dominoes

لوحة سهام بريشة
lawHat sihaam
bi-reesha
dartboard

ضربة في الصميم
Darba fis-Sameem
bullseye

سهام بريشة sihaam
bi-reesha | darts

جوكر
jokar
joker

ولد
walad
jack

بنت
bint
queen

شائب
shaa'ib
king

أص
aas
ace

ورق لعب waraq laAib | cards

ديناري
deenaaree
diamond

بستوني
bastoonee
spade

قلب
qalb
heart

اسباتي
asbaatee
club

يخلط yukhalliT | shuffle (v)

يوزع yuwazziA | deal (v)

المفردات al-mufradaat • vocabulary

حركة Haraka move	يفوز yafooz win (v)	خاسر khaasir loser	نقطة nuqTa point	بريدج breedj bridge	ارمي الزهر. irmee az-zahr. Roll the dice.
يلعب yalAab play (v)	فائز faa'iz winner	لعبة luAba game	نتيجة nateeja score	طقم ورق اللعب Taqm waraq al-laAib pack of cards	من عليه الدور؟ man Aalayhi ad-door? Whose turn is it?
لاعب laAaib player	يخسر yakhsar lose (v)	رهان rihaan bet	بوكر poker poker	نقش واحد naqsh waaHid suit	الدور عليك. ad-door Aalayk(i). It's your move.

الفنون والحِرف ١ al-funoon wal-Hiraf waaHid • arts and crafts 1

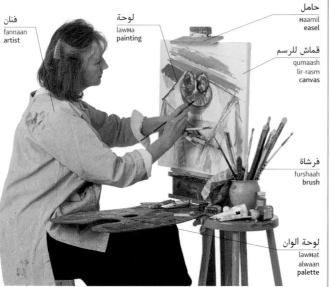

فنان
fannaan
artist
لوحة
lawHa
painting
حامل
Haamil
easel
قماش للرسم
qumaash
lir-rasm
canvas
فرشاة
furshaah
brush
لوحة ألوان
lawHat
alwaan
palette

رسم وتلوين صور فنية rasm wa-talween suwar fanneeya | **painting**

ألوان alwaan • colours

احمر aHmar | **red**	أزرق azraq | **blue**	اصفر asfar | **yellow**	اخضر akhDar | **green**
برتقالي burtuqaalee **orange**	أرجواني urjoowaanee **purple**	ابيض abyaD | **white**	أسود aswad | **black**
رمادي ramaadee | **grey**	وردي wardee | **pink**	بني bunnee | **brown**	نيلي neelee | **indigo**

الألوان al-alwaan • paints

ألوان زيتية
alwaan zayteeya
oil paints

ألوان مائية
alwaan maa'eeya
watercolour paints

بستيل
bastel
pastels

ألوان أكريلية
alwaan akreeleeya
acrylic paint

ألوان برابط صمغي
alwaan bi-raabiT samghee
poster paint

الحِرف الأخرى al-Hiraf al-ukhra • other crafts

كراسة رسم تخطيطي
kuraasat rasm takhTeeTee
sketch pad

تخطيط
takhTeeT
sketch

حبر
Hibr
ink

قلم رصاص
qalam raSaaS
pencil

فحم
faHm
charcoal

رسم rasm | **drawing**

طبع TabA | **printing**

حفر Hafr | **engraving**

حجر
Hajar
stone

مطرقة
miTraqa
mallet

إزميل
izmeel
chisel

خشب
khashab
wood

أداة تشكيل
adaat tashkeel
modelling tool

دولاب خزاف
doolaab khazzaaf
potter's wheel

نحت
naHt
sculpting

تشكيل الخشب
tashkeel al-khashab
woodworking

صلصال
salSaal
clay

صمغ
Samgh
glue

كرتون
karton
cardboard

كولاج kolaaj | **collage**

مصنع خزف maSnaA khazaf | **pottery**

صناعة المجوهرات
SinaaAat al-mujawharaat
jewellery making

ورق كوريشة
waraq kooreysha
papier-mâché

طي الورق
Tayy al-waraq
origami

عمل نماذج
Aamal namaadhij
model making

الفنون والحرف ٢ al-funoon wal-Hiraf ithnaan • arts and crafts 2

مرشد الخيط
murshid al-khayT
thread guide

بكرة الخيط
bakarat al-khayT
thread reel

إبرة
ibra
needle

ضاغط النسيج
DaaghiT an-naseej
presser foot

عجلة التوازن
Aajalat at-tawaazun
balance wheel

صحن الإبرة
SaHn al-ibra
needle plate

مفاتيح اختيار الغرزة
mafaateeH ikhtiyaar al-ghorza
stitch selector

ماكينة خياطة makeenat khiyaaTa | **sewing machine**

مقص
miqaSS
scissors

نموذج
numoodhaj
pattern

مدبسة
madbasa
pincushion

شريط قياس
shareeT qiyaas
tape measure

قماش
qumaash
material

دبوس
dabboos
pin

سلة خياطة sallat khiyaaTa
sewing basket

بكرة
bakara
bobbin

خيط
khayT
thread

فتحة
fatHa
eye

خطاف
khuTTaaf
hook

كشتبان
kushtubaan
thimble

طباشير ترزي
Tabaasheer tarzee
tailor's chalk

دمية ترزي
dumyat tarzee
tailor's dummy

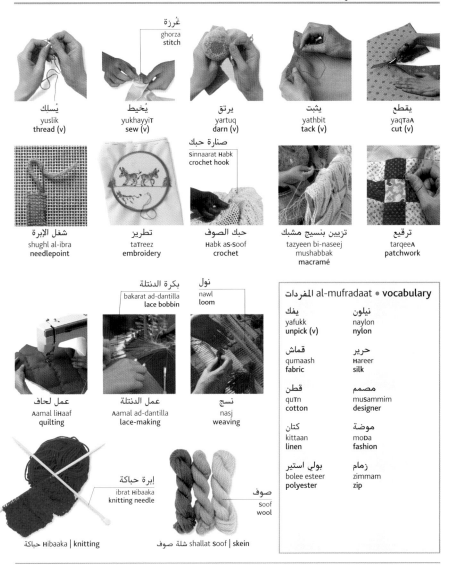

غُرزة
ghorza
stitch

يُسلِك
yuslik
thread (v)

يُخيط
yukhayyiT
sew (v)

يرتق
yartuq
darn (v)

يثبت
yathbit
tack (v)

يقطع
yaqTaA
cut (v)

صنارة حبك
Sinnaarat Habk
crochet hook

شغل الإبرة
shughl al-ibra
needlepoint

تطريز
taTreez
embroidery

حبك الصوف
Habk aS-Soof
crochet

تزيين بنسيج مشبك
tazyeen bi-naseej mushabbak
macramé

ترقيع
tarqeeA
patchwork

بكرة الدنتلة
bakarat ad-dantilla
lace bobbin

نول
nawl
loom

عمل لحاف
Aamal liHaaf
quilting

عمل الدنتلة
Aamal ad-dantilla
lace-making

نسج
nasj
weaving

إبرة حباكة
ibrat Hibaaka
knitting needle

حباكة Hibaaka | **knitting**

صوف
Soof
wool

شلة صوف shallat Soof | **skein**

المفردات al-mufradaat • vocabulary

يفك yafukk **unpick (v)**	نيلون naylon **nylon**
قماش qumaash **fabric**	حرير Hareer **silk**
قطن quTn **cotton**	مصمم muSammim **designer**
كتان kittaan **linen**	موضة moDa **fashion**
بولي استير bolee esteer **polyester**	زمام zimmam **zip**

البيئة al-bee'a
environment

الفضاء al-faDaa' • space

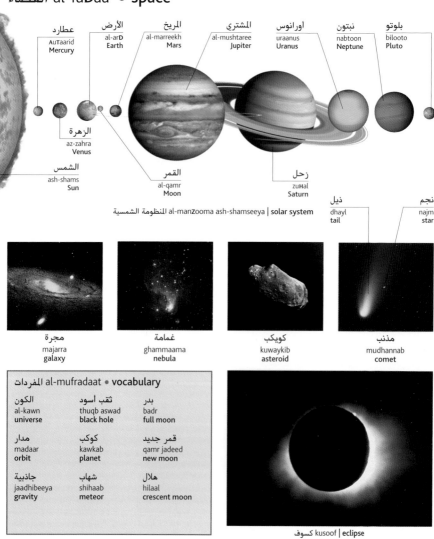

عطارد
AuTaarid
Mercury
الأرض
al-arD
Earth
المريخ
al-marreekh
Mars
المشتري
al-mushtaree
Jupiter
أورانوس
uraanus
Uranus
نبتون
nabtoon
Neptune
بلوتو
bilooto
Pluto
الزهرة
az-zahra
Venus
الشمس
ash-shams
Sun
القمر
al-qamr
Moon
زحل
zuHal
Saturn

المنظومة الشمسية al-manzooma ash-shamseeya | **solar system**

مجرة
majarra
galaxy

غمامة
ghammaama
nebula

كويكب
kuwaykib
asteroid

ذيل
dhayl
tail
نجم
najm
star

مذنب
mudhannab
comet

المفردات al-mufradaat • vocabulary

الكون al-kawn **universe**	ثقب أسود thuqb aswad **black hole**	بدر badr **full moon**
مدار madaar **orbit**	كوكب kawkab **planet**	قمر جديد qamr jadeed **new moon**
جاذبية jaadhibeeya **gravity**	شهاب shihaab **meteor**	هلال hilaal **crescent moon**

كسوف kusoof | **eclipse**

ارتياد الفضاء irtiyaad al-faDaa' • space exploration

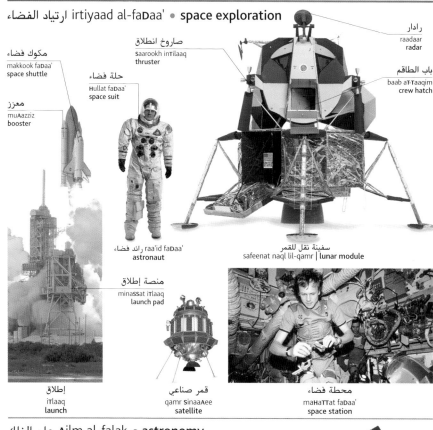

رادار
raadaar
radar

مكوك فضاء
makkook faDaa'
space shuttle

صاروخ انطلاق
Saarookh inTilaaq
thruster

باب الطاقم
baab aT-Taaqim
crew hatch

معزز
muAazziz
booster

حلة فضاء
Hullat faDaa'
space suit

رائد فضاء raa'id faDaa'
astronaut

سفينة نقل للقمر
safeenat naql lil-qamr | lunar module

منصة إطلاق
minaSSat iTlaaq
launch pad

إطلاق
iTlaaq
launch

قمر صناعي
qamr SinaaAee
satellite

محطة فضاء
maHaTTat faDaa'
space station

علم الفلك Ailm al-falak • astronomy

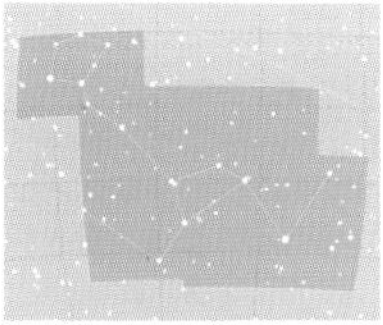

مجموعة من النجوم
majmooAa min an-nujoom
constellation

ناظور مزدوج
naaZoor muzdawij
binoculars

تلسكوب
tiliskob
telescope

حامل ثلاثي
Haamil thulaathee
tripod

الكرة الأرضية al-kura al-arDeeya • Earth

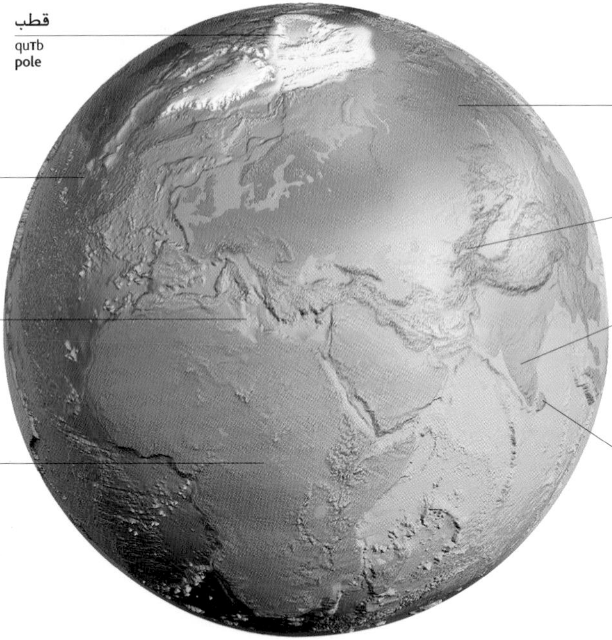

قطب
quTb
pole

أرض
arD
land

محيط
muHeet
ocean

سلسلة جبال
silsilat jibaal
mountain range

شبه جزيرة
shibh jazeera
peninsula

بحر
baHr
sea

جزيرة
jazeera
island

قارة
qaara
continent

غلاف جوي
ghilaaf jawwee
atmosphere

قشرة أرضية
qishra arDeeya
crust

حجاب
Hijaab
mantle

نواة داخلية
nawaah
daakhileeya
inner core

لب خارجي
lubb khaarijee
outer core

كوكب kawkab | planet

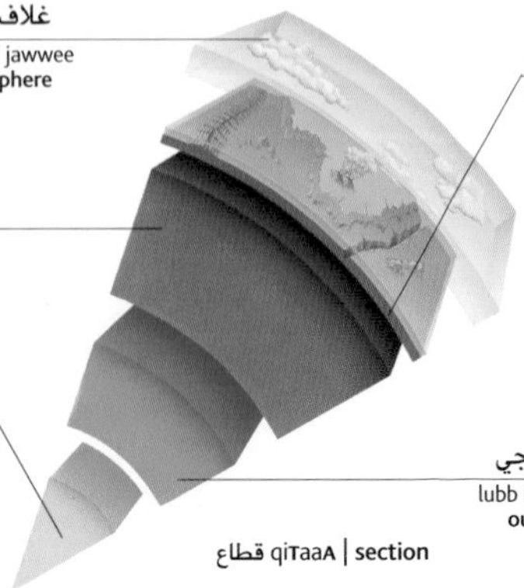

قطاع qiTaaA | section

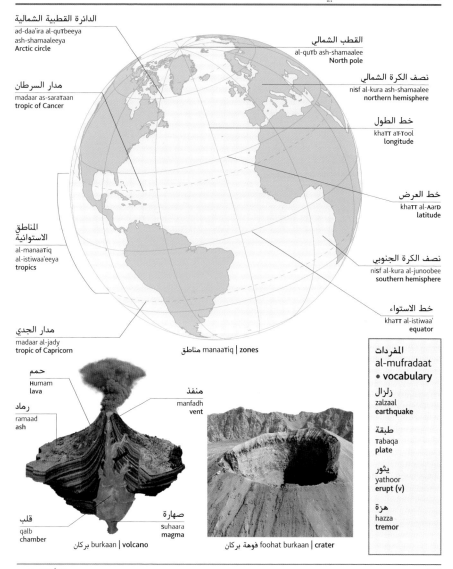

الدائرة القطبية الشمالية
ad-daa'ira al-quтbeeya
ash-shamaaleeya
Arctic circle

القطب الشمالي
al-quтb ash-shamaalee
North pole

نصف الكرة الشمالي
nisf al-kura ash-shamaalee
northern hemisphere

مدار السرطان
madaar as-saraтaan
tropic of Cancer

خط الطول
khaтт aт-тool
longitude

خط العرض
khaтт al-AarD
latitude

نصف الكرة الجنوبي
nisf al-kura al-junoobee
southern hemisphere

المناطق الاستوائية
al-manaaтiq al-istiwaa'eeya
tropics

خط الاستواء
khaтт al-istiwaa'
equator

مدار الجدي
madaar al-jady
tropic of Capricorn

مناطق manaaтiq | **zones**

حمم
Humam
lava

منفذ
manfadh
vent

رماد
ramaad
ash

قلب
qalb
chamber

صهارة
Suhaara
magma

بركان burkaan | **volcano**

فوهة بركان foohat burkaan | **crater**

المفردات
al-mufradaat
• **vocabulary**

زلزال
zalzaal
earthquake

طبقة
тabaqa
plate

يثور
yathoor
erupt (v)

هزة
hazza
tremor

المناظر الطبيعية al-manaazir aT-TabeeAeeya • landscape

جبل
jabal
mountain

منحدر
munHadar
slope

ضفة
Daffa
bank

نهر
nahr
river

منحدر نهري
munHadar nahree
rapids

صخور
sukhoor
rocks

نهر جليدي
nahr jaleedee
glacier

واد waadin | **valley**

تل
tall
hill

هضبة
haDba
plateau

ممر جبلي
mamarr jabalee
gorge

كهف
kahf
cave

سهل sahl | **plain**

صحراء saHraa' | **desert**

غابة ghaaba | **forest**

غابة صغيرة
ghaaba Sagheera | **wood**

أدغال
adghaal
rainforest

مستنقع
mustanqaA
swamp

مرج
marj
meadow

مراع
maraaAin
grassland

شلال
shallaal
waterfall

جدول
jadwal
stream

بحيرة
buHayra
lake

حمة
Hamma
geyser

ساحل
saaHil
coast

جرف
jurf
cliff

حيد مرجاني
Hayd marjaanee
coral reef

مصب النهر
maSabb an-nahr
estuary

الجو al-jaww • weather

طبقة إكسوسفير
Tabaqat iksosfeer
exosphere
شفق
shafaq
aurora
طبقة ثيرموسفير
Tabaqat theermosfeer
thermosphere
الغلاف الأيوني
al-ghilaaf al-ayoonee
ionosphere
طبقة ميسوسفير
Tabaqat meesosfeer
mesosphere
أشعة فوق البنفسجية
ashiAAa fawq
al-banafsijeeya
ultraviolet rays
طبقة ستراتوسفير
Tabaqat straatosfeer
stratosphere
طبقة أوزون
Tabaqat ozohn
ozone layer
طبقة تروبوسفير
Tabaqat tirobosfeer
troposphere

الغلاف الجوي
al-ghilaaf al-jawwee | **atmosphere**

ضوء الشمس Daw' ash-shams | **sunshine**

هواء hawaa' | **wind**

المفردات al-mufradaat • vocabulary

مطر متجمد maTar mutajammad **sleet**	وابل من المطر waabil min al-maTar **shower**	حار Haarr **hot**	جاف jaaff **dry**	كثير الرياح katheer ar-riyaaH **windy**
برد barad **hail**	مشمس mushmis **sunny**	بارد baarid **cold**	ممطر mumTir **wet**	عاصفة AaaSifa **gale**
رعد raAd **thunder**	غائم ghaa'im **cloudy**	دافئ daafi' **warm**	رطب raTib **humid**	درجة الحرارة darajat al-Haraara **temperature**

أشعر بالحر/بالبرد.
ashAur bil-Harr/bil-bard.
I'm hot/cold.

المطر يتساقط.
al-maTar yatasaaqaT.
It's raining.

درجة الحرارة...
darajat al-Haraara...
It's ... degrees.

سحاب saHaab | **cloud**

مطر maTar | **rain**

برق
barq
lightning

عاصفة AaaSifa | **storm**

ضباب Dabaab | **mist**

ضباب كثيف Dabaab katheef | **fog**

قوس قزح qaws quzaHa | **rainbow**

ثلج thalj | **snow**

صقيع SaqeeA | **frost**

جليد jaleed | **ice**

صوابة جليد
Sawwaabat jaleed
icicle

تجمد tajammud | **freeze**

إعصار iASaar | **hurricane**

زوبعة zawbaAa
tornado

رياح موسمية
riyaaH mawsimeeya
monsoon

فيضان fayaDaan | **flood**

الصخور aS-Sukhoor • rocks

البركانية al-burkaaneeya • igneous

جرانيت
garaaneet
granite

حجر السبج
Hajar as-sabaj
obsidian

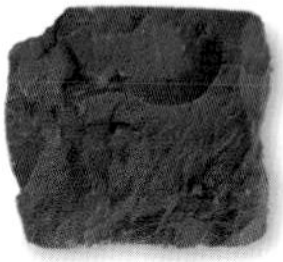

بازلت
baazalt
basalt

خفاف
khafaaf
pumice

الرسوبية ar-rusoobeeya • sedimentary

حجر رملي
Hajar ramlee
sandstone

حجر جيري
Hajar jeeree
limestone

طباشير
Tabaasheer
chalk

قداح
qaddaaH
flint

كتلة صخرية
kutla Sakhareeya
conglomerate

فحم
faHm
coal

المتحولة al-mutaHawalla • metamorphic

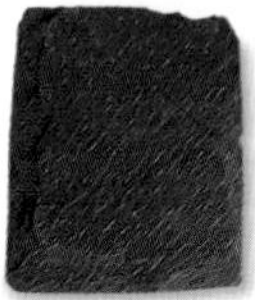

أردواز
ardawaaz
slate

شست
shast
schist

صواني
Sawwaanee
gneiss

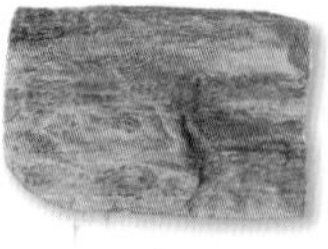

رخام
rukhaam
marble

الأحجار الكريمة al-aHjaar al-kareema • gems

ياقوت احمر yaaqoot aHmar **ruby**

أمثست amathist **amethyst**

سبج sabaj **jet**

أوبال oobaal **opal**

حجر القمر Hajar al-qamr **moonstone**

عقيق Aaqeeq **garnet**

ماس maas **diamond**

توباز toobaaz **topaz**

زبرجد zabarjad **aquamarine**

يشم yashm **jade**

زمرد zumurrud **emerald**

ياقوت yaaqoot **sapphire**

ترمالين turmaaleen **tourmaline**

الصخور المعدنية aS-Sukoor al-miAdaneeya • minerals

كوارتز
kwaartz
quartz

ميكة
meeka
mica

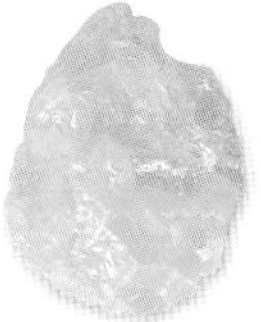

كبريت
kibreet
sulphur

حجر الدم
Hajar ad-dam
hematite

كالسيت
kaalseet
calcite

ملكيت
malakeet
malachite

فيروز
fayrooz
turquoise

عقيق يماني
Aaqeeq yamaanee
onyx

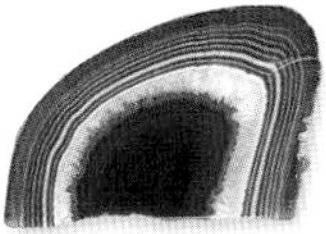

عقيق
Aaqeeq
agate

جرافيت
graafayt
graphite

المعادن al-maAaadin • metals

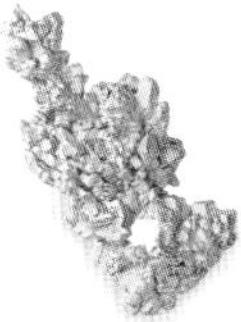

ذهب
dhahab
gold

فضة
fiDDa
silver

بلاتين
balaateen
platinum

نيكل
neekal
nickel

حديد
Hadeed
iron

نحاس
naHaas
copper

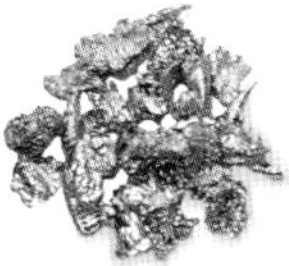

قصدير
qaSdeer
tin

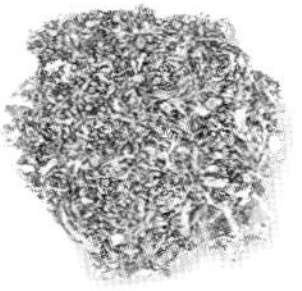

ألومنيوم
aloominyom
aluminium

زئبق
zi'baq
mercury

زنك
zink
zinc

الحيوانات ١ al-Hayawaanaat waaHid • animals 1

الثدييات ath-thadeeyaat • mammals

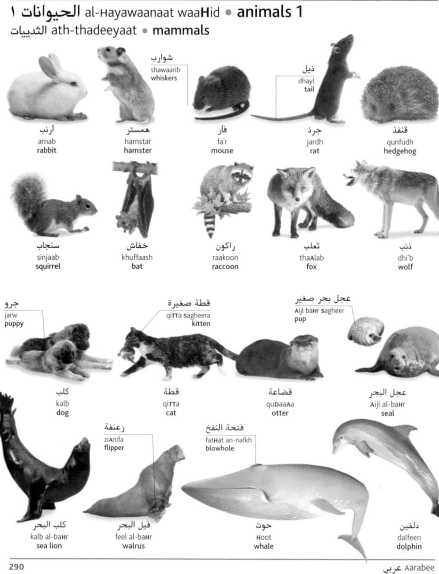

شوارب
shawaarib
whiskers
ذيل
dhayl
tail

أرنب
arnab
rabbit

همستر
hamstar
hamster

فأر
fa'r
mouse

جرذ
jardh
rat

قنفذ
qunfudh
hedgehog

سنجاب
sinjaab
squirrel

خفاش
khuffaash
bat

راكون
raakoon
raccoon

ثعلب
thaAlab
fox

ذئب
dhi'b
wolf

جرو
jarw
puppy
قطة صغيرة
qiTTa Sagheera
kitten
عجل بحر صغير
Aijl baHr Sagheer
pup

كلب
kalb
dog

قطة
qiTTa
cat

قضاعة
quDaaAa
otter

عجل البحر
Aijl al-baHr
seal

زعنفة
ziAnifa
flipper
فتحة النفخ
fatHat an-nafkh
blowhole

كلب البحر
kalb al-baHr
sea lion

فيل البحر
feel al-baHr
walrus

حوت
Hoot
whale

دلفين
dalfeen
dolphin

قرن الوعل
qarn al-waAl
antler

عُرف
Aurf
mane

حافر
Haafir
hoof

سنام
sanaam
hump

غزال
ghazzaal
deer

حمار وحشي
Himaar waHshee
zebra

زرافة
zarraafa
giraffe

جمل
jamal
camel

خرطوم
kharтoom
trunk

ناب
naab
tusk

قرن
qarn
horn

فرس البحر
faras al-baHr
hippopotamus

فيل
feel
elephant

وحيد القرن
waHeed al-qarn
rhinoceros

نمر
nimr
tiger

عُرف
Aurf
mane

أسد
asad
lion

قرد
qird
monkey

غوريللا
ghorilla
gorilla

دب الشجر
dubb ash-shajar
koala

جراب
jarraab
pouch

بندة
banda
panda

كنغر
kanghar
kangaroo

دب
dubb
bear

مخلب
mikhlab
claw

دب قطبي
dubb quтbee
polar bear

الحيوانات ٢ al-Hayawaanaat ithnaan • **animals 2**
الطيور aT-Tuyoor • **birds**

ذيل
dhayl
tail

كناري
kanaaree
canary

عصفور
AaSfoor
sparrow

طنان
Tannaan
hummingbird

خطاف
khuTaaf
swallow

غراب
ghuraab
crow

حمامة
Hamaama
pigeon

نقار
naqqaar
woodpecker

صقر
Saqr
falcon

بومة
booma
owl

نورس
nawras
gull

نسر
nisr
eagle

بجعة
bajaAa
pelican

بشروس
basharoos
flamingo

لقلاق
laqlaaq
stork

كركي
kurkee
crane

بطريق
biTreeq
penguin

نعامة
naAaama
ostrich

الزواحف al-zawaaHif • reptiles

حراشف
Haraashif
scales

تمساح أمريكي
timsaaH amreekee
alligator

ورة wazza | **goose**

بجعة
bajAa
swan

طاووس
Taawoos
peacock

تدرج
tadruj
pheasant

سحلية
siHleeya
lizard

إجوانة
igwaana
iguana

ترس
turs
shell

ديك رومي
deek roomee
turkey

سلحفاة بحرية
sulaHfaah baHreeya
turtle

سلحفاة
sulaHfaah
tortoise

ككاتوه
kakaatoo
cockatoo

منقار
minqaar
bill

ريشة
reesha
feather

جناح
jinaaH
wing

ثعبان
thuAbaan
snake

مخلب
mikhlab
claw

خطم
khaTm
snout

ببغاء
babaghaa'
parrot

تمساح
timsaaH
crocodile

الحيوانات ٣ al-Hayawaanaat thalaatha • animals 3

البرمائيات al-barmaa'eeyaat • amphibians

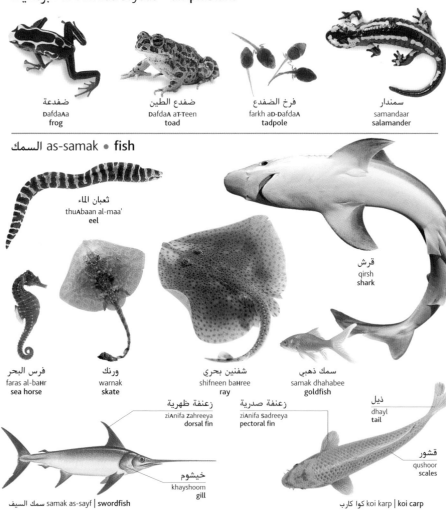

ضفدعة
DafdaAa
frog

ضفدع الطين
DafdaA aT-Teen
toad

فرخ الضفدع
farkh aD-DafdaA
tadpole

سمندار
samandaar
salamander

السمك as-samak • fish

ثعبان الماء
thuAbaan al-maa'
eel

قرش
qirsh
shark

فرس البحر
faras al-baHr
sea horse

ورنك
warnak
skate

شفنين بحري
shifneen baHree
ray

سمك ذهبي
samak dhahabee
goldfish

زعنفة ظهرية
ziAnifa Zahreeya
dorsal fin
خيشوم
khayshoom
gill

سمك السيف samak as-sayf | **swordfish**

زعنفة صدرية
ziAnifa Sadreeya
pectoral fin
ذيل
dhayl
tail
قشور
qushoor
scales

كوا كارب koi karp | **koi carp**

اللافقريات al-laafaqreeyaat • invertebrates

نملة
namla
ant

نمل أبيض
naml abyaD
termite

نحلة
naHla
bee

دبور
dabboor
wasp

خنفساء
khunfusaa'
beetle

صرصار
Sarsaar
cockroach

عثة
Auththa
moth

قرن استشعار
qarn istishAaar
antenna

فراشة
faraasha
butterfly

شرنقة
sharnaqa
cocoon

يسروع
yusrooA
caterpillar

صرصر SurSur | **cricket**

جندب
jundub
grasshopper

فرس النبي
faras an-nabee
praying mantis

لدغة
ladgha
sting

عقرب
Aaqrab
scorpion

أم أربعة وأربعين
umm arbaAa wa-arbaAeen
centipede

يعسوب
yaAsoob
dragonfly

ذبابة
dhubaaba
fly

بعوضة
baAooDa
mosquito

دعسوقة
daAsooqa
ladybird

عنكبوت
Aankaboot
spider

بزّاق
bazzaaq
slug

حلزون
Halazoon
snail

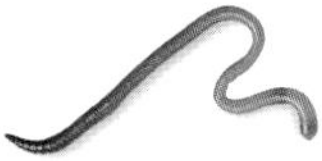

دودة dooda | **worm**

نجم البحر
najm al-baHr
starfish

بلح البحر
balaH al-baHr
mussel

سرطان البحر
saraTaan al-baHr | **crab**

جراد البحر
jarraad al-baHr | **lobster**

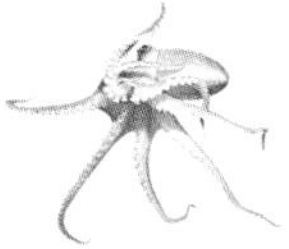

إخطبوط
ikhTabooT | **octopus**

حبار
Habbaar | **squid**

قنديل البحر
qindeel al-baHr | **jellyfish**

النباتات an-nabataat • plants

شجرة shajara • tree

فرع
farA
branch
لحاء
liHaa'
bark
جذر
jadhr
root
جذع
jidhA
trunk

بلوط balloot | oak

ورقة
waraqa
leaf
غصن
ghuSn
twig

صفصاف
SafSaaf
willow

حور
Hawar
poplar

أوكالبتوس
ukaalibtoos
eucalyptus

أرزية
arzeeya
larch

زان
zaan
beech

بتولا
batoolaa
birch

صنوبر
Sanawbar
pine

أرز
arz
cedar

قيقب
qayqab
maple

شجرة البق
shajarat al-baqq
elm

زيزفون
zayzafoon
lime

توت
toot
berry

بهشية
bahsheeya
holly

نخل
nakhl
palm

النباتات المزهرة an-nabataat al-muzhira • flowering plants

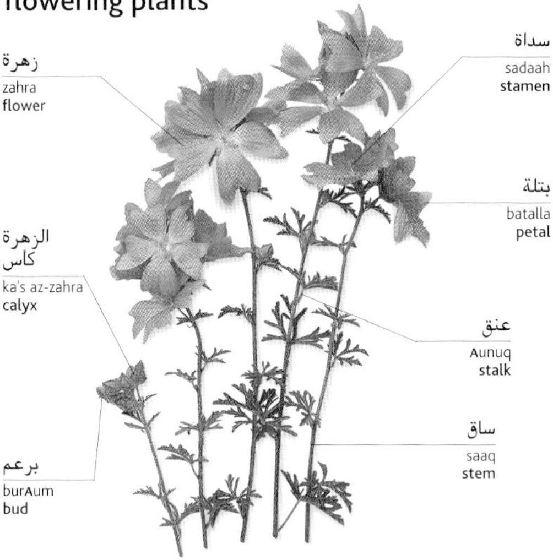

زهرة
zahra
flower
سداة
sadaah
stamen
بتلة
batalla
petal
كأس الزهرة
ka's az-zahra
calyx
عنق
Aunuq
stalk
ساق
saaq
stem
برعم
burAum
bud

حوذان
Hawdhaan
buttercup

لؤلؤية
lu'lu'eeya
daisy

نبات شائك
nabaat shaa'ik
thistle

طرخشقون
Tarakhshqoon
dandelion

خلنج
khalanj
heather

خشخاش
khashkhaash
poppy

قفاز الثعلب
quffaaz ath-thaAlab
foxglove

صريمة الجدي
Sareemat al-jady
honeysuckle

عباد الشمس
Aabbaad ash-shams
sunflower

برسيم
barseem
clover

ياقوتية الكرم
yaaqooteeyat al-karam
bluebells

زهرة الربيع
zahrat ar-rabeeA
primrose

زهرة الترمس
zahrat at-turmus
lupins

قريص
qurrayS
nettle

المدينة al-madeena • town

شارع
shaariA
street

حافة رصيف
Haaffat raseef
kerb

ناصية
naasya
street corner

دكان
dukkaan
shop

تقاطع
taqaaTuA
intersection

اتجاه واحد
ittijaah waaHid
one-way system

رصيف
raseef
pavement

مبنى مكاتب
mabna makaatib
office block

مبنى شقق
mabna shuqaq
apartment
block

مصباح
misbaaH
street light

عامود قصير
Aaamood qaseer
bollard

لافتة
laafita
street sign

موقف سيارات
mawqif sayyaaraat
car park

زقاق
zuqaaq
alley

المباني al-mabaanee • buildings

مبنى البلدية
mabna al-baladeeya
town hall

مكتبة
maktaba
library

سينما
seenima
cinema

مسرح
masraH
theatre

جامعة
jaamiAa
university

مدرسة
madrasa
school

ناطحة سحاب
naaTiHat saHaab
skyscraper

المناطق al-manaaTiq • areas

منطقة صناعية
manTiqa SinaaAeeya
industrial estate

مدينة
madeena
city

ضاحية
DaaHiya
suburb

قرية
qarya
village

المفردات al-mufradaat • vocabulary

نطاق المشاة niTaaq lil-mushaah **pedestrian zone**	شارع جانبي shaariA jaanibee **side street**	جورة joora **manhole**	ميزاب meezaab **gutter**	كنيسة kaneesa **church**
شارع واسع shaariA waasiA **avenue**	ميدان meedaan **square**	موقف حافلات mawqif Haafilaat **bus stop**	مصنع maSnaA **factory**	مصرف maSrif **drain**

الهندسة المعمارية al-handasa al-miAmaareeya • architecture

المباني والهياكل al-mabaanee wal-hayaakil • buildings and structures

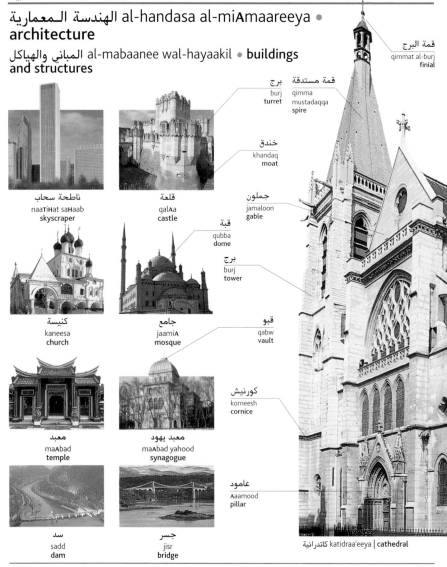

ناطحة سحاب
naaTiHat saHaab
skyscraper

قلعة
qalAa
castle

كنيسة
kaneesa
church

جامع
jaamiA
mosque

معبد
maAbad
temple

معبد يهود
maAbad yahood
synagogue

سد
sadd
dam

جسر
jisr
bridge

برج
burj
turret

خندق
khandaq
moat

جملون
jamaloon
gable

قبة
qubba
dome

برج
burj
tower

قبو
qabw
vault

كورنيش
korneesh
cornice

عامود
Aaamood
pillar

قمة البرج
qimmat al-burj
finial

قمة مستدقة
qimma
mustadaqqa
spire

كاتدرائية katidraa'eeya | **cathedral**

الطرز aT-Turuz • styles

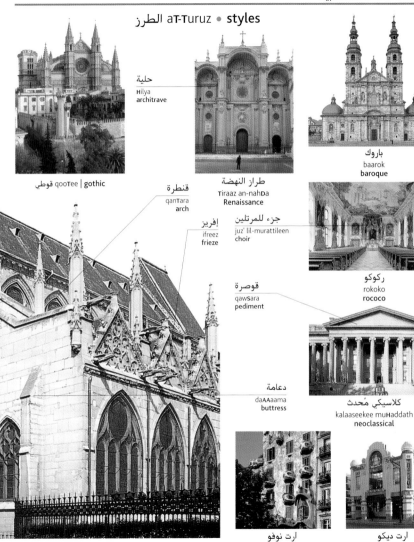

حلية
Hilya
architrave

قوطي qooTee | **gothic**

طراز النهضة
Tiraaz an-nahDa
Renaissance

قنطرة
qanTara
arch

إفريز
ifreez
frieze

جزء للمرتلين
juz' lil-murattileen
choir

قوصرة
qawSara
pediment

دعامة
daAAaama
buttress

باروك
baarok
baroque

ركوكو
rokoko
rococo

كلاسيكي مُحدث
kalaaseekee muHaddath
neoclassical

أرت نوفو
art noofo
art nouveau

أرت ديكو
art deko
art deco

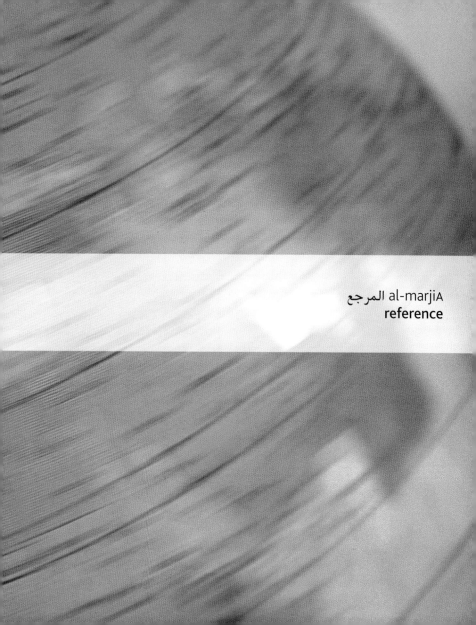

المرجع al-marjiA
reference

الوقت al-waqt • time

عقرب الدقائق
Aaqrab ad-daqaa'iq
minute hand

عقرب الساعات
Aaqrab as-saaAaat
hour hand

المفردات al-mufradaat • vocabulary

ربع ساعة	الآن	ثانية
rubA saaAa	al-aan	thaaniya
a quarter of an hour	now	second

ثلث ساعة	فيما بعد	دقيقة
thulth saaAa	feemaa baAd	daqeeqa
twenty minutes	later	minute

أربعون دقيقة	نصف ساعة	ساعة
arbaAoon daqeeqa	nisf saaAa	saaAa
forty minutes	half an hour	hour

كم الساعة؟
kam as-saaAa?
What time is it?

الساعة الثالثة.
as-saaAa thalaatha.
It's three o'clock.

ساعة حائط
saaAat Haa'iT
clock

عقرب الثواني
Aaqrab
ath-thawaanee
second hand

الواحدة وخمس دقائق
al-waaHida wa-khams daqaa'iq
five past one

الواحدة وعشر دقائق
al-waaHida wa-Aashar daqaa'iq
ten past one

الواحدة والربع
al-waaHida war-rubA
quarter past one

الواحدة والثلث
al-waaHida wath-thulth
twenty past one

الواحدة والنصف إلا خمسة
al-waaHida wan-nisf illa khamsa
twenty five past one

الواحدة والنصف
al-waaHida wan-nisf
one thirty

الواحدة وخمس وثلاثون دقيقة
al-waaHida wa-khams wa-thalaatoon daqeeqa
twenty five to two

الثانية إلا ثلث
ath-thaanya illa thulth
twenty to two

الثانية إلا ربع
ath-thaanya illa rubA
quarter to two

الثانية إلا عشر دقائق
ath-thaanya illa Aashar daqaa'iq
ten to two

الثانية إلا خمس دقائق
ath-thaanya illa khams daqaa'iq
five to two

الثانية بالضبط
ath-thaanya biD-Dabt
two o'clock

الليل والنهار al-layl wan-nahaar • **night and day**

منتصف الليل
muntaSaf al-layl | **midnight**

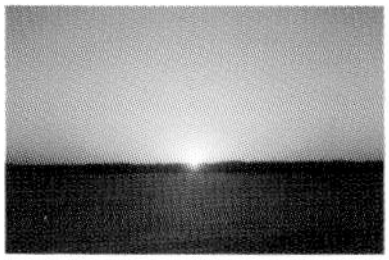

شروق الشمس
shurooq ash-shams | **sunrise**

فجر fajr | **dawn**

صباح SabaaH | **morning**

غروب الشمس
ghuroob ash-shams
sunset

منتصف النهار
muntaSaf an-nahaar
midday

غسق ghasaq | **dusk**

مساء masaa' | **evening**

بعد الظهر baAd az-Zuhr | **afternoon**

المفردات al-mufradaat • **vocabulary**

مبكر mubakkir **early**	أبكرت. abkarta(-ti). **You're early.**	الرجاء الحضور في الموعد. ar-rajaa' al-hudoor fil-mawAid **Please be on time.**	متى ينتهي؟ mata yantahee? **What time does it finish?**
في الموعد fil-mawAid **on time**	تأخرت. ta'akhkharta (-ti). **You're late.**	اراك فيما بعد. araak feemaa baAd. **I'll see you later.**	تأخر الوقت. ta'akhkhar al-waqt. **It's getting late.**
متأخر muta'akhkhir **late**	سوف أكون هناك قريباً. sawfa akoon hunaaka qareeban. **I'll be there soon.**	متى يبدأ؟ mata yabda'? **What time does it start?**	كم سيستغرق؟ kam sa-yastaghriq? **How long will it last?**

التقويم at-taqweem • calendar

شهر
shahr
month

عام
Aaam
year

يناير
yanaayir
January

2010

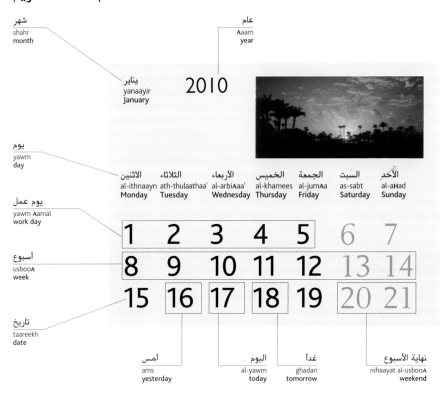

يوم
yawm
day

يوم عمل
yawm Aamal
work day

أسبوع
usbooA
week

تاريخ
taareekh
date

الاثنين al-ithnaayn **Monday**	الثلاثاء ath-thulaathaa' **Tuesday**	الأربعاء al-arbiAaa' **Wednesday**	الخميس al-khamees **Thursday**	الجمعة al-jumAa **Friday**	السبت as-sabt **Saturday**	الأحد al-aHad **Sunday**
1	2	3	4	5	6	7
8	9	10	11	12	13	14
15	16	17	18	19	20	21

أمس
ams
yesterday

اليوم
al-yawm
today

غداً
ghadan
tomorrow

نهاية الأسبوع
nihaayat al-usbooA
weekend

المفردات al-mufradaat • vocabulary

يناير yanaayir **January**	مارس maaris **March**	مايو maayo **May**	يوليو yoolyo **July**	سبتمبر sabtambir **September**	نوفمبر nofambir **November**
فبراير fabraayir **February**	أبريل abreel **April**	يونيو yoonyo **June**	أغسطس aghusTus **August**	أكتوبر uktobir **October**	ديسمبر deesambir **December**

الأعوام al-Aawaam • years

1900 الف وتسعمائة alf wa-tisaAmi'a • nineteen hundred

1901 الف وتسعمائة وواحد alf wa-tisaAmi'a wa-waaHid • nineteen hundred and one

1910 الف وتسعمائة وعشرة alf wa-tisaAmi'a wa-Aashara • nineteen ten

2000 عام الفان Aaam alfaan • two thousand

2001 عام الفان وواحد Aaam alfaan wa-waaHid • two thousand and one

الفصول al-fuSool • seasons

ربيع
rabeeA
spring

صيف
Sayf
summer

خريف
khareef
autumn

شتاء
shitaa'
winter

المفردات al-mufradaat • vocabulary

قرن qarn century	هذا الأسبوع haadha l-usbooA this week	بعد غد baAda ghad the day after tomorrow	ما التاريخ اليوم؟ maa at-taareekh al-yawm? What's the date today?
عقد Aaqd decade	الأسبوع الماضي al-usbooA al-maaDee last week	أسبوعياً usbooAeeyan weekly	اليوم السابع من فبراير. al-yawm as-saabiA min fabraayir. It's February seventh.
الف عام alf Aaam millennium	الأسبوع القادم al-usbooA al-qaadim next week	شهرياً shahreeyan monthly	
أسبوعان usbooAaan fortnight	أول أمس awwal ams the day before yesterday	سنوياً sanaweeyan annual	

الأرقام al-arqaam • numbers

0 صفر sifr • **zero**
1 واحد waaHid • **one**
2 اثنان ithnaan • **two**
3 ثلاثة thalaatha • **three**
4 اربعة arbaAa • **four**
5 خمسة khamsa • **five**
6 ستة sitta • **six**
7 سبعة sabAa • **seven**
8 ثمانية thamaanya • **eight**
9 تسعة tisAa • **nine**
10 عشرة Aashara • **ten**
11 احد عشر aHad Aashar • **eleven**
12 اثنا عشر ithnaa Aashar • **twelve**
13 ثلاثة عشر thalaathat Aashar • **thirteen**
14 أربعة عشر arbaAat Aashar • **fourteen**
15 خمسة عشر khamsat Aashar • **fifteen**
16 ستة عشر sittat Aashar • **sixteen**
17 سبعة عشر sabAat Aashar • **seventeen**
18 ثمانية عشر thamaanyat Aashar • **eighteen**
19 تسعة عشر tisAat Aashar • **nineteen**
20 عشرون Aishroon • **twenty**
21 واحد وعشرون waaHid wa-Aishroon • **twenty-one**
22 اثنان وعشرون ithnaan wa-Aishroon • **twenty-two**
30 ثلاثون thalaathoon • **thirty**
40 اربعون arbaAoon • **forty**
50 خمسون khamsoon • **fifty**
60 ستون sittoon • **sixty**
70 سبعون sabAoon • **seventy**
80 ثمانون thamaanoon • **eighty**
90 تسعون tisAoon • **ninety**
100 مائة mi'a • **one hundred**
110 مائة وعشرة mi'a wa-Aashara • **one hundred and ten**
200 مائتان mi'ataan • **two hundred**
300 ثلاثمائة thalaathumi'a • **three hundred**
400 أربعمائة arbaAumi'a • **four hundred**
500 خمسمائة khamsumi'a • **five hundred**
600 ستمائة sittumi'a • **six hundred**
700 سبعمائة sabAumi'a • **seven hundred**
800 ثمانمائة thamaanumi'a • **eight hundred**
900 تسعمائة tisAumi'a • **nine hundred**

1000 الف alf • **one thousand**

10,000 عشرة الاف Aasharat aalaaf • **ten thousand**

20,000 عشرون ألف Aishroon alf • **twenty thousand**

50,000 خمسون ألف khamsoon alf • **fifty thousand**

55,500 خمسة وخمسون ألف وخمسمائة khamsa wa-khamsoon alf wa-khamsami'a • **fifty-five thousand five hundred**

100,000 مائة ألف mi'at alf • **one hundred thousand**

1,000,000 مليون milyoon • **one million**

1,000,000,000 بليون bilyoon • **one billion**

أول
awwal
first
ثان
thaanin
second
ثالث
thaalith
third

رابع raabiA • **fourth**

خامس khaamis • **fifth**

سادس saadis • **sixth**

سابع saabiA • **seventh**

ثامن thaamin • **eighth**

تاسع taasiA • **ninth**

عاشر Aaashir • **tenth**

حادي عشر Haadee Aashar • **eleventh**

ثاني عشر thaanee Aashar • **twelfth**

ثالث عشر thaalith Aashar • **thirteenth**

رابع عشر raabiA Aashar • **fourteenth**

خامس عشر khaamis Aashar • **fifteenth**

سادس عشر saadis Aashar • **sixteenth**

سابع عشر saabiA Aashar • **seventeenth**

ثامن عشر thaamin Aashar • **eighteenth**

تاسع عشر taasiA Aashar • **nineteenth**

العشرون al-Aishroon • **twentieth**

الواحد وعشرون al-waaHid wa-Aishroon • **twenty-first**

ثاني وعشرون thaanee wa-Aishroon • **twenty-second**

ثالث وعشرون thaalith wa-Aishroon • **twenty-third**

الثلاثون ath-thalaathoon • **thirtieth**

الأربعون al-arbaAoon • **fortieth**

الخمسون al-khamsoon • **fiftieth**

الستون al-sittoon • **sixtieth**

السبعون as-sabAoon • **seventieth**

الثمانون ath-thamanoon • **eightieth**

التسعون at-tisAoon • **ninetieth**

المائة al-mi'a • **one hundredth**

الأوزان والمقاييس al-awzaan wal-maqaayees • weights and measures

المساحة al-misaaHa • area

قدم مربع
qadam murabbaA
square foot

متر مربع
metr murabbaA
square metre

المسافة al-masaafa • distance

كيلومتر
keelometr
kilometre

ميل
meel
mile

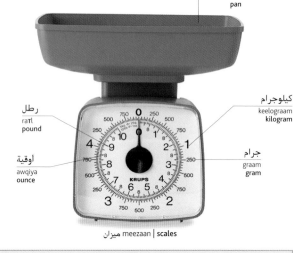

وعاء
wiAaa'
pan

رطل
raTl
pound

كيلوجرام
keelograam
kilogram

أوقية
awqiya
ounce

جرام
graam
gram

ميزان meezaan | scales

المفردات al-mufradaat • vocabulary

ياردة	طن	يقيس
yaarda	Tunn	yaqees
yard	tonne	measure (v)
متر	ملليجرام	يزن
metr	milligraam	yazin
metre	milligram	weigh (v)

الطول aT-Tool • length

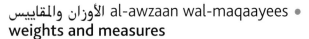

قدم
qadam
foot

ملليمتر
millimetr
millimetre

سنتيمتر
santeemetre
centimetre

بوصة
booSa
inch

السعة as-saAa • capacity

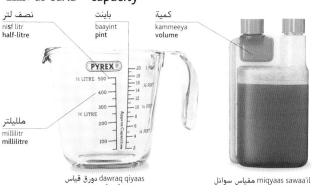

نصف لتر
nisf litr
half-litre

باينت
baayint
pint

كمية
kammeeya
volume

مليلتر
millilitr
millilitre

دورق قياس dawraq qiyaas
measuring jug

مقياس سوائل miqyaas sawaa'il
liquid measure

المفردات al-mufradaat • **vocabulary**

جالون
gaaloon
gallon

ربع غالون
rubA ghaaloon
quart

لتر
litr
litre

الوعاء al-wiAaa' • container

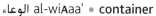

كرتونة
kartona
carton

باكيت
baakeet
packet

زجاجة
zujaaja
bottle

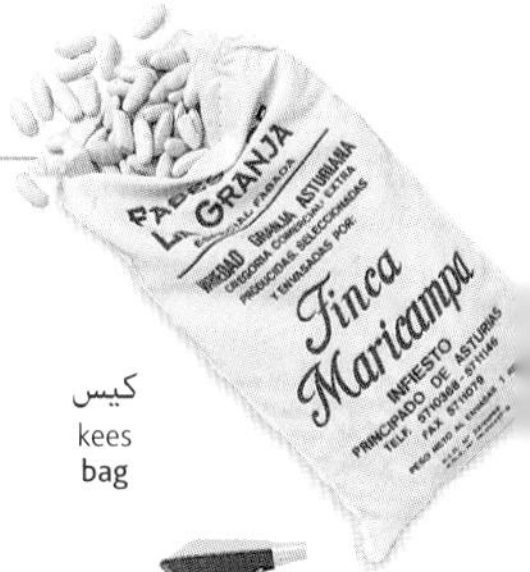

كيس
kees
bag

علبة بلاستيكية
Aulba blaaseekeeya | **tub**

إناء inaa' | **jar**

علبة معدنية
Aulba
miAdaneeya
can

علبة طعام
Aulbat TaAaam | **tin**

رشاشة سوائل rashshaashat sawaa'il
liquid dispenser

قطعة
qiTAa
bar

أنبوبة
anbooba
tube

لفة
laffa
roll

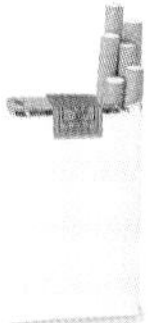

علبة ورقية
Aulba waraqeeya
pack

علبة رش
Aulbat rashsh
spray can

خريطة العالم khareeTat al-Aaalam • **world map**

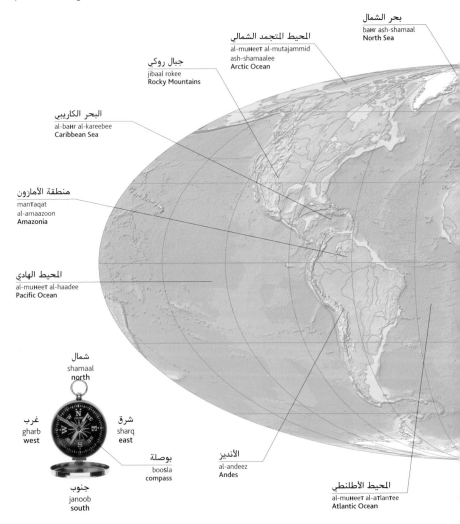

بحر الشمال
baHr ash-shamaal
North Sea

المحيط المتجمد الشمالي
al-muHeeT al-mutajammid
ash-shamaalee
Arctic Ocean

جبال روكي
jibaal rokee
Rocky Mountains

البحر الكاريبي
al-baHr al-kareebee
Caribbean Sea

منطقة الأمازون
manTaqat
al-amaazoon
Amazonia

المحيط الهادي
al-muHeeT al-haadee
Pacific Ocean

شمال
shamaal
north

غرب
gharb
west

شرق
sharq
east

بوصلة
boosla
compass

الأنديز
al-andeez
Andes

المحيط الأطلنطي
al-muHeeT al-aTlanTee
Atlantic Ocean

جنوب
janoob
south

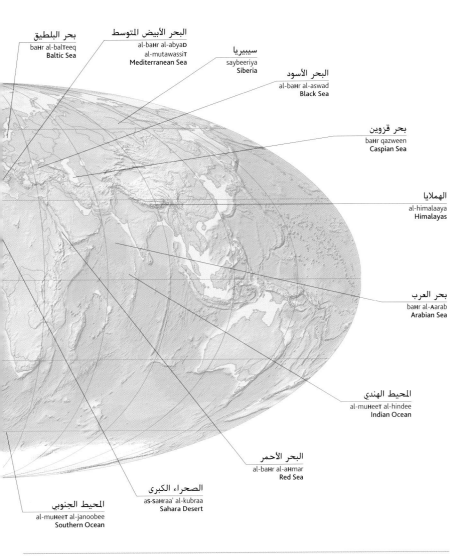

بحر البلطيق
baHr al-balTeeq
Baltic Sea

البحر الأبيض المتوسط
al-baHr al-abyaD
al-mutawassiT
Mediterranean Sea

سيبيريا
saybeeriya
Siberia

البحر الأسود
al-baHr al-aswad
Black Sea

بحر قزوين
baHr qazween
Caspian Sea

الهملايا
al-himalaaya
Himalayas

بحر العرب
baHr al-Aarab
Arabian Sea

المحيط الهندي
al-muHeeT al-hindee
Indian Ocean

البحر الأحمر
al-baHr al-aHmar
Red Sea

الصحراء الكبرى
aS-SaHraa' al-kubraa
Sahara Desert

المحيط الجنوبي
al-muHeeT al-janoobee
Southern Ocean

شمال ووسط أمريكا shamaal wa-wasaT amreeka • North and Central America

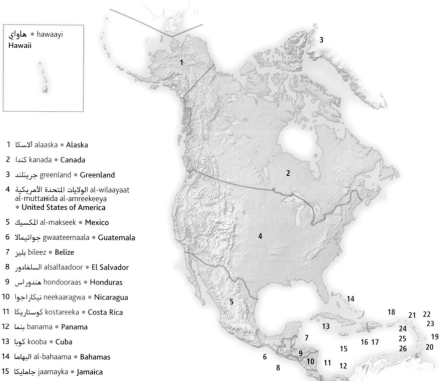

هاواي • hawaayi
Hawaii

1 ألاسكا alaaska • **Alaska**

2 كندا kanada • **Canada**

3 جرينلند greenland • **Greenland**

4 الولايات المتحدة الأمريكية al-wilaayaat al-muttaHida al-amreekeeya • **United States of America**

5 المكسيك al-makseek • **Mexico**

6 جواتيمالا gwaateemaala • **Guatemala**

7 بليز bileez • **Belize**

8 السلفادور alsalfaadoor • **El Salvador**

9 هندوراس hondooraas • **Honduras**

10 نيكاراجوا neekaaragwa • **Nicaragua**

11 كوستاريكا kostareeka • **Costa Rica**

12 بنما banama • **Panama**

13 كوبا kooba • **Cuba**

14 البهاما al-bahaama • **Bahamas**

15 جامايكا jaamayka • **Jamaica**

16 هايتي haaytee • **Haiti**

17 جمهورية دومنيك jumhooreeyat domaneek • **Dominican Republic**

18 بورتوريكو bootoreeko • **Puerto Rico**

19 بربادوس barbaados • **Barbados**

20 ترينيداد وتوباغو trineedaad wa-tobaagho • **Trinidad and Tobago**

21 سانت كيتس ونيفس saant keets wa-neefis • **St. Kitts and Nevis**

22 أنتيغوا وبربودا anteegha wa-barbooda • **Antigua and Barbuda**

23 الدومينيكا ad-domeeneeka • **Dominica**

24 سانت لوتشيا saant lootshya • **St Lucia**

25 سانت فنسنت وجزر غرينادين saant finsant wa-juzur gharinaadeen • **St Vincent and The Grenadines**

26 جرينادا greenaada • **Grenada**

أمريكا الجنوبية amreeka al-janoobeeya • South America

1 فنزويلا fanazwayla • **Venezuela**

2 كولومبيا kolombya • **Colombia**

3 إكوادور ikwaadoor • **Ecuador**

4 بيرو beeroo • **Peru**

5 جزر غلباغس juzur ghalabaaghus • **Galapagos Islands**

6 غيانة ghiyaana • **Guyana**

7 سورينام soreenaam • **Suriname**

8 غيانا الفرنسية ghiyaana al-faranseeya • **French Guiana**

9 البرازيل al-baraazeel • **Brazil**

10 بوليفيا boleefya • **Bolivia**

11 شيلي sheelee • **Chile**

12 الأرجنتين al-arjanteen • **Argentina**

13 بارجواي baragwaay • **Paraguay**

14 أورجواي uragwaay • **Uruguay**

15 جزر الفوكلاند juzur al-fawkland • **Falkland Islands**

المفردات al-mufradaat • vocabulary

بلد balad **country**	مقاطعة muqaaTaAa **province**	منطقة minTaqa **zone**
أمة umma **nation**	أراض araaDin **territory**	حي Hayy **district**
قارة qaara **continent**	مستعمرة mustaAmara **colony**	إقليم iqleem **region**
ولاية wilaaya **state**	إمارة imaara **principality**	عاصمة AaaSima **capital**

أوروبا urooba • Europe

1 أيرلندا eerlanda • **Ireland**

2 المملكة المتحدة al-mamlaka al-muttaHida • **United Kingdom**

3 البرتغال al-burtughaal • **Portugal**

4 أسبانيا asbaanya • **Spain**

5 جزر البليار juzur al-balyaar • **Balearic Islands**

6 أندورا andoora • **Andorra**

7 فرنسا faransa • **France**

8 بلجيكا beljeeka • **Belgium**

9 هولندا holanda • **Netherlands**

10 لوكسمبورغ luksamboorgh • **Luxembourg**

11 ألمانيا almaanya • **Germany**

12 الدانمرك ad-daanamark • **Denmark**

13 النرويج an-nurwayj • **Norway**

14 السويد as-sweed • **Sweden**

15 فنلندا finlanda • **Finland**

16 استونيا astonya • **Estonia**

17 لاتفيا latfiya • **Latvia**

18 لتوانيا litawaanya • **Lithuania**

19 كالينينغراد kaaliningraad • **Kaliningrad**

20 بولندا bolanda • **Poland**

21 جمهورية التشيكا jumhureeyat at-tasheeka • **Czech Republic**

22 النمسا an-nimsa • **Austria**

23 ليختنشتاين likhtanshtaayin • **Liechtenstein**

24 سويسرا sweesra • **Switzerland**

25 إيطاليا eeTaalya • **Italy**

26 موناكو monako • **Monaco**

27 كورسيكا korseeka • **Corsica**

28 سارديا saardinya • **Sardinia**

29 سان مارينو san mareeno • **San Marino**

30 مدينة الفاتيكان madeenat al-fateekan • **Vatican City**

31 صقلية Siqqilleeya • **Sicily**

32 مالطة maalTa • **Malta**

33 سلوفينيا slofeenya • **Slovenia**

34 كرواتيا krowaatya • **Croatia**

35 المجر al-majar • **Hungary**

36 سلوفاكيا slofaakya • **Slovakia**

37 أوكرانيا ukraanya • **Ukraine**

38 بيلاروس beelaaroos • **Belarus**

39 ملدافيا moldaafya • **Moldova**

40 رومانيا romaanya • **Romania**

41 صربيا Sarbya • **Serbia**

42 البوسنة وهيرزجوفينا al-bosna wa-herzogofeena • **Bosnia and Herzogovina**

43 ألبانيا albaanya • **Albania**

44 مقدونيا maqdoonya • **Macedonia**

45 بلغاريا bulghaarya • **Bulgaria**

46 اليونان al-yoonaan • **Greece**

47 تركيا turkiya • **Turkey**

48 قبرص qubrus • **Cyprus**

49 مونتينيجرو monteenegro • **Montenegro**

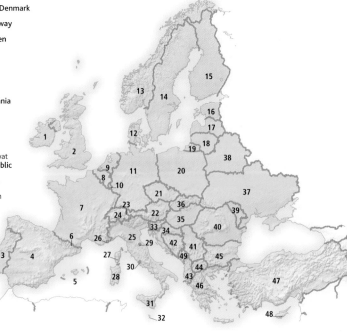

أفريقيا afreeqya • Africa

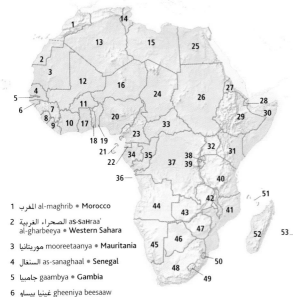

1 المغرب al-maghrib • **Morocco**

2 الصحراء الغربية aS-SaHraa' al-gharbeeya • **Western Sahara**

3 موريتانيا mooreetaanya • **Mauritania**

4 السنغال as-sanaghaal • **Senegal**

5 جامبيا gaambya • **Gambia**

6 غينيا بيساو gheeniya beesaaw • **Guinea-Bissau**

7 غينيا gheeniya • **Guinea**

8 سيراليون siraaliyoon • **Sierra Leone**

9 ليبيريا libeerya • **Liberia**

10 ساحل العاج saaHil al-Aaaj • **Ivory Coast**

11 بوركينا فاسو burkeena faaso • **Burkina Faso**

12 مالي maalee • **Mali**

13 الجزائر al-jazaa'ir • **Algeria**

14 تونس toonis • **Tunisia**

15 ليبيا leebya • **Libya**

16 النيجر an-nayjar • **Niger**

17 غانا ghaana • **Ghana**

18 توجو togo • **Togo**

19 بنين beneen • **Benin**

20 نيجيريا nijeerya • **Nigeria**

21 ساو توم وبرنسيب saaw toom wa-baranseeb • **São Tomé and Principe**

22 غينيا الاستوائية gheenya al-istiwaa'eeya • **Equatorial Guinea**

23 الكاميرون al-kameeroon • **Cameroon**

24 تشاد tshaad • **Chad**

25 مصر misr • **Egypt**

26 السودان as-soodaan • **Sudan**

27 إرتريا iritreeya • **Eritrea**

28 جيبوتي jeebootee • **Djibouti**

29 إثيوبيا itheeyobya • **Ethiopia**

30 الصومال aS-Soomaal • **Somalia**

31 كينيا keenya • **Kenya**

32 أوغندا ughanda • **Uganda**

33 جمهورية أفريقيا الوسطى jumhureeyat afreeqya al-wusTa • **Central African Republic**

34 الجابون al-gaaboon • **Gabon**

35 الكونغو al-kongho • **Congo**

36 كابندا kabinda • **Cabinda**

37 جمهورية الكونغو الديمقراطية jumhureeyat al-kongho al-deemaqraaTeeya • **Democratic Republic of the Congo**

38 راوندا rawanda • **Rwanda**

39 بوروندي buroondee • **Burundi**

40 تنزانيا tanzaniya • **Tanzania**

41 موزامبيق mozaambeeq • **Mozambique**

42 ملاوي malaawee • **Malawi**

43 زامبيا zaambiya • **Zambia**

44 أنجولا angola • **Angola**

45 ناميبيا nameebiya • **Namibia**

46 بتسوانا botswaana • **Botswana**

47 زيمبابوي zeembaabwee • **Zimbabwe**

48 جنوب أفريقيا janoob afreeqya • **South Africa**

49 ليسوتو lesoto • **Lesotho**

50 سوازيلاند swaazeeland • **Swaziland**

51 جزر القمر juzur al-qamr • **Comoros**

52 مدغشقر madaghashqar • **Madagascar**

53 موريشيوس moreeshyus • **Mauritius**

آسيا aasya • Asia

1 الاتحاد الروسي الفيدرالي al-ittihaad ar-roosee al-feedraalee • **Russian Federation**

2 جورجيا joorjya • **Georgia**

3 أرمينيا armeenya • **Armenia**

4 أذربيجان adhrabayjaan • **Azerbaijan**

5 إيران eeraan • **Iran**

6 العراق al-Airaaq • **Iraq**

7 سوريا sooriya • **Syria**

8 لبنان lubnaan • **Lebanon**

9 إسرائيل israa'eel • **Israel**

10 فلسطين filasTeen • **Palestine**

11 الأردن al-urdunn • **Jordan**

12 المملكة العربية السعودية al-mamlaka al-Aarabeeya as-saAoodeeya • **Saudi Arabia**

13 الكويت al-kuwait • **Kuwait**

14 قطر qaTar • **Qatar**

15 الإمارات العربية المتحدة al-imaaraat al-Aarabeeya al-muttaHida • **United Arab Emirates**

16 عُمان Aumaan • **Oman**

17 اليمن al-yaman • **Yemen**

18 كازاخستان kaazakhstaan • **Kazakhstan**

19 أوزبكستان uzbakistaan • **Uzbekistan**

20 تركمانستان turkmaanistaan • **Turkmenistan**

21 افغانستان afghanistaan • **Afghanistan**

22 طاجيكستان Taajeekistaan • **Tajikistan**

23 كيرجيزستان keerjeezstaan • **Kyrgyzstan**

24 باكستان baakistaan • **Pakistan**

25 الهند al-hind • **India**

26 المديف al-maldeef • **Maldives**

27 سري لانكا sree lanka • **Sri Lanka**

28 الصين aS-Seen • **China**

29 منغوليا mongholya • **Mongolia**

30 كوريا الشمالية koriya ash-shamaaleeya • **North Korea**

31 كوريا الجنوبية koriya al-janoobeeya • **South Korea**

32 اليابان al-yaabaan • **Japan**

33 نيبال neebaal • **Nepal**

34 بوتان bootaan • **Bhutan**

35 بنجلاديش banaglaadaysh • **Bangladesh**

36 بورما (ميانمار) burma (meeyaanmaar) • **Burma (Myanmar)**

37 تايلاند taayland • **Thailand**

38 لاوس laaws • **Laos**

39 فيتنام fiyatnaam • **Viet Nam**

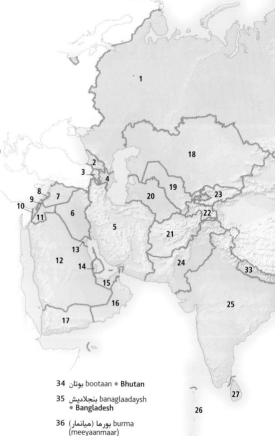

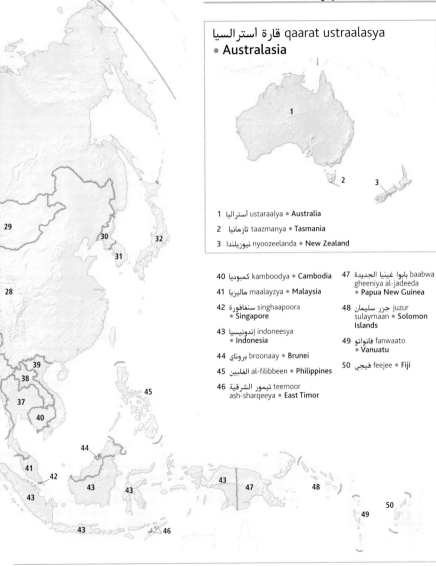

قارة أستر السيا qaarat ustraalasya
● Australasia

1 أستراليا ustaraalya ● Australia

2 تازمانيا taazmanya ● Tasmania

3 نيوزيلندا nyoozeelanda ● New Zealand

40 كمبوديا kamboodya ● Cambodia

41 ماليزيا maalayzya ● Malaysia

42 سنغافورة singhaapoora ● Singapore

43 إندونيسيا indoneesya ● Indonesia

44 بروناي broonaay ● Brunei

45 الفلبين al-filibbeen ● Philippines

46 تيمور الشرقية teemoor ash-sharqeeya ● East Timor

47 بابوا غينيا الجديدة baabwa gheeniya al-jadeeda ● Papua New Guinea

48 جزر سليمان juzur sulaymaan ● Solomon Islands

49 فانواتو fanwaato ● Vanuatu

50 فيجي feejee ● Fiji

الحروف والكلمات المناقضة al-Huroof wal-kalimaat al-munaaqiDa
● particles and antonyms

إلى ila **to**	من min **from**	من اجل min ajl **for**	نحو naHwa **towards**
من فوق min fawqa **over**	تحت taHt **under**	على طول Aala Toola **along**	عبر Aabra **across**
أمام amaama **in front of**	خلف khalfa **behind**	مع maAa **with**	بدون bidoon **without**
على Aala **onto**	في داخل fee dhaakhil **into**	قبل qabla **before**	بعد baAda **after**
في fee **in**	خارج khaarij **out**	بواسطة bi-waasiTat **by**	حتى Hatta **until**
فوق fawqa **above**	أسفل asfal **below**	مبكر mubakkir **early**	متأخر muta'akhkhir **late**
داخل daakhil **inside**	في خارج fee khaarij **outside**	الآن al-aan **now**	فيما بعد feemaa baAd **later**
فوق fawqa **up**	تحت taHt **down**	دائماً daa'iman **always**	أبداً abadan **never**
عند Ainda **at**	إلى ما بعد ila maa baAda **beyond**	كثيراً katheeran **often**	نادراً naadiran **rarely**
خلال khilaal **through**	حول Hawla **around**	أمس ams **yesterday**	غداً ghadan **tomorrow**
على Aala **on top of**	بجانب bi-jaanib **beside**	أول awwal **first**	أخير akheer **last**
بين bayna **between**	مقابل muqaabil **opposite**	كِل kull **every**	بعض baAD **some**
بالقرب من bil-qurb min **near**	بعيد baAeed **far**	عن Aan **about**	بالضبط biD-DabT **exactly**
هنا huna **here**	هناك hunaaka **there**	قليل من qaleel min **a little**	كثير من katheer min **a lot**

كبير kabeer **large**	صغير Sagheer **small**	حار Haarr **hot**	بارد baarid **cold**
عريض AareeD **wide**	ضيق Dayyiq **narrow**	مفتوح maftooH **open**	مغلق mughlaq **closed**
طويل Taweel **tall**	قصير qaSeer **short**	ممتلئ mumtali' **full**	فارغ faarigh **empty**
عال Aaalin **high**	منخفض munkhafiD **low**	جديد jadeed **new**	قديم qadeem **old**
سميك sameek **thick**	رفيع rafeeA **thin**	فاتح faatiH **light**	داكن daakin **dark**
خفيف khafeef **light**	ثقيل thaqeel **heavy**	سهل sahl **easy**	صعب SaAb **difficult**
صلب Salb **hard**	طري Taree **soft**	غير مشغول ghayr mashghool **free**	مشغول mashghool **occupied**
مبلل muballal **wet**	جاف jaaff **dry**	قوي qawee **strong**	ضعيف DaAeef **weak**
جيد jayyid **good**	سيئ sayyi' **bad**	سمين sameen **fat**	رفيع rafeeA **thin**
سريع sareeA **fast**	بطيء baTee' **slow**	صغير السن Sagheer as-sinn **young**	مسن musinn **old**
صحيح saHeeH **correct**	خاطئ khaaTi' **wrong**	أفضل afDal **better**	أسوأ aswa' **worse**
نظيف naZeef **clean**	قذر qadhir **dirty**	أسود aswad **black**	أبيض abyaD **white**
جميل jameel **beautiful**	قبيح qabeeH **ugly**	مشيق mushayyiq **interesting**	ممل mumill **boring**
غال ghaalin **expensive**	رخيص rakheeS **cheap**	مريض mareeD **sick**	صحي SiHHee **well**
هادئ haadi' **quiet**	ضاج Daajj **noisy**	بداية bidaaya **beginning**	نهاية nihaaya **end**

عبارات مفيدة AIbaaraat mufeeda · useful phrases

**ضروريات Darooreeyaat ·
essentials**

نعم
naAm
Yes

لا
laa
No

ربما
rubbamaa
Maybe

من فضلك
min faDlak(-ik)
Please

شكراً
shukran
Thank you

عفواً
Aafwan
You're welcome

عن إذنك
Aan idhnak(-ik)
Excuse me

آسف
aasif
I'm sorry

لا
laa
Don't

لا بأس
laa ba's
OK

هذا جيد
haadha jayyid
That's fine

هذا صحيح
haadha saHeeH
That's correct

هذا خطأ
haadha khaTa'
That's wrong

**تحيات taHiyaat ·
greetings**

أهلاً
ahlan
Hello

مرحباً
marHaban
Welcome

مع السلامة
maAas-salaama
Goodbye

صباح الخير
sabaaH al-khayr
Good morning

مساء الخير
masaa' al-khayr
Good evening

ليلة طيبة
layla Tayyiba
Good night

كيف الحال؟
kayf al-Haal?
How are you?

اسمي...
ismee...
My name is...

ما اسمك؟
maa ismak(-ik)?
What is your name?

ما اسمه/اسمها؟
maa ismuhu/ismuhaa?
What is his/her name?

أقدم...
uqaddim...
May I introduce...

هذا/هذه...
haadha/haadhihi...
This is...

تشرفنا
tasharrafna
Pleased to meet you

إلى اللقاء
ilal-liqaa'
See you later

علامات Aalaamaat · signs

معلومات سياحية
maAloomaat siyaaHeeya
Tourist information

مدخل
madkhal
Entrance

مخرج
makhraj
Exit

مخرج طوارئ
makhraj Tawaari'
Emergency exit

ادفع
idfaA
Push

خطر
khaTar
Danger

التدخين ممنوع
at-tadkheen mamnooA
No smoking

معطل
muATil
Out of order

ساعات العمل
saaAaat al-Aamal
Opening times

الدخول مجان
ad-dukhool majaanin
Free admission

مفتوح طوال اليوم
maftooH Tawaal al-yawm
Open all day

سعر مخفض
siAr mukhaffaD
Reduced price

تخفيضات
takhfeeDaat
Sale

اطرق قبل الدخول
uTruq qabla d-dukhool
Knock before entering

ابتعد عن النجيل
ibtaAid Aan an-najeel
Keep off the grass

مساعدة musaaAada · help

ممكن تساعدني؟
mumkin tusaaAidnee?
Can you help me?

أنا لا أفهم
ana laa afham
I don't understand

أنا لا أعرف
ana laa Aaraf
I don't know

هل تتكلم الإنجليزية؟
hal tatakallam al-injileezeeya?
Do you speak English?

هل تتكلم العربية؟
hal tatakallam al-Aarabeeya?
Do you speak Arabic?

أنا أتكلم الإنجليزية
ana atakallam al-injileezeeya
I speak English

أنا أتكلم العربية
ana atakallam al-Aarabeeya
I speak Arabic

الرجاء التحدث ببطء
ar-rajaa' at-taHadduth bi-but'
Please speak more slowly

اكتبها من فضلك
uktub-haa min faDlak(-ik)
Please write it down

فقدت...
faqadtu...
I have lost...

الإرشادات al-irshaadaat • directions

أنا تحت
ana tuHt
I am lost

أين الـ...؟
aynal-...?
Where is the...?

أين أقرب...؟
ayna aqrab...?
Where is the nearest...?

أين دورات المياه؟
ayna dawraat al-miyaah?
Where are the toilets?

كيف أصل إلى...؟
kayfa aSil ila...?
How do I get to...?

إلى اليمين
ilal-yameen
To the right

إلى اليسار
ilal-yasaar
To the left

على طول
Aala Tool
Straight ahead

كم المسافة إلى...؟
kam al-masaafa ila...?
How far is...?

إشارات طريق ishaaraat Tareeq • road signs

كل الاتجاهات
kull al-ittijaahaat
All directions

تحذير
taHdheer
Caution

ممنوع الدخول
mamnooA ad-dukhool
No entry

هدئ السرعة
haddi' as-surAa
Slow down

تحويل
taHweel
Diversion

التزم اليمين
iltazim al-yameen
Keep to the right

طريق سريع
Tareeq sareeA
Motorway

ممنوع الانتظار
mamnooA al-intiZaar
No parking

طريق مسدود
Tareeq masdood
No through road

طريق اتجاه واحد
Tareeq ittijaah waaHid
One-way street

اتجاهات أخرى
ittijaahaat ukhra
Other directions

المقيمون فقط
al-muqeemoon faqaT
Residents only

أعمال طريق
Aamaal Tareeq
Roadworks

منحنى خطر
munHana khaTar
Dangerous bend

البيات al-bayaat • accommodation

عندي حجز
Aindee Hajz
I have a reservation

أين قاعة الطعام؟
ayna qaaAat aT-TaAaam?
Where is the dining room?

رقم غرفتي...
raqam ghurfatee...
My room number is ...

ما موعد الفطور؟
maa mawAid al-fuToor?
What time is breakfast?

سأعود الساعة...
sa-Aaood is-saaAa...
I'll be back at ... o'clock

سأغادر غداً
sa-ughaadir ghadan
I'm leaving tomorrow

أكل وشرب akl wa-shurb • eating and drinking

في صحتك!
fi-siHHatak(-ik)
Cheers!

الأكل لذيذ
al-akl ladheedh
The food is delicious

الأكل غير مقبول
al-akl ghayr maqbool
The food is not satisfactory

أنا لا أشرب الكحول
ana laa ashrab al-kuHool
I don't drink alcohol

أنا لا أدخن
ana laa udakhkhin
I don't smoke

أنا لا آكل اللحوم
ana laa aakul al-luHoom
I don't eat meat

لا أريد المزيد، شكراً
laa ureed al-mazeed, shukran
No more for me, thank you

ممكن المزيد؟
mumkin al-mazeed?
May I have some more?

الحساب من فضلك
al-Hisaab min faDlak(-ik)
May we have the bill?

ممكن إيصال؟
mumkin eeSaal?
Can I have a receipt?

منطقة عدم تدخين
minTaqat Aadam tadkheen
No-smoking area

الصحة aS-SiHHa • health

أشعر بالدوار
ashAur bid-dawaar
I don't feel well

أشعر بالمرض
ashAur bil-maraD
I feel sick

ما رقم هاتف أقرب طبيب؟
maa raqam haatif aqrab Tabeeb?
What is the telephone number of the nearest doctor?

يؤلمني هنا
yu'limunee huna
It hurts here

عندي حرارة
Aindee Haraara
I have a temperature

أنا حامل في الشهر...
ana Haamil fish-shahr...
I'm ... months pregnant

أحتاج روشتة من أجل...
aHtaaj roshetta min ajl...
I need a prescription for ...

عادة أتناول...
Aaadatan atanaawal...
I normally take ...

عندي حساسية تجاه ...
Aindee Hassasseeya tujaaha...
I'm allergic to ...

هل سيكون بخير؟
hal sa-yakoon bi-khayr?
Will he be all right?

هل ستكون بخير؟
hal sa-takoon bi-khayr?
Will she be all right?

الفهرست الإنجليزي al-fihrist al-injileezee • English index

A
à la carte 152
abdomen 12
abdominals 16
above 320
abseiling 248
acacia 110
accelerator 200
access road 216
accessories 36, 38
accident 46
account number 96
accountant 97, 190
accounts department 175
accused 180
ace 230, 273
Achilles tendon 16
acorn squash 125
acquaintance 24
acquitted 181
across 320
acrylic paints 274
actions 237, 229, 227, 233, 183
activities 263, 245, 162, 77
actor 254, 191
actors 179
actress 254
acupressure 55
acupuncture 55
Adam's apple 19
add v 165
address 98
adhesive tape 47
adjustable spanner 80
admissions 168
admitted 48
aduki beans 131
adult 23
advantage 230
adventure 255
advertisement 269
aerate v 91
aerobics 251
Afghanistan 318
Africa 317
after 320
afternoon 305
aftershave 73
aftersun 108
agate 289
agenda 174
aikido 236
aileron 210
air bag 201
air conditioning 200
air cylinder 239
air filter 202, 204
air letter 98
air mattress 267
air stewardess 190
air supply 199
air vent 210

aircraft 210
aircraft carrier 215
airliner 210, 212
airport 212
aisle 106, 168, 210, 254
alarm clock 70
Alaska 314
Albania 316
alcoholic drinks 145
alfalfa 184
Algeria 317
allergy 44
alley 298
alligator 293
allspice 132
almond 129
almond oil 134
almonds 151
along 320
alpine 87
alpine skiing 247
alternating current 60
alternative therapy 54
alternator 203
altitude 211
aluminium 289
Amazonia 312
ambulance 94
American football 220
amethyst 288
amniocentesis 52
amniotic fluid 52
amount 96
amp 60
amphibians 294
amplifier 268
anaesthetist 48
anchor 214, 240
Andes 312
Andorra 316
angle 164
angler 244
Angola 317
angry 25
animals 292, 294
animated film 255
ankle 13, 15
ankle-length 34
anniversary 26
annual 86, 307
anorak 31, 33
answer 163
answer v 99, 163
answering machine 99
ant 295
antenatal 52
antenna 295
antifreeze 199, 203
Antigua and Barbuda 314
anti-inflammatory 109
antique shop 114
antiseptic 47
antiseptic wipe 47

anti-wrinkle 41
antler 291
apartment block 298
apéritif 153
aperture dial 270
apex 165
appeal 181
appearance 30
appendix 18
applaud v 255
apple 126
apple corer 68
apple juice 149
appliances 66
application 176
appointment 45, 175
apricot 126
April 306
apron 30, 50, 69, 212
APS camera 270
aquamarine 288
Arabian Sea 313
arable farm 183
arc 164
arch 15, 85, 301
archery 249
architect 190
architecture 300
architrave 301
Arctic circle 283
Arctic Ocean 312
area 165, 310
areas 299
arena 243
Argentina 315
arithmetic 165
arm 13
armband 238
armchair 63
Armenia 318
armpit 13
armrest 200, 210
aromatherapy 55
around 320
arrangements 111
arrest 94
arrivals 213
arrow 249
art 162
art college 169
art deco 301
art gallery 261
art nouveau 301
art shop 115
artery 19
artichoke 124
artist 274
arts and crafts 274, 276
ash 283
ashtray 150
Asia 318
assault 94
assistant 24

assisted delivery 53
asteroid 280
asthma 44
astigmatism 51
astronaut 281
astronomy 281
asymmetric bars 235
at 320
athlete 234
athletics 234
Atlantic Ocean 312
atmosphere 282, 286
atrium 104
attachment 177
attack 220
attack zone 224
attend v 174
attic 58
attractions 261
aubergine 125
auburn 39
audience 254
August 306
aunt 22
aurora 286
Australasia 319
Australia 319
Austria 316
autocue 179
automatic 200
automatic door 196
autumn 31, 307
avalanche 247
avenue 299
avocado 128
awning 148
axe 95
axle 205
ayurveda 55
Azerbaijan 318

B
baby 23, 30
baby bath 74
baby care 74
baby changing facilities 104
baby monitor 75
baby products 107
baby sling 75
babygro 30
back 13
back brush 73
back seat 200
backboard 226
backdrop 254
backgammon 272
backhand 231
backpack 31, 37, 267
backstroke 239
backswing 233
bacon 118, 157
bad 321
badge 94

badminton 231
bag 311
bagel 139
baggage reclaim 213
baggage trailer 212
bags 37
baguette 138
Bahamas 314
bail 181
bait 244
bait v 245
bake v 67, 138
baked 159
baker 139
baker's 114
bakery 107, 138
baking 69
baking tray 69
balance wheel 276
balcony 59, 254
bald 39
bale 184
Balearic Islands 316
ball 15, 75, 221, 224, 226, 228, 230
ballboy 231
ballet 255
balsamic vinegar 135
Baltic Sea 313
bamboo 86,122
banana 128
bandage 47
Bangladesh 318
banister 59
bank 96, 284
bank charge 96
bank manager 96
bank transfer 96
bap 139
bar 150, 152, 250, 256, 311
bar code 106
bar counter 150
bar mitzvah 26
bar snacks 151
bar stool 150
barb 244
Barbados 314
barbecue 267
barber 39, 188
bark 296
barley 130, 184
barman 191
barn 182
baroque 301
bars 74
bartender 150
basalt 288
base 164, 229
base station 99
baseball 228
baseline 230
baseman 228
basement 58

basil 133
basin 50
basket 106, 207, 226
basket of fruit 126
basketball 226
basketball player 226
basque 35
bass clarinet 257
bass clef 256
bass guitar 258
bass guitarist 258
bassoon 257
bat 225, 228, 231, 290
bat v 225, 229
bath mat 72
bath towel 73
bathrobe 73
bathroom 72
bathtub 72
baton 235, 256
batsman 225
batter 228
batteries 260
battery 167, 202
battery pack 78
battleship 215
bay leaf 133
bayonet fitting 60
be born v 26
beach 264
beach bag 264
beach ball 265
beach hut 264
beach towel 265
beach umbrella 264
beaker 167
beam 186, 235
bean sprout 122
beans 131, 144
bear 291
beat 259
beauty 40, 105
beauty treatments 41
bed 70
bed and breakfast 101
bedding 74
bedroom 70
bedside lamp 70
bedside table 70
bedspread 70
bee 295
beech 296
beef 118
beer 145,151
beer tap 150
beetle 295
beetroot 125
before 320
beginning 321
behind 320
Belarus 316
Belgium 316
Belize 314
bell 197
below 320
belt 32, 36, 236
bench 250, 262

Benin 317
berry 296
beside 320
bet 273
between 320
beyond 320
Bhutan 318
biathlon 247
bib 30
bicep curl 251
biceps 16
bicycle 206
bidet 72
biennial 86
bifocal 51
big toe 15
bike rack 207
bikini 264
bill 152, 293
binoculars 281
biology 162
biplane 211
birch 296
bird watching 263
birds 292
birth 52
birth weight 53
birth certificate 26
birthday 27
birthday cake 141
birthday candles 141
birthday party 27
biscuit 113
biscuits 141
bishop 272
bit 242
bit brace 78
bite 46
bite v 245
bitter 124, 145
black 39, 272, 274
black belt 237
black coffee 148
black hole 280
black olive 143
black pudding 157
Black Sea 313
black tea 149
blackberry 127
blackboard 162
blackcurrant 127
black-eyed beans 131
bladder 20
blade 60, 66, 78, 89
blanket 71, 74
blazer 33
bleach 77
blender 66
blister 46
block 237
block v 227
block of flats 59
blonde 39
blood pressure 44
blood pressure gauge 45
blood test 48
blouse 34
blow dry v 38

blow out v 141
blowhole 290
blue 274
blue cheese 136
bluebells 297
blueberry 127
blues 259
blusher 40
board 241
board v 217
board games 272
boarding pass 213
bob 39
bobbin 276
body 12
body lotion 73
body systems 19
bodywork 202
boil v 67
boiled egg 137, 157
boiled sweets 113
boiler 61
Bolivia 315
bollard 214, 298
bolt 59
bomber 211
bone 17, 119, 121
bone meal 88
boned 121
bongos 257
bonnet 198
book 168
book a flight v 212
book shop 115
bookshelf 63, 168
boom 95, 240
booster 281
boot 198, 220, 223
booties 30
bored 25
borrow v 168
Bosnia and Herzegovina 316
Botswana 317
bottle 61, 75, 135, 311
bottle opener 68, 150
bottled foods 134
bottled water 144
bottom tier 141
bounce v 227
boundary line 225
bouquet 35, 111
bouquet garni 132
bout 237
boutique 115
bow 240, 249
bow tie 36
bowl 61, 65, 112
bowl v 225
bowler 225
bowling 249
bowling ball 249
box 254
box file 173
box of chocolates 113
box of tissues 70
box office 255
boxer shorts 33

boxercise 251
boxing 236
boxing gloves 237
boxing ring 237
boy 23
boyfriend 24
bra 35
brace 50
bracelet 36
brain 19
brake 200, 204, 206
brake v 207
brake block 207
brake fluid reservoir 202
brake lever 207
brake pedal 205
bran 130
branch 175, 296
brandy 145
brass 256
Brazil 315
brazil nut 129
bread 157
bread knife 68
bread roll 143
breadcrumbs 139
breadfruit 124
breads 138
break a record v 234
break waters v 52
breakdown 203
breakfast 64, 156
breakfast buffet 156
breakfast cereals 107
breakfast table 156
breakfast tray 101
breast 12, 119
breast bone 17
breast pump 53
breastfeed v 53
breaststroke 239
breathing 47
breech 52
brick 187
bridge 15, 214, 258, 273, 300
bridle 242
bridle path 263
brie 142
briefcase 37
briefs 33, 35
brioche 157
broad bean 122
broad beans 131
broadcast 179
broadcast v 178
broccoli 123
brochure 175
brogue 37
bronze 235
brooch 36
broom 77
broth 158
brother 22
brother-in-law 23
browband 242
brown 274
brown bread 139, 149
brown flour 138

brown lentils 131
brown rice 130
browse v 177
browser 177
bruise 46
Brunei 319
brunette 39
brush 38, 40, 77, 83, 274
brush v 38, 50
brussel sprout 122
bubble bath 73
bucket 77, 82, 265
buckle 36
bud 111, 297
buffet 152
buggy 232
build v 186
builder 186, 188
building site 186
buildings 299
built-in wardrobe 71
bulb 86
Bulgaria 316
bull 185
bulldog clip 173
bull-nose pliers 80
bullseye 273
bumper 74, 198
bun 39, 140, 155
bunch 111
bungalow 58
bungee jumping 248
bunker 232
bunsen burner 166
buoy 217
bureau de change 97
burger 154
burger bar 154
burger meal 154
burglar alarm 58
burglary 94
Burkina Faso 317
Burma (Myanmar) 318
burn 46
burner 67
Burundi 317
bus 196
bus driver 190
bus shelter 197
bus station 197
bus stop 197, 299
bus ticket 197
buses 196
business 175
business class 211
business deal 175
business lunch 175
business partner 24
business suit 32
business trip 175
businessman 175
businesswoman 175
butcher 118, 188
butcher's 114
butter 137, 156
butter beans 131
buttercup 297
butterfly 239, 295

buttermilk 137
butternut squash 125
buttock 13, 16
button 32
buttonhole 32
buttress 301
by 320
by airmail 98
bytes 176

C

cab 95
cabbage 123
cabin 210, 214
Cabinda 317
cabinet 66
cable 79, 207
cable car 246
cable television 269
cactus 87
caddy 233
caesarean section 52
café 148, 262
cafetière 65
cake shop 114
cake tin 69
cakes 140
calcite 289
calcium 109
calculator 165
calendar 306
calf 13, 16, 185
call button 48
calyx 297
cam belt 203
Cambodia 319
camcorder 260, 269
camel 291
camembert 142
camera 178, 260, 270
camera case 271
camera crane 178
camera shop 115
cameraman 178
Cameroon 317
camisole 35
camomile tea 149
camp v 266
camp bed 266
campari 145
camper van 266
campfire 266
camping 266
camping stove 267
campsite 266
campus 168
can 145, 311
can opener 68
Canada 314
canary 292
candied fruit 129
candle 63
cane 91
canes 89
canine 50
canned drink 154
canoe 214
canoeing 241

canter 243
canvas 274
cap 21, 36, 238
capacity 311
cape gooseberry 128
capers 143
capital 315
capoeira 237
capsize v 241
capsule 109
captain 214
capuccino 148
car 198, 200
car accident 203
car hire 213
car park 298
car stereo 201
car wash 198
caramel 113
caravan 266
caraway 131
card 27
card phone 99
card slot 97
cardamom 132
cardboard 275
cardigan 32
cardiology 49
cardiovascular 19
cards 273
cargo 216
Caribbean Sea 312
carnation 110
carnival 27
carousel 212
carpenter 188
carpentry bits 80
carpet 71
carriage 208
carriage race 243
carrier 204
carrot 124
carrycot 75
cartilage 17
carton 311
cartoon 178
carve v 79
carving fork 68
case 51
cash v 97
cash machine 97
cashewnut 129
cashewnuts 151
cashier 96, 106
casino 261
Caspian Sea 313
cassava 124
casserole dish 69
cassette player 269
cassette tape 269
cast 254
cast v 245
castle 300
casual 34
casual wear 33
cat 290
catalogue 168
catamaran 215

cataract 51
catch v 220, 227, 229, 245
catcher 229
caterpillar 295
cathedral 300
catheter 53
cauliflower 124
cave 284
CD player 268
ceiling 62
celebration 140
celebration cakes 141
celebrations 27
celeriac 124
celery 122
cell 181
cello 256
cement 186
cement mixer 186
centimetre 310
centipede 295
Central African Republic 317
central processing unit 176
central reservation 194
centre 164
centre circle 222, 224, 226
centre field 228
centre line 226
centreboard 241
century 307
ceramic hob 66
cereal 130, 156
cervical vertebrae 17
cervix 20, 52
Chad 317
chain 36, 206
chair 64
chair v 174
chairlift 246
chalk 85, 162, 288
chamber 283
champagne 145
championship 230
change v 209
change a wheel v 203
change channel v 269
change gear v 207
changing bag 75
changing mat 74
changing room 104
channel 178
charcoal 266, 275
charge 94, 180
chart 48
chassis 203
check-in v 212
check-in desk 213
checkout 106
check-up 50
cheddar 142
cheek 14
cheerleader 220
cheese 136, 156
chef 152, 190
chef's hat 190
chemist 108
chemistry 162

cheque 96
chequebook 96
cherry 126
cherry tomato 124
chess 272
chessboard 272
chest 12
chest of drawers 70
chest press 251
chestnut 129
chewing gum 113
chick 185
chick peas 131
chicken 119, 185
chicken burger 155
chicken coop 185
chicken nuggets 155
chicken pox 44
chicory 122
child 23, 31
child lock 75
child seat 198, 207
childbirth 53
children 23
children's clothing 30
children's department 104
children's ward 48
child's meal 153
Chile 315
chili 143
chill 44
chilli 124, 132
chimney 58
chin 14
China 318
china 105
chip v 233
chipboard 79
chiropractic 54
chisel 81, 275
chives 133
chocolate 113
chocolate bar 113
chocolate cake 140
chocolate chip 141
chocolate coated 140
chocolate milkshake 149
chocolate spread 135
choir 301
choke v 47
chop 119, 237
chopping board 68
chorizo 143
choux pastry 140
christening 26
Christmas 27
chrysanthemum 110
chuck 78
church 298, 300
chutney 134
cider 145
cider vinegar 135
cigar 112
cigarettes 112
cinema 255, 299
cinema hall 255
cinnamon 133
circle 165, 254

circular saw 78
circuit training 251
circumference 164
cistern 61
citrus fruit 126
city 299
clam 121
clamp 78, 166
clamp stand 166
clapper board 179
clarinet 257
clasp 36
classical music 255, 259
classroom 162
claw 291
clay 85, 275
clean v 77
clean clothes 76
cleaned 121
cleaner 188
cleaning equipment 77
cleaning fluid 51
cleanser 41
clear honey 134
cleat 240
cleaver 68
clementine 126
client 38, 175, 180
cliff 285
climber 87
climbing frame 263
clinic 48
clipboard 173
clitoris 20
clock 62
clock radio 70
closed 260, 321
clothes line 76
clothes peg 76
clothing 205
cloud 287
cloudy 286
clove 125
clover 297
cloves 133
club 273
club sandwich 155
clubhouse 232
clutch 200, 204
coach 196
coal 288
coast 285
coastguard 217
coat 32
coat hanger 70
cockatoo 293
cockerel 185
cockle 121
cockpit 210
cockroach 295
cocktail 151
cocktail shaker 150
cocoa powder 148
coconut 129
cocoon 295
cod 120
coffee 144, 148, 153, 156, 184

coffee cup 65
coffee machine 148, 150
coffee milkshake 149
coffee spoon 153
coffee table 62
cog 206
coin 97
coin phone 99
coin return 99
cola 144
colander 68
cold 44, 286, 321
cold tap 72
cold-pressed oil 135
collage 275
collar 32
collar bone 17
colleague 24
collection 98
college 168
Colombia 315
colony 315
colouring pencil 163
colours 39, 274
comb 38
comb v 38
combat sports 236
combine harvester 182
comedy 255
comet 280
comic 112
commis chef 152
commission 97
communications 98
commuter 208
Comoros 317
compact 40
compact disc 269
company 175
compartment 209
compass 165, 312, 240
complaint 94
complexion 41
compliments slip 173
compost 88
compost heap 85
computer 172, 176
concealer 40
conceive v 20
conception 52
concert 255, 258
concertina file 173
concourse 209
concrete block 187
concussion 46
condensed milk 136
conditioner 38
condom 21
conductor 256
cone 164, 187
confectioner 113
confectionery 107, 113
confident 25
confused 25
conglomerate 288
Congo 317
conifer 86
connect v 177
connection 212
conning tower 215
console 269
constellation 281
construction 186
consultant 49
consultation 45
contact lenses 51
container 216, 311
container port 216
container ship 215
continent 282, 315
contraception 21, 52
contraction 52
control tower 212
controller 269
controls 201, 204
convector heater 60
convenience food 107
convertible 199
conveyer belt 106
cooked meat 118, 143
cooking 67
coolant reservoir 202
cooling rack 69
co-pilot 211
copper 289
copy v 172
cor anglais 257
coral reef 285
cordless phone 99
core 127
coriander 133
cork 134
corkscrew 150
corn 130, 184
corn bread 139
corn oil 135
cornea 51
corner 223
corner flag 223
cornice 300
corset 35
Corsica 316
Costa Rica 314
costume 255
cot 74
cottage cheese 136
cottage garden 84
cotton 184, 277
cotton balls 41
cough 44
cough medicine 108
counsellor 55
count v 165
counter 96, 98, 100, 142, 272
country 259, 315
couple 24
courgette 125
courier 99
courses 153
court 226
court case 180
court date 180
court officer 180
court official 180
courtroom 180
courtyard 58, 84
couscous 130
cousin 22
cow 185
cow's milk 136
crab 121, 295
cracked wheat 130
cradle 95
craft knife 82
crafts 275
cramp 239
cramps 44
cranberry 127
crane 187, 216, 292
crash barrier 195
crater 283
crayfish 121
cream 109, 137, 140, 157
cream cheese 136
cream pie 141
crease 225
credit card 96
creel 245
creeper 87
crème caramel 141
crème patisserie 140
crêpe 155
crescent moon 280
crew 241
crew hatch 281
cricket 225, 295
cricket ball 225
cricketer 225
crime 94
criminal 181
criminal record 181
crisp 127
crispbread 139, 156
crisper 67
crisps 113, 151
Croatia 316
crochet 277
crochet hook 277
crockery 64
crockery and cutlery 65
crocodile 293
crocodile clip 167
croissant 156
crop 39, 183
crops 184
cross trainer 250
crossbar 207, 222, 235
cross-country skiing 247
crow 292
crown 50
crucible 166
crushed 132
crust 139, 282
cry v 25
crystal healing 55
Cuba 314
cube 164
cucumber 125
cuff 32, 45
cufflink 36
cultivate v 91
cultivator 182
cumin 132
curb 298
cured 118, 159, 143
curler 38
curling 247
curling tongs 38
curly 39
currant 129
current account 96
curry 158
curry powder 132
curtain 63, 254
curved 165
cushion 62
custard 140
customer 96, 104, 106, 152
customer service department 175
customer services 104
customs 212
customs house 216
cut 46
cut v 38, 79, 277
cuticle 15
cutlery 64
cuts 119
cutting 91
cuttlefish 121
cycle v 207
cycle lane 206
cycling 263
cylinder 164
cylinder head 202
cymbals 257
Cyprus 316
Czech Republic 316

D

daffodil 111
dairy 107
dairy farm 183
dairy produce 136
daisy 110, 297
dam 300
dance 259
dance academy 169
dancer 191
dandelion 123, 297
dandruff 39
dark 41, 321
darkroom 271
darn v 277
dartboard 273
darts 273
dashboard 201
date 129, 306
daughter 22
daughter-in-law 22
dawn 305
day 305, 306
dead ball line 221
deadhead v 91
deal v 273
debit card 96
decade 307
decay 50
December 306
deciduous 86
decimal 165
deck 214
deck chair 265
decking 85
decorating 82
decoration 141
decorator 82
deep end 239
deep fried 159
deep sea fishing 245
deer 291
defence 181, 220
defendant 181
defender 223
defending zone 224
defrost v 67
degree 169
delay 209
deli 107
delicatessen 142
delivery 52, 98
deltoid 16
Democratic Republic of the Congo 317
Denmark 316
denomination 97
denominator 165
dental care 108
dental floss 50, 72
dental hygiene 72
dental x-ray 50
dentist 50, 189
dentist's chair 50
dentures 50
deodorant 73
deodorants 108
department 169
department store 105
departments 49
departure lounge 213
departures 213
depth 165
dermatology 49
descaled 121
desert 285
desiccated 129
designer 191, 277
desk 162, 172
desktop 177
desktop organizer 172
dessert 153
desserts 140
destination 213
detached 58
detective 94
detergent 77
deuce 230
develop v 271
diabetes 44
diagonal 164
dial v 99
diameter 164
diamond 273, 288
diaphragm 19, 21
diarrhoea 44, 109
diary 175
dice 272

dictionary 163
die v 26
diesel 199
diesel train 208
difficult 321
dig v 90, 227
digestive 19
digital 269
digital camera 270
dilation 52
dill 133
dimensions 165
dimple 15
dining car 209
dining room 64
dinner 64, 158
dinner plate 65
diopter 51
diploma 169
dipstick 202
direct current 60
direct debit 96
directions 260
director 254
directory enquiries 99
dirt bike 205
dirty washing 76
disabled parking 195
discharged 48
disconnected 99
discus 234
discuss v 163
disembark v 217
dishwasher 66
disinfectant solution 51
disk 176
dispensary 108
disposable 109
disposable camera 270
disposable nappy 30
disposable razor 73
dissertation 169
distance 310
distributor 203
district 315
dive 239
dive v 238
diver 238
diversion 195
divide v 165
divided by 165
dividends 97
divider 173, 194
divorce 26
Diwali 27
DJ 179
Djibouti 317
do not bend v 98
dock 214, 216
dock v 217
doctor 45, 189
doctorate 169
documentary 178
dog 290
dog sledding 247
doll 75
doll's house 75
dolphin 290

dome 300
domestic flight 212
Dominica 314
Dominican Republic 314
dominoes 273
donkey 185
door 196, 198, 209
door chain 59
door knob 59
door knocker 59
door lock 200
doorbell 59
doormat 59
dormer 58
dorsal fin 294
dosage 109
double 151
double bass 256
double bassoon 257
double bed 71
double cream 137
double room 100
double-decker bus
  196
doubles 230
dough 138
Dover sole 120
down 320
downhill skiing 247
download v 177
dragonfly 295
drain 61, 72, 299
drain cock 61
drainage 91
draining board 67
draughts 272
draw 223
draw v 162
drawer 66, 70, 172
drawer unit 172
drawing 275
drawing pin 173
dress 31, 34
dressage 243
dressed 159
dressed chicken 119
dressing 47, 158
dressing gown 31, 32
dressing table 71
dribble v 223
dried flowers 111
dried fruit 156
drill 50
drill v 79
drill bit 78
drill bits 80
drinking cup 75
drinking fountain 262
drinks 107, 144, 156
drip 53
drive v 195, 233
driver 196
driver's cab 208
driver's seat 196
driveshaft 202
drop anchor v 217
dropper 109, 167
drops 109

dropshot 230
drown v 239
drum 258
drum kit 258
drummer 258
dry 39, 41, 130, 145, 286,
  321
dry v 76
dry cleaners 115
dry dock 217
dual carriageway 195
duck 119, 185
duck egg 137
duckling 185
duffel coat 31
dugout 229
dumb bell 251
dumper truck 187
dungarees 30
dunk v 227
duodenum 18
dusk 305
dust v 77
dust pan 77
duster 77
dustsheet 83
duty-free shop 213
duvet 71
DVD disk 269
DVD player 268
dyed 39
dynamo 207

E

eagle 292
ear 14
early 305, 320
earring 36
Earth 280, 282
earthenware dish 69
earthing 60
earthquake 283
easel 174, 274
east 312
East Timor 319
Easter 27
easy 321
easy cook 130
eat v 64
eat-in 154
eating 75
eau de toilette 41
eaves 58
éclair 140
eclipse 280
economics 169
economy class 211
Ecuador 315
eczema 44
Edam 142
edge 246
editor 191
eel 294
egg 20
egg cup 65, 137
egg white 137
eggs 137
Egypt 317

eight 308
eight hundred 308
eighteen 308
eighteenth 309
eighth 309
eightieth 309
eighty 308
ejaculatory duct 21
El Salvador 314
elbow 13
electric blanket 71
electric drill 78
electric guitar 258
electric razor 73
electric shock 46
electric train 208
electrical goods 105, 107
electrician 188
electricity 60
electricity meter 60
elephant 291
eleven 308
eleventh 309
elm 296
email 98, 177
email account 177
email address 177
embarrassed 25
embossed paper 83
embroidery 277
embryo 52
emerald 288
emergency 46
emergency exit 210
emergency lever 209
emergency phone 195
emergency room 48
emergency services 94
emigrate v 26
emotions 25
employee 24
employer 24
empty 321
emulsion 83
enamel 50
encore 255
encyclopedia 163
end 321
end zone 220
endive 123
endline 226
endocrine 19
endocrinology 49
engaged/busy 99
engaged couple 24
engine 202, 204, 208, 210
engine room 214
engineering 169
English breakfast 157
english mustard 135
engraving 275
enlarge v 172
enlargement 271
enquiries 168
ENT 49
entrance 59
entrance fee 260
envelope 98, 173

environment 280
epidural 52
epiglottis 19
epilepsy 44
episiotomy 52
equals 165
equation 165
equator 283
equipment 233, 238
equipment 165
Equitorial Guinea 317
equity 97
Eritrea 317
erupt v 283
escalator 104
espresso 148
essay 163
essential oils 55
estate 199
estate agent 189
estate agent's 115
Estonia 316
estuary 285
Ethiopia 317
eucalyptus 296
Europe 316
evening 305
evening dress 34
evening menu 152
events 243, 247
evergreen 86
evidence 181
examination 163
excess baggage 212
exchange rate 97
excited 25
excuse me 322
executive 174
exercise bike 250
exercises 251
exfoliate v 41
exhaust pipe 203, 204
exhibit v 261
exhibition 261
exit 210
exit ramp 194
exosphere 286
expectant 52
experiment 166
expiry date 109
exposure 271
extend v 251
extension 58
extension lead 78
exterior 198
extra time 223
extraction 50
extractor 66
eye 14, 51, 244, 276
eye shadow 40
eye test 51
eyebrow 14, 51
eyebrow brush 40
eyebrow pencil 40
eyecup 269
eyelash 14, 51
eyelet 37
eyelid 51

eyeliner 40
eyepiece 167

F

fabric 277
fabric conditioner 76
face 14
face cream 73
face mask 225
face pack 41
face powder 40
face-off circle 224
facial 41
factory 299
faint v 25, 44
fair 41
fairground 262
fairway 232
falcon 292
Falkland Islands 315
fall 237
fall in love v 26
Fallopian tube 20
family 22
famous ruin 261
fan 60, 202
fan belt 203
fans 258
far 320
fare 197, 209
farm 182, 183, 184
farmer 182, 189
farmhouse 182
farmland 182
farmyard 182
fashion 277
fast 321
fast food 154
fast forward 269
fastening 37
fat 119, 321
fat free 137
father 22
father-in-law 23
fault 230
fax 98, 172
fax machine 172
feather 293
feature film 269
February 306
feed v 183
feijoa 128
female 12, 20
feminine hygiene 108
femur 17
fence 85, 182, 243
fencing 249
feng shui 55
fennel 122, 133
fennel seeds 133
fenugreek 132
fern 86
ferry 215, 216
ferry terminal 216
fertilization 20
fertilize v 91
fertilizer 91
festivals 27

fever 44
fiancé 24
fiancée 24
fibre 127
fibula 17
field 182, 222, 228, 234
field v 225, 229
field hockey 224
fifteen 308
fifteenth 309
fifth 309
fiftieth 309
fifty 308
fifty five thousand, five
    hundred 309
fifty thousand 309
fig 129
fighter plane 211
figure skating 247
Fiji 319
filament 60
file 81, 172, 177
filing cabinet 172
fill v 82
filler 83
fillet 119, 121
filleted 121
filling 50, 140, 155
film 260, 271
film set 179
film spool 271
filo pastry 140
filter 167
filter coffee 148
filter paper 167
fin 210, 239
finance 97
financial advisor 97
fingerprint 94
finial 300
finishing line 234
Finland 316
fire 95
fire alarm 95
fire brigade 95
fire engine 95
fire escape 95
fire extinguisher 95
fire fighters 95
fire station 95
firelighter 266
fireman 189
fireplace 63
firm 124
first 309
first aid 47
first aid box 47
first floor 104
first night 254
fish 107, 120, 294
fish and chips 155
fish farm 183
fish slice 68
fisherman 189
fishhook 244
fishing 244, 245
fishing boat 217
fishing permit 245

fishing port 217
fishing rod 244
fishmonger 188
fishmonger's 114, 120
fist 15, 237
fitness 250
five 308
five hundred 308
flag 221, 232
flageolet beans 131
flakes 132
flamingo 292
flan 142
flan dish 69
flare 240
flash 270
flash gun 270
flask 166
flat 59, 256
flatbread 139
flat race 243
flat wood bit 80
flavoured oil 134
flax 184
fleece 74
flesh 124, 127, 129
flex v 251
flight attendant 210
flight number 213
flint 288
flipchart 174
flip-flop 37
flipper 290
float 238, 244
float ball 61
flock 183
flood 287
floor 58, 62, 71
floor exercises 235
floor plan 261
florentine 141
floret 122
florist 110, 188
floss v 50
flours 138
flower 297
flowerbed 85, 90
flowering plant 297
flowering shrub 87
flowers 110
flu 44
flute 139, 257
fly 244, 295
fly v 211
fly fishing 245
flyover 194
flysheet 266
foal 185
focus v 271
focusing knob 167
foetus 52
fog 287
foil 249
folder 177
foliage 110
folk music 259
follicle 20
font 177

food 118, 130, 149
food hall 105
food processor 66
foot 12, 15, 310
football 220, 222
football field 220
football player 220
football strip 31, 222
footballer 222
footboard 71
footpath 262
footstrap 241
for 320
forceps 53, 167
forearm 12
forecourt 199
forehand 231
forehead 14
foreign currency 97
foreskin 21
forest 285
fork 65, 88, 153, 207
fork-lift truck 186, 216
formal garden 84
formal gardens 262
fortieth 309
fortnight 307
forty 308
forty minutes 304
forward 222
foul 222, 226
foul ball 228
foul line 229
foundation 40
fountain 85
four 308
four hundred 308
four-door 200
fourteen 308
fourteenth 309
fourth 309
four-wheel drive 199
fox 290
foxglove 297
fraction 165
fracture 46
fragile 98
fragranced 130
frame 51, 62, 206, 267
frame counter 270
France 316
freckle 15
free 321
free kick 222
free range 118
free weights 250
freesia 110
free-throw line 226
freeze 287
freeze v 67
freezer 67
freight train 208
freighter 215
French bean 122
french fries 154
French Guiana 315
French horn 257
french mustard 135

french pleat 39
French toast 157
frequency 179
fresh 121, 127, 130
fresh cheese 136
fresh fruit 157
freshwater fishing 245
fret 258
fretsaw 81
Friday 306
fridge-freezer 67
fried 159
fried chicken 155
fried egg 157
friend 24
frieze 301
frog 294
from 320
front crawl 239
front door 58
front wheel 196
frontal 16
frost 287
froth 148
frown 25
frozen 121, 124
frozen food 107
frozen yoghurt 137
fruit 107, 126, 128
fruit bread 139
fruit cake 140
fruit farm 183
fruit gum 113
fruit juice 127, 156
fruit tart 140
fruit yoghurt 157
fry v 67
frying pan 69
fuel gauge 201
fuel tank 204
full 64, 266, 321
full board 101
full moon 280
fumble 220
funeral 26
funnel 166, 214
furniture shop 115
furrow 183
fuse 60
fuse box 60, 203
fuselage 210

G

gable 300
Gabon 317
Galapagos Islands 315
galaxy 280
gale 286
galley 214
gallon 311
gallop 243
galvanised 79
Gambia 317
game 119, 230, 273
game show 178
games 272
gangway 214

garage 58, 199
garden 84
garden centre 115
garden features 84
garden pea 122
garden plants 86
garden styles 84
garden tools 88
gardener 188
gardening 90
gardening gloves 89
gardens 261
garland 111
garlic 125, 132
garlic press 68
garnet 288
garter 35
gas burner 61
gasket 61
gate 85, 182, 247
gate number 213
gauze 47, 167
gear lever 207
gearbox 202, 204
gears 206
gearstick 201
gel 38, 109
gems 288
generation 23
generator 60
genitals 12
geography 162
geometry 165
Georgia 318
gerbera 110
Germany 316
get a job v 26
get married v 26
get up v 71
geyser 285
Ghana 317
giant slalom 247
gifts shop 114
gill 294
gin 145
gin and tonic 151
ginger 39, 125, 133
giraffe 291
girder 186
girl 23
girlfriend 24
girth 242
glacier 284
gladiolus 110
gland 19
glass 69, 152
glass bottle 166
glass rod 167
glasses 51, 150
glassware 64
glaze v 139
glider 211, 248
gliding 248
gloss 83, 271
glove 224, 233, 236, 246
gloves 36
glue 275
glue gun 78
gneiss 288
go to bed v 71
go to sleep v 71
goal 221, 223, 224
goal area 223
goal line 220, 223, 224
goalkeeper 222, 224
goalpost 220, 222
goat 185
goat's cheese 142
goat's milk 136
goggles 238, 247
going out 75
gold 235, 289
goldfish 294
golf 232
golf bag 233
golf ball 233
golf clubs 233
golf course 232
golf shoe 233
golf trolley 233
golfer 232
gong 257
good 321
good afternoon 322
good evening 322
good morning 322
good night 322
goodbye 322
goose 119, 293
goose egg 137
gooseberry 127
gorge 284
gorilla 291
gothic 301
grade 163
graduate 169
graduate v 26
graduation ceremony 169
graft v 91
grains 130
gram 310
granary bread 139
grandchildren 23
granddaughter 22
grandfather 22
grandmother 22
grandparents 23
grandson 22
granite 288
grape juice 144
grapefruit 126
grapeseed oil 134
graphite 289
grass 86, 262
grass bag 88
grasshopper 295
grassland 285
grate v 67
grated cheese 136
grater 68
gratin dish 69
gravel 88
gravity 280
graze 46
greasy 39
Greece 316
green 129, 232, 274
green olive 143
green peas 131
green salad 158
green tea 149
greengrocer 188
greengrocer's 114
greenhouse 85
Greenland 314
Grenada 314
grey 39, 274
grill v 67
grill pan 69
grilled 159
groceries 106
grocer's 114
groin 12
groom 243
ground 132
ground coffee 144
ground cover 87
ground floor 104
ground sheet 267
groundnut oil 135
group therapy 55
grout 83
guard 236
Guatemala 314
guava 128
guest 64, 100
guidebook 260
guided tour 260
guilty 181
Guinea 317
Guinea-Bissau 317
guitarist 258
gull 292
gum 50
gun 94
gutter 58, 299
guy rope 266
Guyana 315
gym 101, 250
gym machine 250
gymnast 235
gymnastics 235
gynaecologist 52
gynaecology 49
gypsophila 110

H

haberdashery 105
hacksaw 81
haddock 120
haemorrhage 46
hail 286
hair 14, 38
hair dye 40
hairband 38
hairdresser 38, 188
hairdresser's 115
hairdryer 38
hairpin 38
hairspray 38
hairtie 39
Haiti 314
half an hour 304
half board 101
half time 223
half-litre 311
hall of residence 168
hallibut fillets 120
Halloween 27
hallway 59
halter 243
halter neck 35
ham 119, 143, 156
hammer 80
hammer v 79
hammock 266
hamper 263
hamster 290
hamstring 16
hand 13, 15
hand drill 81
hand fork 89
hand luggage 211, 213
hand rail 59
hand saw 89
hand towel 73
handbag 37
handbrake 203
handcuffs 94
handicap 233
handkerchief 36
handle 36, 88, 106, 187, 200, 230
handlebar 207
handles 37
handrail 196
handsaw 80
handset 99
hang v 82
hang-glider 248
hang-gliding 248
hanging basket 84
hanging file 173
happy 25
harbour 217
harbour master 217
hard 129, 321
hard cheese 136
hard drive 176
hard hat 186
hard shoulder 194
hardboard 79
hardware 176
hardware shop 114
hardwood 79
haricot beans 131
harness race 243
harp 256
harvest v 91, 183
hat 36
hatchback 199
have a baby v 26
Hawaii 314
hay 184
hayfever 44
hazard 195
hazard lights 201
hazelnut 129
hazelnut oil 134
head 12, 19, 81, 230
head v 222
head injury 46
head office 175
head teacher 163
headache 44
headboard 70
headlight 198, 205
headphones 268
headrest 200
headsail 240
health 44
health centre 168
health food shop 115
heart 18, 119, 122, 273
heart attack 44
heater 60
heater controls 201
heather 297
heating element 61
heavy 321
heavy metal 259
hedge 85, 90, 182
hedgehog 290
heel 13, 15, 37
height 165
height bar 45
helicopter 211
hello 322
helmet 95, 204, 206, 220, 224, 228
hem 34
hematite 289
hen's egg 137
herb 55, 86
herb garden 84
herbaceous border 85
herbal remedies 108
herbal tea 149
herbalism 55
herbicide 183
herbs 133, 134
herbs and spices 132
herd 183
hexagon 164
hi-fi system 268
high 321
high chair 75
high dive 239
high heel shoe 37
high jump 235
high speed train 208
highlights 39
hiking 263
hill 284
Himalayas 313
hip 12
hippopotamus 291
historic building 261
history 162
history of art 169
hit v 224
hob 67
hockey 224
hockey stick 224
hoe 88
hold 215, 237
holdall 37
hole 232
hole in one 233

hole punch 173
holiday 212
holiday brochure 212
holly 296
home 58
home delivery 154
home entertainment 268
home furnishings 105
home plate 228
homeopathy 55
homework 163
homogenised 137
Honduras 314
honeycomb 135
honeymoon 26
honeysuckle 297
hood 31, 75
hoof 242, 291
hook 187, 276
hoop 226, 277
horizontal bar 235
hormone 20
horn 201, 204, 291
horror film 255
horse 185, 235, 242
horse race 243
horse riding 242, 263
horseradish 125
horseshoe 242
hose 95
hose reel 89
hosepipe 89
hospital 48
host 64
hostess 64
hot 124, 286, 321
hot chocolate 144, 156
hot dog 155
hot drinks 144
hot tap 72
hot-air balloon 211
hotel 100, 264
hot-water bottle 70
hour 304
hour hand 304
house 58
household products 107
hovercraft 215
hub 206
hubcap 202
hull 214, 240
humerus 17
humid 286
hummingbird 292
hump 291
hundred 308
hundred and ten 308
hundred thousand 308
hundredth 309
Hungary 316
hungry 64
hurdles 235
hurricane 287
husband 22
husk 130
hydrant 95
hydrofoil 215
hydrotherapy 55

hypnotherapy 55
hypoallergenic 41
hypotenuse 164

I
ice 120, 287
ice and lemon 151
ice bucket 150
ice climbing 247
ice cream 149
ice cube 151
ice hockey 224
ice hockey player 224
ice hockey rink 224
ice maker 67
ice-cream 137
iced coffee 148
iced tea 149
ice-skate 224
ice-skating 247
icicle 287
icing 141
icon 177
identity badge 189
identity tag 53
igneous 288
ignition 200
iguana 293
illness 44
immigration 212
impotent 20
in 320
in brine 143
in front of 320
in oil 143
in sauce 159
in syrup 159
inbox 177
inch 310
incisor 50
incubator 53
index finger 15
India 318
Indian Ocean 312
indicator 198, 204
indigo 274
Indonesia 319
induce labour v 53
industrial estate 299
infection 44
infertile 20
infield 228
inflatable dinghy 215
information 261
information screen 213
in-goal area 221
inhaler 44, 109
injection 48
injury 46
ink 275
ink pad 173
inlet 61
inner core 282
inner tube 207
inning 228
innocent 181
inoculation 45
insect repellent 108, 267

inside 320
inside lane 194
insomnia 71
inspector 94
install v 177
instant camera 270
instep 15
instructions 109
instruments 256, 258
insulating tape 81
insulation 61
insulin 109
insurance 203
intensive care unit 48
inter-city train 209
intercom 59
intercostal 16
intercourse 20
interest rate 96
interior 200
internal systems 60
international flight 212
internet 177
intersection 298
interval 254
interviewer 179
into 320
in-tray 172
invertebrates 295
investigation 94
investment 97
ionosphere 286
Iran 318
Iraq 318
Ireland 316
iris 51, 110
iron 76, 109, 233, 289
iron v 76
ironing board 76
island 282
Israel 318
Italy 316
itinerary 260
IUD 21
Ivory Coast 317

J
jack 203, 273
jacket 32, 34
jade 288
jam 134, 156
Jamaica 314
January 306
Japan 318
jar 134, 311
javelin 234
jaw 14, 17
jazz 259
jeans 31
jelly bean 113
jellyfish 295
Jerusalem artichoke 125
jet 288
jet skiing 241
jetty 217
jeweller 188
jeweller's 114
jewellery 36

jewellery box 36
jewellery making 275
jigsaw 78
jigsaw puzzle 273
jodhpurs 242
jog on the spot 251
jogging 251, 263
joint 17, 119
joker 273
Jordan 318
journal 168
journalist 190
judge 180
judo 236
jug 65
juices and milkshakes 149
juicy 127
July 306
jump 237, 243
jump v 227
jump ball 226
junction 194
June 306
Jupiter 280
jury 180
jury box 180

K
kale 123
Kaliningrad 316
kangaroo 291
karate 236
kayak 241
Kazakhstan 318
kebab 155, 158
keel 214
keep net 244
kendo 236
Kenya 317
kernel 122, 129, 130
ketchup 135
kettle 66
kettledrum 257
key 59, 80, 176, 207
keyboard 172, 176, 258
keypad 97, 99
kick 237, 239
kick v 221, 223
kickboxing 236
kickstand 207
kid 185
kidney 18, 119
kilogram 310
kilometre 310
king 272, 273
king prawn 121
kippers 157
kitchen 66, 152
kitchen knife 68
kitchenware 68, 105
kitten 290
kiwifruit 128
knead v 138
knee 12
knee pad 205
knee support 227
kneecap 17
knee-length 34

knickers 35
knife 65, 80
knife sharpener 68, 118
knight 272
knitting 277
knitting needle 277
knock out 237
knuckle 15
koala 291
kohlrabi 123
koi carp 294
kumquat 126
kung fu 236
Kuwait 318
Kyrgyzstan 318

L
label 172
labels 89
labia 20
laboratory 166
lace 35, 37
lace bobbin 277
lace making 277
lace-up 37
lacrosse 249
lactose 137
ladder 95, 186
ladle 68
ladybird 295
lake 285
lamb 118, 185
lamp 62, 207, 217
land 282
land v 211
landing 59
landing gear 210
landing net 244
landlord 58
landscape 271, 284
landscape v 91
lane 234, 238
languages 162
Laos 318
lapel 32
laptop 175
larch 296
large 321
large intestine 18
larynx 19
last week 307
lat 16
late 305
later 304
latitude 283
Latvia 316
laugh v 25
launch 281
launch pad 281
launderette 115
laundry 76
laundry basket 76
laundry service 101
lava 283
law 169, 180
lawn 85, 90
lawn rake 88

lawnmower 88, 90
lawyer 180, 190
lawyer's office 180
laxative 109
lay the table v 64
lead singer 258
leaded 199
leaf 122, 296
leaflets 96
league 223
lean meat 118
learn v 163
leather shoe 37
leather shoes 32
leathers 205
Lebanon 318
lecture theatre 169
lecturer 169
leek 125
left 260
left field 228
left-hand drive 201
leg 12, 119
leg pad 225
leg press 251
legal advice 180
legal department 175
leggings 31
leisure 258, 254, 264
lemon 126
lemon curd 134
lemon grass 133
lemon sole 120
lemonade 144
length 165, 310
lens 270
lens (eye) 51
lens (glasses) 51
lens cap 270
lens case 51
Lesotho 317
lesson 163
let! 231
letter 98
letterbox 58, 99
letterhead 173
lettuce 123
lever 61, 150
lever arch file 173
Liberia 317
librarian 168, 190
library 168, 299
library card 168
Libya 317
licence plate 198
liquorice 113
lid 61, 66
Liechtenstein 316
life events 26
life jacket 240
life raft 240
lifeboat 214
lifebuoy 240
lifeguard 239, 265
lifeguard tower 265
lift 59, 100, 104
ligament 17
light 178, 321

light a fire v 266
light aircraft 211
light bulb 60
lighter 112
lighthouse 217
lighting 105
lightmeter 270
lightning 287
lights 94
lights switch 201
lily 110
lime 126, 296
limestone 288
limousine 199
line 244
line judge 220
line of play 233
linen 105, 277
linen basket 76
lines 165
linesman 223, 230
lingerie 35, 105
lining 32
lining paper 83
link 36
lintel 186
lion 291
lip 14
lip brush 40
lip gloss 40
lip liner 40
lipstick 40
liqueur 145
liquid 77
liquid dispenser 311
liquid measure 311
literature 162, 169
Lithuania 316
litre 311
little finger 15
little toe 15
live 60, 178
live rail 209
liver 18, 118
livestock 183, 185
living room 62
lizard 293
load v 76
loaf 139
loan 96, 168
loans desk 168
lob 230
lobby 100, 255
lobster 121, 295
lock 59, 207
lockers 239
log on v 177
loganberry 127
logo 31
loin 121
lollipop 113
long 32
long jump 235
long sight 51
long wave 179
long-grain 130
long-handled shears 88
longitude 283

loofah 73
loom 277
loose leaf tea 144
lorry 194
lorry driver 190
lose v 273
loser 273
lottery tickets 112
love 230
low 321
luge 247
luggage 100, 198, 213
luggage department 104
luggage hold 196
luggage rack 209
lumbar vertebrae 17
lunar module 281
lunch 64
lunch menu 152
lung 18
lunge 251
lupins 297
lure 244
Luxembourg 316
lychee 128
lymphatic 19
lyrics 259

M
macadamia 129
mace 132
Macedonia 316
machine gun 189
machinery 187
mackerel 120
macramé 277
Madagascar 317
magazine 112
magazines 107
magma 283
magnesium 109
magnet 167
maid service 101
mailbag 98, 190
main course 153
mains supply 60
mainsail 240
make a will v 26
make friends v 26
make the bed v 71
make-up 40
making bread 138
malachite 288
Malawi 317
Malaysia 319
Maldives 318
male 12, 21
Mali 317
mallet 78, 275
malt vinegar 135
Malta 316
malted drink 144
mammals 290
man 23
manager 24, 174
managing director 175
manchego 142
mane 242, 291

mango 128
mangosteen 128
manhole 299
manicure 41
mantelpiece 63
mantle 282
manual 200
map 195, 261
maple 296
maple syrup 134
maracas 257
marathon 234
marble 288
March 306
margarine 137
marina 217
marinated 143, 159
marine fishing 245
marjoram 133
mark v 227
market 115
marketing department 175
marmalade 134, 156
marrow 124
Mars 280
marshmallow 113
martial arts 237
martini 151
marzipan 141
mascara 40
mashed 159
masher 68
mask 189, 228, 236, 239,
249
masking tape 83
masonry bit 80
massage 54
mast 240
masters 169
mat 54, 83, 235, 271
match 230
matches 112
material 276
materials 79, 187
maternity 49
maternity ward 48
maths 162, 164
mattress 70, 74
Mauritania 317
Mauritius 317
May 306
maybe 322
mayonnaise 135
MDF 79
meadow 285
meal 64
measles 44
measure 150, 151
measure v 310
measurements 165
measuring jug 69, 311
measuring spoon 109
meat 119
meat and poultry 106
meat tenderizer 68
meatballs 158
meathook 118
mechanic 188, 203

mechanical digger 187
mechanics 202
medals 235
media 178
medical examination 45
medication 109
medicine 109, 169
medicine cabinet 72
meditation 54
Mediterranean Sea 313
medium wave 179
meeting 174
meeting room 174
melody 259
melon 127
memory 176
men's clothing 32
men's wear 105
menstruation 20
menu 148, 153, 154
menubar 177
mercury 289
Mercury 280
meringue 140
mesosphere 286
messages 100
metacarpal 17
metal 79
metal bit 80
metals 289
metamorphic 288
metatarsal 17
meteor 280
metre 310
Mexico 314
mica 289
microlight 211
microphone 179, 258
microscope 167
microwave oven 66
midday 305
middle finger 15
middle lane 194
midnight 305
midwife 53
migraine 44
mile 310
milk 136, 156
milk v 183
milk carton 136
milk chocolate 113
milkshake 137
millennium 307
millet 130
milligram 310
millilitre 311
millimetre 310
mince 119
mineral 144
minerals 289
mini bar 101
mini disk recorder 268
minibus 197
mint 113, 133
mint tea 149
minus 165
minute 304
minute hand 304

minutes 174
mirror 40, 63, 71, 167
miscarriage 52
Miss 23
missile 211
mist 287
mitre block 81
mitt 228
mittens 30
mix v 67, 138
mixed salad 158
mixing bowl 66, 69
mixing desk 179
moat 300
mobile 74
mobile phone 99
model 169, 190
model making 275
modelling tool 275
modem 176
moisturizer 41
molar 50
Moldova 316
mole 14
Monaco 316
Monday 306
money 97
Mongolia 318
monitor 172, 176
monitor 53
monkey 291
monkfish 120
monopoly 272
monorail 208
monsoon 287
month 306
monthly 307
monument 261
Moon 280
moonstone 288
moor v 217
mooring 217
mop 77
morning 305
Morocco 317
mortar 68, 167, 187
mortgage 96
moses basket 74
mosque 300
mosquito 295
mosquito net 267
moth 295
mother 22
mother-in-law 23
motor 88
motor racing 249
motorbike 204
motorbike racing 249
motorcross 249
motorway 194
moulding 63
mountain 284
mountain bike 206
mountain range 282
mouse 176, 290
mousse 141
mouth 14
mouth guard 237

mouthwash 72
move 273
mow v 90
Mozambique 317
mozzarella 142
MP3 player 268
Mr 23
Mrs 23
mudguard 205
muffin 140
muffin tray 69
mug 65
mulch v 91
multiply v 165
multivitamin tablets 109
mumps 44
mung beans 131
muscles 16
museum 261
mushroom 125
music 162
music school 169
musical 255
musical score 255
musical styles 259
musician 191
mussel 121, 295
mustard 155
mustard seed 131
Myanmar 318

N
naan bread 139
nail 15, 80
nail clippers 41
nail file 41
nail scissors 41
nail varnish 41
nail varnish remover 41
Namibia 317
nape 13
napkin 65, 152
napkin ring 65
nappy 75
nappy rash cream 74
narrow 321
nation 315
national park 261
natural 256
natural fibre 31
naturopathy 55
nausea 44
navel 12
navigate v 240
near 320
nebula 280
neck 12, 258
neck brace 46
necklace 36
neckline 34
nectarine 126
needle 109, 276
needle plate 276
needle-nose pliers 80
needlepoint 277
negative 271
negative electrode 167
negligée 35

neighbour 24
neoclassical 301
Nepal 318
nephew 23
Neptune 280
nerve 19, 50
nervous 19, 25
net 217, 222, 226, 227, 231
net v 245
net curtain 63
Netherlands 316
nettle 297
network 176
neurology 49
neutral 60
neutral zone 224
new 321
new moon 280
new potato 124
New Year 27
New Zealand 319
newborn baby 53
news 178
newsagent 112
newspaper 112
newsreader 179, 191
next week 306
nib 163
Nicaragua 314
nickel 289
niece 23
Niger 317
Nigeria 317
night 305
nightdress 35
nightie 31
nightwear 31
nine 308
nine hundred 308
nineteen 308
nineteen hundred 307
nineteen hundred and one 307
nineteen ten 307
nineteenth 309
ninetieth 309
ninety 308
ninth 309
nipple 12
no 322
no entry 195
no right turn 195
no stopping 195
non-smoking section 152
non-stick 69
noodles 158
normal 39
north 312
North and Central America 314
North Korea 318
North pole 283
North Sea 312
northern hemisphere 283
Norway 316
nose 14, 210
nose clip 238
noseband 242
nosebleed 44

nosewheel 210
nostril 14
notation 256
note 97, 256
note pad 173
notebook 163, 172
notes 175, 191
notice board 173
nougat 113
November 306
now 304
nozzle 89
number 226
numbers 308
numerator 165
nurse 45, 48, 52, 189
nursery 74
nursing 53
nursing bra 53
nut 80
nutmeg 132
nuts 151
nuts and dried fruit 129
nylon 277

O
oak 296
oar 241
oats 130
objective lens 167
oboe 257
obsidian 288
obstetrician 52
occupations 188, 190
occupied 321
ocean 282
ocean liner 215
octagon 164
October 306
octopus 121, 295
odometer 201
oesophagus 19
off licence 115
offal 118
offers 106
office 24, 172, 174
office block 298
office equipment 172
office supplies 173
off-piste 247
off-side 223
oil 142, 199
oil paints 274
oil tank 204
oil tanker 215
oils 134
oily 41
ointment 47, 109
okra 122
old 321
olive oil 134
olives 151
Oman 318
omelette 158
on time 305
on top of 320
oncology 49
one 308

one billion 309
one million 309
one thousand 309
one-way 194
one-way system 298
onion 124
on-line 177
onto 320
onyx 289
opal 288
open 260, 321
open sandwich 155
open-top 260
opera 255
operating theatre 48
operation 48
operator 99
ophthalmology 49
opponent 236
opposite 320
optic 150
optic nerve 51
optician 51, 189
orange 126, 274
orange juice 148
orangeade 144
orbit 280
orchestra 254, 256
orchestra pit 254
orchid 111
order v 153
oregano 133
organic 91, 118, 122
organic waste 61
origami 275
ornamental 87
orthopaedy 49
osteopathy 54
ostrich 292
otter 290
ounce 310
out 225, 228, 320
out of bounds 226
out of focus 271
outboard motor 215
outbuilding 182
outdoor activities 262
outer core 282
outfield 229
outlet 61
outpatient 48
outside 320
outside lane 194
out-tray 172
oval 164
ovary 20
oven 66
oven glove 69
ovenproof 69
over 320
over par 233
overalls 82
overdraft 96
overexposed 271
overflow pipe 61
overhead locker 210
overhead projector 163
overtake v 195

overture 256
ovulation 20, 52
owl 292
oyster 121
ozone layer 286

p
Pacific Ocean 312
pack 311
pack of cards 273
packet 311
packet of cigarettes 112
pad 224
paddle 241
paddling pool 263
paddock 242
pads 53, 220
paediatrics 49
painkiller 109
painkillers 47
paint 83
paint v 83
paint tin 83
paint tray 83
painter 191
painting 62, 261, 274
paints 274
pak-choi 123
Pakistan 318
palate 19
Palestine 318
palette 274
pallet 186
palm 15, 86, 296
palm hearts 122
palmtop 175
pan 310
pan fried 159
Panama 314
pancakes 157
pancreas 18
panda 291
panty liner 108
papaya 128
paper clip 173
paper guide 172
paper napkin 154
paper tray 172
papier-maché 275
paprika 132
Papua New Guinea 319
par 233
parachute 248
parachuting 248
paragliding 248
Paraguay 315
parallel 165
parallel bars 235
parallelogram 164
paramedic 94
parcel 99
parents 23
park 262
park v 195
parking meter 195
parmesan 142
parole 181
parrot 293

parsley 133
parsnip 125
partner 23
pass 226
pass v 220, 223
passenger 216
passenger port 216
passion fruit 128
Passover 27
passport 213
passport control 213
pasta 158
pastels 274
pasting brush 82
pasting table 82
pastry 140, 149
pastry brush 69
pasture 182
patch 207
patchwork 277
pâté 142, 156
path 58, 85
pathology 49
patient 45
patio garden 85
pattern 276
pause 269
pavement 298
pavement café 148
paving 85
pawn 272
pay v 153
pay in v 96
pay per view channel 269
paying-in slips 96
payment 96
payroll 175
peach 126, 128
peacock 293
peanut 129
peanut butter 135
peanuts 151
pear 127
peas 131
pecan 129
pectoral 16
pectoral fin 294
pedal 61, 206
pedal v 207
pedestrian crossing 195
pedestrian zone 299
pedicure 41
pediment 301
peel v 67
peeled prawns 120
peeler 68
pelican 292
pelvis 17
pen 163, 185
penalty 222
penalty area 223
pencil 163, 275
pencil case 163
pencil sharpener 163
pendant 36
penfriend 24
penguin 292

peninsula 282
penis 21
pentagon 164
peony 111
people 12, 16
people carrier 199
pepper 64, 124, 152
peppercorn 132
pepperoni 142
percentage 165
percussion 257
perennial 86
perfume 41
perfumery 105
pergola 84
periodical 168
perm 39
perpendicular 165
persimmon 128
personal best 234
personal CD player 269
personal organizer 173, 175
personal trainer 250
personnel department 175
Peru 315
pesticide 89, 183
pestle 68, 167
pet food 107
pet shop 115
petal 297
petri dish 166
petrol 199
petrol pump 199
petrol station 199
petrol tank 203
pharmacist 108, 189
pharynx 19
pheasant 119, 293
phillips screwdriver 81
philosophy 169
Philippines 319
photo album 271
photo finish 234
photo frame 271
photofit 181
photographer 191
photograph 271
photograph v 271
photography 270
physical education 162
physics 162, 169
physiotherapy 49
piano 256
piccolo 257
pick v 91
pick and mix 113
pickaxe 187
pickled 159
pickup 258
picnic 263
picnic bench 266
pie 158
pie tin 69
piece 272
pier 217
pies 143
pig 185
pig farm 183

pigeon 292
pigeonhole 100
piglet 185
pigsty 185
pigtails 39
Pilates 251
pill 21, 109
pillar 300
pillion 204
pillow 70
pillowcase 71
pilot 190, 211
pin 60, 237, 249, 276
pin number 96
pincushion 276
pine 296
pine nut 129
pineapple 128
pineapple juice 149
pink 274
pint 311
pinto beans 131
pip 128
pipe 112, 202
pipe cutter 81
pipette 167
piping bag 69
pistachio 129
pitch 225, 256, 266
pitch v 229
pitch a tent v 266
pitcher 151, 229
pitcher's mound 228
pitches available 266
pith 126
pitta bread 139
pizza 154
pizza parlour 154
place mat 64
place setting 65
placenta 52
plain 285
plain chocolate 113
plain flour 139
plait 39
plane 81
plane v 79
planet 280, 282
plant v 183
plant pot 89
plants 86, 296
plaque 50
plaster 47, 83
plaster v 82
plastic bag 122
plastic pants 30
plastic surgery 49
plate 65, 283
plateau 284
platform 208
platform number 208
platform shoe 37
platinum 289
play 254, 269
play v 229, 273
player 221, 231, 273
playground 263
playhouse 75

playing 75
playpen 75
plea 180
please 322
Plimsoll line 214
plough v 183
plug 60, 72
plum 126
plumb line 82
plumber 188
plumbing 61
plunger 81
plus 165
Pluto 280
plywood 79
pneumatic drill 187
poach v 67
poached 159
pocket 32
pod 122
podium 235, 256
point 273
poisoning 46
poker 273
Poland 316
polar bear 291
pole 245, 282
pole vault 234
police 94
police car 94
police cell 94
police officer 94
police station 94
policeman 189
polish 77
polish v 77
politics 169
polo 243
polyester 277
pomegranate 128
pommel 242
pommel horse 235
pond 85
ponytail 39
pool 249
pop 259
popcorn 255
poplar 296
popper 30
poppy 297
poppy seeds 138
porch 58
porch light 58
pore 15
pork 118
porridge 156
port 145, 176, 214, 216
porter 100
portfolio 97
porthole 214
portion 64
portrait 271
Portugal 316
positive electrode 167
post office 98
postage 98
postal code 98
postal order 98

postal worker 98
postbox 99
postcard 112
poster 255
poster paint 274
postgraduate 169
postman 98, 190
postmark 98
pot plant 110
pot up v 91
potato 124
pot-pourri 111
potted plant 87
potter's wheel 275
pottery 275
potty 74
pouch 291
poultry 119
poultry farm 183
pound 310
pour v 67
powder 77, 109
powder puff 40
powdered milk 137
power 60
power cable 176
power cut 60
practice swing 233
pram 75
praying mantis 295
pregnancy 52
pregnancy test 52
pregnant 52
premature 52
premolar 50
prerecorded 178
prescription 45
present 27
presentation 174
presenter 178
preservative 83
preserved fruit 134
press 178
presser foot 276
press-up 251
pressure valve 61
price 152, 199
price list 154
prickly pear 128
primer 83
primrose 297
principality 315
print 271
print v 172
printer 172, 176
printing 275
prison 181
prison guard 181
private bathroom 100
private jet 211
private room 48
probe 50
problems 271
processed grains 130
procession 27
processor 176
producer 254
program 176

programme 254, 269
programming 178
projector 174
promenade 265
propagate v 91
propeller 211, 214
proposal 174
prosciutto 143
prosecution 180
prostate 21
protractor 165
proud 25
prove v 139
province 315
prow 215
prune 129
prune v 91
psychiatry 49
psychotherapy 55
public address system 209
puck 224
pudding rice 130
Puerto Rico 314
puff pastry 140
pull up v 251
pulp 127
pulse 47
pulses 130
pumice 288
pumice stone 73
pump 207
pumpkin 125
pumpkin seed 131
punch 237
punch bag 237
puncture 203, 207
pup 290
pupil 51, 162
puppy 290
purple 274
purse 37
pushchair 75
putt v 233
putter 233
pyjamas 33
pyramid 164

Q
Qatar 318
quadriceps 16
quail 119
quail egg 137
quart 311
quarter of an hour 304
quarterdeck 214
quartz 289
quay 216
queen 272, 273
question 163
question v 163
quilt 71
quilting 277
quince 128
quinoa 130
quiver 249

R
rabbit 118, 290

raccoon 290
race 234
racecourse 243
racehorse 243
racing bike 205, 206
racing dive 239
racing driver 249
rack 166
racquet 230
racquet games 231
racquetball 231
radar 214, 281
radiator 60, 202
radicchio 123
radio 179, 268
radio antenna 214
radio station 179
radiology 49
radish 124
radius 17, 164
rafter 186
rafting 241
rail 208
rail network 209
rain 287
rainbow 287
rainbow trout 120
raincoat 31, 32
rainforest 285
raisin 129
rake 88
rake v 90
rally 230
rally driving 249
RAM 176
Ramadan 26
ramekin 69
rap 259
rapeseed 184
rapeseed oil 135
rapids 240, 284
rash 44
rasher 119
raspberry 127
raspberry jam 134
rat 290
rattle 74
raw 124, 129
ray 294
razor blade 73
razor-shell 121
read v 162
reading light 210
reading list 168
reading room 168
reamer 80
rear light 207
rear wheel 197
rearview mirror 198
receipt 152
receive v 177
receiver 99
reception 100
receptionist 100, 190
rechargeable drill 78
record 234, 269
record player 268
record shop 115

recording studio 179
rectangle 164
rectum 21
recycling bin 61
red 145, 274
red card 223
red eye 271
red kidney beans 131
red lentils 131
red meat 118
red mullet 120
Red Sea 313
reduce v 172
reel 244
reel in v 245
refectory 168
referee 222, 226
referral 49
reflector 50, 204, 207
reflector strap 205
reflexology 54
refrigerator 67
reggae 259
region 315
register 100
registered post 98
regulator 239
re-heat v 154
reiki 55
reins 242
relationships 24
relatives 23
relaxation 55
relay race 235
release v 245
remote control 269
Renaissance 301
renew v 168
rent 58
rent v 58
repair kit 207
report 174
reporter 179
reproduction 20
reproductive 19
reproductive organs 20
reptiles 293
research 169
reserve v 168
respiratory 19
rest 256
restaurant 101, 152
result 49
resurfacing 187
resuscitation 47
retina 51
retire v 26
return 231
return address 98
return date 168
rev counter 201
reverse v 195
reverse charge call 99
rewind 269
rhinoceros 291
rhombus 164
rhubarb 127
rhythmic gymnastics 235

rib 17, 119
rib cage 17
ribbon 27
ribbon 39, 111, 141, 235
ribs 155
rice 130, 158, 184
rice pudding 140
rider 242
riding boot 242
riding crop 242
riding hat 242
rigging 215, 240
right 260
right field 229
right-hand drive 201
rim 206
rind 119, 127, 136, 142
ring 36
ring finger 15
ring ties 89
rings 235
rinse v 38, 76
ripe 129
rise v 139
river 284
road bike 206
road markings 194
road signs 195
roads 194
roadworks 187, 195
roast 158
roast v 67
roasted 129
robe 38, 169
rock climbing 248
rock concert 258
rock garden 84
rocket 123
rocks 284, 288
Rocky Mountains 312
rococo 301
rodeo 243
roll 139, 311
roll v 67
roller 83, 187
roller blind 63
roller coaster 262
roller skating 249
rollerblading 263
rollerskate 249
rolling pin 69
romance 255
Romania 316
romper suit 30
roof 58, 203
roof garden 84
roof tile 187
roofrack 198
rook 272
room 58
room key 100
room number 100
room service 101
rooms 100
root 50, 124, 296
roots 39
rope 248
rose 89, 110, 145

rosé 145
rosemary 133
rotor blade 211
rotten 127
rough 232
round 237
round neck 33
roundabout 195
route number 196
router 78
row 210, 254
row v 241
rower 241
rowing boat 214
rowing machine 250
rubber 163
rubber band 173
rubber boots 89
rubber ring 265
rubber stamp 173
rubbish bin 61, 67
ruby 288
ruck 221
rudder 210, 241
rug 63
rugby 221
rugby pitch 221
rugby strip 221
ruler 163, 165
rum 145
rum and coke 151
rump steak 119
run 228
run v 228
runner bean 122
runway 212
rush 86
rush hour 209
Russian Federation 318
Rwanda 317
rye bread 138

S
sad 25
saddle 206, 242
safari park 262
safe 228
safety 75, 240
safety barrier 246
safety goggles 81, 167
safety pin 47
saffron 132
sage 133
Sahara Desert 313
sail 241
sailboat 215
sailing 240
sailor 189
salad 149
salamander 294
salami 142
salary 175
sales assistant 104
sales department 175
salmon 120
saloon 199
salt 64, 152
salted 121, 129, 137, 143

San Marino 316
sand 85, 264
sand v 82
sandal 37
sandals 31
sandcastle 265
sander 78
sandpaper 81, 83
sandpit 263
sandstone 288
sandwich 155
sandwich counter 143
sanitary towel 108
São Tomé and Principe 317
sapphire 288
sardine 120
Sardinia 316
satellite 281
satellite dish 269
satellite navigation 201
satsuma 126
Saturday 306
Saturn 280
sauce 134, 143, 155
saucepan 69
Saudi Arabia 318
sauna 250
sausage 155, 157
sausages 118
sauté v 67
save v 177, 223
savings 96
savings account 97
savoury 155
saw v 79
saxophone 257
scaffolding 186
scale 121, 256, 294
scales 45, 53, 69, 98, 118, 166, 212, 293, 310
scallop 121
scalp 39
scalpel 81, 167
scan 48, 52
scanner 106, 176
scarecrow 184
scared 25
scarf 31, 36
schist 288
scholarship 169
school 162, 299
school bag 162
school bus 196
school uniform 162
schoolboy 162
schoolgirl 162
schools 169
science 162, 166
science fiction film 255
scientist 190
scissors 38, 47, 82,188, 276
scoop 68, 149
scooter 205
score 220, 256, 273
score a goal v 223
scoreboard 225
scorpion 295
scotch and water 151

scrabble 272
scrambled eggs 157
scrape v 77
scraper 82
screen 59, 63, 97, 176, 255, 269
screen wash 199
screen wash reservoir 202
screw 80
screwdriver 80
screwdriver bits 80
script 254
scrollbar 177
scrotum 21
scrub v 77
scrum 221
scuba diving 239
sculpting 275
sculptor 191
sea 264, 282
sea bass 120
sea bream 120
sea horse 294
sea lion 290
sea plane 211
seafood 121
seal 290
sealant 83
sealed jar 135
seam 34
seamstress 191
search v 177
seasonal 129
seasons 306
seat 61, 204, 209, 210, 242, 254
seat back 210
seat belt 198, 211
seat post 206
seating 254
secateurs 89
second 304, 309
second floor 104
second hand 304
second-hand shop 115
section 282
security 212
security bit 80
security guard 189
sedative 109
sedimentary 288
seed 122, 127, 130
seed tray 89
seeded bread 139
seedless 127
seedling 91
seeds 88, 131
seesaw 263
segment 126
self defence 237
self-raising flour 139
self-tanning cream 41
semidetached 58
semi-hard cheese 136
seminal vesicle 21
semi-skimmed milk 136
semi-soft cheese 136
semolina 130

send v 177
send off 223
Senegal 317
sensitive 41
sentence 181
September 306
serve 231
serve v 64, 231
server 176
service included 152
service line 230
service not included 152
service provider 177
service vehicle 212
serving spoon 68
sesame seed 131
sesame seed oil 134
set 178, 230, 254
set v 38
set honey 134
set sail v 217
set square 165
set the alarm v 71
seven 308
seven hundred 308
seventeen 308
seventeenth 309
seventh 309
seventieth 309
seventy 308
sew v 277
sewing basket 276
sewing machine 276
sexually transmitted disease 20
shade 41
shade plant 87
shallot 125
shallow end 239
shampoo 38
shapes 164
share price 97
shares 97
shark 294
sharp 256
sharpening stone 81
shaving 73
shaving foam 73
shears 89
shed 84
sheep 185
sheep farm 183
sheep's milk 137
sheet 71, 74, 241
shelf 67, 106
shell 129, 137, 265, 293
shelled 129
shelves 66
sherry 145
shiatsu 54
shield 88
shin 12
ship 214
ships 215
shipyard 217
shirt 32
shock 47
shocked 25

shoe department 104
shoe shop 114
shoes 34, 37
shoot v 223, 227
shop 298
shop assistant 188
shopping 104
shopping bag 106
shopping centre 104
shops 114
short 32, 321
short sight 51
short wave 179
short-grain 130
shorts 30, 33
shot 151
shotput 234
shoulder 13
shoulder bag 37
shoulder blade 17
shoulder pad 35
shoulder strap 37
shout v 25
shovel 187
shower 72, 286
shower block 266
shower curtain 72
shower door 72
shower gel 73
shower head 72
showjumping 243
shuffle v 273
shutoff valve 61
shutter 58
shutter release 270
shutter-speed dial 270
shuttle bus 197
shuttlecock 231
shy 25
Siberia 313
Sicily 316
side 164
sideline 220
side order 153
side plate 65
side saddle 242
side street 299
sidedeck 240
side-effects 109
sideline 226, 230
Sierra Leone 317
sieve 68, 89
sieve v 91
sift v 138
sigh v 25
sightseeing 260
sign 104
signal 209
signature 96, 98
silencer 203, 204
silk 277
silo 183
silt 85
silver 235, 289
simmer v 67
Singapore 319
singer 191

single 151
single bed 71
single cream 137
single room 100
singles 230
sink 38, 61, 66
sinus 19
siren 94
sirloin steak 119
sister 22
sister-in-law 23
site manager's office 266
sit-up 251
six 308
six hundred 308
sixteen 308
sixteenth 309
sixth 309
sixtieth 309
sixty 308
skate 120, 247, 294
skate v 224
skate wings 120
skateboard 249
skateboarding 249, 263
skein 277
skeleton 17
sketch 275
sketch pad 275
skewer 68
ski 241, 246
ski boot 246
ski jump 247
ski pole 246
ski run 246
ski slope 246
ski suit 246
skier 246
skiing 246
skimmed milk 136
skin 14, 119, 128
skin care 108
skinned 121
skipping 251
skirt 30, 34
skull 17
skydiving 248
skyscraper 299, 300
slalom 247
slate 288
sledding 247
sledgehammer 187
sleeping 74
sleeping bag 267
sleeping compartment 209
sleeping mat 267
sleeping pill 109
sleepsuit 30
sleet 286
sleeve 34
sleeveless 34
slice 119, 139, 140, 230
slice v 67
sliced bread 138
slicer 139
slide 167, 263
slide v 229
sling 46

slip 35
slip road 194
slip-on 37
slippers 31
slope 284
slotted spoon 68
Slovakia 316
Slovenia 316
slow 321
slug 295
small 321
small car 199
small intestine 18
small of back 13
smash 231
smile 25
smoke 95
smoke alarm 95
smoked 118, 121, 143, 159
smoked fish 143
smoking 112
smoking section 152
snack bar 113, 148
snail 295
snake 293
snare drum 257
sneeze 44
snooker 249
snore v 71
snorkel 239
snout 293
snow 287
snowboarding 247
snowmobile 247
snowsuit 30
soak v 130
soap 73, 178
soap dish 73
soccer 222
socket 60, 80
socket wrench 80
socks 33
soda bread 139
soda water 144
sofa 62
sofabed 63
soft 129, 321
soft cheese 136
soft drink 154
soft drinks 144
soft toy 75
software 176
softwood 79
soil 85
solar system 280
solder 79, 80
solder v 79
soldering iron 81
soldier 189
sole 15, 37
solids 164
Soloman Islands 319
soluble 109
solvent 83
Somalia 317
somersault 235
son 22
sonata 256

song 259
son-in-law 22
sorbet 141
sorrel 123
sorting unit 61
soufflé 158
soufflé dish 69
sound boom 179
sound technician 179
soundtrack 255
soup 153, 158
soup bowl 65
soup spoon 65
sour 127
sour cream 137
sourdough bread 139
south 312
South Africa 317
South Korea 318
southern hemisphere 283
Southern Ocean 313
souvenirs 260
sow v 90, 183
soya beans 131
space 280
space exploration 281
space shuttle 281
space station 281
space suit 281
spade 88, 265, 273
Spain 316
spanner 80
spare tyre 203
spark plug 203
sparkling 144
sparring 237
sparrow 292
spatula 68, 167
speaker 174, 176, 258, 268
speaker stand 268
spearfishing 245
specials 152
spectators 233
speed boating 241
speed limit 195
speed skating 247
speedboat 214
speedometer 201, 204
spell v 162
sperm 20
sphere 164
spices 132
spicy sausage 142
spider 295
spike v 90
spikes 233
spin 230
spin v 76
spin dryer 76
spinach 123
spine 17
spire 300
spirit level 80, 187
splashback 66
spleen 18
splint 47
splinter 46
split ends 39

split peas 131
spoke 207
sponge 73, 74, 83
sponge cake 140
sponge fingers 141
spool 245
spoon 65
sport fishing 245
sports 105, 220, 236, 248
sports car 198
sports field 168
sports jacket 33
sportsman 191
spotlight 259
sprain 46
spray 109
spray v 91
spray can 311
spray gun 89
spring 71, 307
spring balance 166
spring greens 123
spring onion 125
springboard 235, 238
sprinkler 89
sprinter 234
sprocket 207
square 164, 272, 299
square foot 310
square metre 310
squash 231
squat 251
squid 121, 295
squirrel 290
Sri Lanka 318
St Kitts and Nevis 314
St Lucia 314
St Vincent and the
  Grenadines 314
stabilisers 207
stable 185, 243
stadium 223
staff 175, 256
stage 167, 254
stages 23
stainless steel 79
stair gate 75
staircase 59
stake 90
stake v 91
stalk 122, 297
stalls 254
stamen 297
stamp 98
stamp collecting 273
stamps 112
stance 232
stand 88, 205, 268
stapler 173
staples 173
star 280
star anise 133
starfish 295
starfruit 128
start school v 26
starter 153
starting block 234, 238
starting line 234

state 315
statement 180
stationery 105
statuette 260
steak 121
steam v 67
steam train 208
steamed 159
steeplechase 243
steering wheel 201
stem 111, 112, 297
stencil 83
stenographer 181
step machine 250
stepfather 23
stepladder 82
stepmother 23
stereo 269
sterile 47
stern 240
stethoscope 45
stew 158
stick 224, 249
sticks 133
sticky tape 173
still 144
sting 46, 295
stir v 67
stir fry 158
stirrer 150
stirrup 242
stitch 277
stitch selector 276
stitches 52
stock broker 97
stock exchange 97
stockings 35
stocks 97, 110
stomach 18
stomach ache 44
stone 36, 275
stoned fruit 126
stop 269
stop button 197
stopper 166
stopwatch 234
store directory 104
stork 292
storm 287
stout 145
straight 39, 165
straight on 260
straighten v 39
strap 35
strapless 34
stratosphere 286
straw 144, 154
strawberry 127
strawberry milkshake 149
stream 285
street 298
street corner 298
street light 298
street sign 298
street stall 154
stress 55
stretch 251
stretcher 94

strike 228, 237
string 230, 258
string of pearls 36
strings 256
strip v 82
stroke 44, 233, 239
strokes 231
strong 321
strong flour 139
stub 96
study 63, 162
stuffed 159
stuffed olive 143
stump 225
styles 39, 239, 301
submarine 215
subsoil 91
substitute 223
substitution 223
subtract v 165
suburb 299
succulent 87
suction hose 77
Sudan 317
sugarcane 184
suit 273
sulphur 289
sultana 129
summer 31, 307
summons 180
sumo wrestling 237
Sun 280
sunbathe v 264
sunbed 41
sunblock 108, 265
sunburn 46
Sunday 306
sunflower 184, 297
sunflower oil 134
sunflower seed 131
sunglasses 51, 265
sunhat 30, 265
sunny 286
sunrise 305
sunroof 202
sunscreen 108
sunset 305
sunshine 286
suntan lotion 265
supermarket 106
supersonic jet 211
supplement 55
supply pipe 61
support 187
suppository 109
surf 241
surfboard 241
surfcasting 245
surfer 241
surfing 241
surgeon 48
surgery 45, 48
Suriname 315
surprised 25
suspect 94, 181
suspenders 35
suspension 203, 205
swallow 292

swamp 285
swan 293
Swaziland 317
sweater 33
sweatpants 33
sweatshirt 33
swede 125
Sweden 316
sweep v 77
sweet 124, 127, 155
sweet potato 125
sweet shop 113
sweet spreads 134
sweet trolley 152
sweetcorn 122
sweets 113
swim v 238
swimmer 238
swimming 238
swimming pool 101, 238,
    250
swimsuit 238, 265
swing v 232
swings 263
swiss chard 123
switch 60
Switzerland 316
swivel chair 172
sword 236
swordfish 120, 294
symphony 256
synagogue 300
synchronized swimming 239
synthetic 31
Syria 318
syringe 109, 167
syrup 109
system 176

T
tab 173
table 64, 148
table tennis 231
tablecloth 64
tack v 241, 277
tackle 245
tackle v 220, 223
tackle box 244
tadpole 294
tae-kwon-do 236
tag v 229
tai chi 236
tail 121, 210, 242, 280, 290,
    294
tail light 204
tailbone 17
tailgate 198
tailor 191
tailored 35
tailor's 115
tailor's chalk 276
tailor's dummy 276
tailplane 210
Tajikstan 318
take a bath v 72
take a shower v 72
take notes v 163
take off v 211

take-away 154
talcum powder 73
tall 321
tambourine 257
tampon 108
tan 41
tandem 206
tangerine 126
tank 61
Tanzania 317
tap 61, 66
tap water 144
tape dispenser 173
tape measure 80, 276
target 249
target shooting 249
tarmac 187
taro root 124
tarragon 133
Tasmania 319
tattoo 41
tax 96
taxi driver 190
taxi rank 213
tea 144, 149, 184
tea with lemon 149
tea with milk 149
teabag 144
teacup 65
teacher 54, 162, 191
team 220, 229
teapot 65
tear 51
teaspoon 65
teat 75
techniques 79, 159
teddy bear 75
tee 233
teeing ground 232
tee-off v 233
teenager 23
telegram 98
telephone 99, 172
telephone box 99
telescope 281
television series 178
television studio 178
temperature 286
temperature gauge 201
temple 14, 300
ten 308
ten thousand 309
tenant 58
tend v 91
tendon 17
tennis 230
tennis court 230
tennis shoes 231
tenon saw 81
tent 267
tent peg 266
tent pole 266
tenth 309
tequila 145
terminal 212
termite 295
terrace café 148
terraced 58

territory 315
terry nappy 30
test 49
test tube 166
testicle 21
text message 99
textbook 163
Thailand 318
thank you 322
Thanksgiving 27
the day after tomorrow 307
the day before yesterday 307
theatre 254, 299
theme park 262
therapist 55
thermals 267
thermometer 45, 167
thermosphere 286
thermostat 61
thesis 169
thick 321
thigh 12, 119
thimble 276
thin 321
third 309
thirteen 308
thirteenth 309
thirtieth 309
thirty 308
this way up 98
this week 307
thistle 297
thoracic vertebrae 17
thread 276
thread v 277
thread guide 276
thread reel 276
three 308
three hundred 308
three-door 200
three-point line 226
thriller 255
throat 19
throat lozenge 109
throttle 204
through 320
throw 237
throw v 221, 227, 229
throw-in 223, 226
thruster 281
thumb 15
thunder 286
Thursday 306
thyme 133
thyroid gland 18
tibia 17
ticket 209, 213
ticket barrier 209
ticket inspector 209
ticket office 209, 216
tie 32
tiebreak 230
tie-pin 36
tiger 291
tights 35, 251
tile 58, 272
tile v 82
till 106, 150

tiller 240
timber 187
time 234, 304
time out 220
timer 166
times 165, 261
timetable 197, 209, 261
timing 203
tin 289, 311
tinned food 107
tip 36, 122, 246
tissues 108
title 168
titles 23
to 320
toad 294
toast 157
toasted sandwich 149
toaster 66
tobacco 112, 184
today 306
toddler 30
toe 15
toe clip 207
toe strap 207
toenail 15
toffee 113
toggle 31
Togo 317
toilet 72
toilet brush 72
toilet roll 72
toilet seat 72
toiletries 41, 107
toilets 104, 266
toll booth 194
tomato 125, 157
tomato juice 144, 149
tomato sauce 154
tomorrow 306
toner 41
tongs 150, 167
tongue 19, 37, 118
tonic water 144
tonne 310
tool rack 78
toolbar 177
toolbelt 186
toolbox 80
tools 187
tooth 50
toothache 50
toothbrush 72
toothpaste 72
top coat 83
top dress v 90
top tier 141
topaz 288
topiary 87
topping 155
topsoil 85
torch 267
tornado 287
tortoise 293
touch line 221
touchdown 221
tour bus 260
tour guide 260

tourer 205
touring bike 206
tourist 260
tourist attraction 260
tourist bus 197
tourist information 261
tourmaline 288
tournament 233
tow away v 195
tow truck 203
towards 320
towel rail 72
towels 73
tower 300
town 298
town hall 299
townhouse 58
toy 75
toy basket 75
toys 105
track 208, 234
tracksuit 31, 32
tractor 182
traffic 194
traffic jam 195
traffic light 194
traffic policeman 195
trailer 266
train 35, 208
train v 91, 251
train station 208
trainer 37
trainers 31, 251
tram 196, 208
transfer 223
transformer 60
transmission 202
transplant v 91
transport 194
trapezium 164
trapezius 16
trash 177
travel agent 190
travel agent's 114
travel sickness pills 109
traveller's cheque 97
tray 152, 154
tray-table 210
tread 207
tread water v 239
treadmill 250
treble clef 256
tree 86, 296
trekking 243
trellis 84
tremor 283
triangle 164, 257
triceps 16
trifle 141
trim v 39, 90
trimester 52
trimmer 88
Trinidad and Tobago 314
tripod 166, 270, 281
trolley 48, 100, 106, 208, 213
trolley bus 196
trombone 257

tropic of Cancer 283
tropic of Capricorn 283
tropical fruit 128
tropics 283
troposphere 286
trot 243
trough 183
trousers 32, 34
trout 120
trowel 89, 187
truffle 113, 125
trug 88
trumpet 257
truncheon 94
trunk 291, 296
trunks 238
try 221
t-shirt 30, 33
tub 311
tuba 257
tube 311
Tuesday 306
tug boat 215
tulip 111
tumble 235
tumble dryer 76
tumbler 65
tuna 120
tune v 179
tune the radio v 269
tuning peg 258
Tunisia 317
turbocharger 203
turf v 90
Turkey 316
turkey 119, 185, 293
Turkmenistan 318
turmeric 132
turn 238
turn v 79
turn the television off v 269
turn the television on v 269
turnip 124
turpentine 83
turquoise 289
turret 300
turtle 293
tusk 291
tutu 191
tweezers 40, 47, 167
twelfth 309
twelve 308
twentieth 309
twenty 308
twenty minutes 304
twenty thousand 309
twenty-first 309
twenty-one 308
twenty-second 309
twenty-third 309
twenty-two 308
twig 296
twin room 100
twine 89
twins 23
twist ties 89
two 308
two hundred 308

two o'clock 304
two thousand 307
two thousand and one 307
two-door 200
types 199, 205
types of buses 196
types of camera 270
types of farm 183
types of fishing 245
types of plants 86
types of train 208
tyre 198, 205, 206
tyre lever 207
tyre pressure 203

U
Uganda 317
ugli 126
Ukraine 316
ulna 17
ultrasound 52
ultraviolet rays 286
umbilical cord 52
umbrella 36, 233
umpire 225, 229, 230
uncle 22
unconscious 47
uncooked meat 142
under 320
under par 233
undercoat 83
underexposed 271
undergraduate 169
underground map 209
underground train 209
underpass 194
underwear 32, 35
underwired 35
uniform 94, 189
United Arab Emirates 318
United Kingdom 316
United States of America 314
universe 280
university 299
unleaded 199
unpasteurised 137
unpick v 277
unsalted 137
until 320
up 320
upper circle 254
upset 25
Uranus 280
ureter 21
urethra 20
urinary 19
urology 49
Uruguay 315
usher 255
uterus 20, 52
utility room 76
Uzbekistan 318

V
vacuum cleaner 77, 188
vacuum flask 267
vagina 20
valance 71

valley 284
valve 207
vanilla 132
Vanuatu 319
varnish 79, 83
vas deferens 21
vase 63, 111
Vatican City 316
vault 235, 300
veal 118
vegetable garden 85
vegetable oil 135
vegetable plot 182
vegetables 107, 122, 124
veggie burger 155
veil 35
vein 19
venetian blind 63
Venezuela 315
venison 118
vent 283
ventouse cup 53
Venus 280
verdict 181
vest 33, 35, 251
vet 189
vibraphone 257
vice 78
video game 269
video phone 99
video recorder 269
video tape 269
Viet Nam 318
viewfinder 271
village 299
vine 183
vinegar 135, 142
vineyard 183
vintage 199
viola 256
violin 256
virus 44
visa 213
vision 51
visiting hours 48
visor 205
vitamins 108
v-neck 33
vocal cords 19
vodka 145
vodka and orange 151
voice message 99
volcano 283
volley 231
volleyball 227
voltage 60
volume 165, 179, 269, 311
vomit v 44

W
waders 244
waffles 157
waist 12
waistband 35
waistcoat 33
waiter 148, 152
waiting room 45
waitress 191

wake up v 71
walk 243
walking boot 37
walking boots 267
walkway 212
wall 58, 186, 222
wall light 62
wallet 37
wallpaper 82, 177
wallpaper v 82
wallpaper brush 82
wallpaper paste 82
walnut 129
walnut oil 134
walrus 290
ward 48
wardrobe 70
warehouse 216
warm 286
warm up v 251
warrant 180
wash v 38, 77
washbasin 72
washer 80
washer-dryer 76
washing machine 76
wasp 295
waste disposal 61, 266
waste disposal unit 61
waste pipe 61
wastebasket 172
watch 36
watch television v 269
water 144, 238
water v 90, 183
water bottle 206, 267
water chamber 61
water chestnut 124
water closet 61
water garden 84
water hazard 232
water jet 95
water plant 86
water polo 239
watercolour paints 274
watercress 123
waterfall 285
watering 89
watering can 89
watermelon 127
waterproofs 245, 267
waterskier 241
waterskiing 241
watersports 241
wave 241, 264
wavelength 179
wax 41
weak 321
weather 286
weaving 277
website 177
wedding 26, 35
wedding cake 141
wedding dress 35
wedding reception 26
wedge 233
Wednesday 306
weed v 91

weed killer 91
weeds 86
week 306
weekend 306
weekly 307
weigh v 310
weight 166, 244
weight bar 251
weight belt 239
weight training 251
wellington boots 31
west 312
western 255
Western sahara 317
wet 286, 321
wet wipe 75, 108
wetsuit 239
whale 290
wheat 130, 184
wheel 198, 207
wheel nuts 203
wheelbarrow 88
wheelchair 48
wheelchair access 197
whiplash 46
whipped cream 137
whisk 68
whisk v 67
whiskers 290
whisky 145
white 39, 145, 272, 274
white bread 139
white chocolate 113
white coffee 148
white currant 127
white flour 138
white meat 118
white rice 130
white spirit 83
whiting 120
whole 129, 132
whole milk 136
wholegrain 131
wholegrain mustard 135
wholemeal bread 139
wholemeal flour 138
wicket 225
wicket-keeper 225
wide 321
widescreen television 269
width 165
wife 22
wig 39
wild rice 130
willow 296
win v 273
wind 241, 286
windbreak 265
windcheater 33
windlass 214
window 58, 96, 98, 177, 186, 197, 209, 210
windpipe 18
windscreen 198
windscreen wiper 198
windshield 205
windsurfer 241
windsurfing 241

windy 286
wine 145, 151
wine glass 65
wine list 152
wine vinegar 135
wing 119, 210, 293
wing mirror 198
wings 254
winner 273
winter 31, 307
winter sports 247
wipe v 77
wire 79
wire cutter 80
wire strippers 81
wire wool 81
wires 60
with 320
withdrawal slip 96
without 320
witness 180
wok 69
wolf 290
woman 23
womb 52
women's clothing 34
women's wear 105
wood 79, 233, 275, 285
wood glue 78
wood shavings 78
wooden spoon 68
woodpecker 292
woodstain 79
woodwind 257
woodworking 275
wool 277
work 172
work day 306
workbench 78
workshop 78
worktop 66
world map 312
worm 295
worried 25
wound 46
wrap 155
wrapping 111
wreath 111
wrench 81, 203
wrestling 236
wrinkle 15
wrist 13, 15
wristband 230
writ 180
write v 162

X
x-ray 48
x-ray film 50
x-ray machine 212
x-ray viewer 45

Y
yacht 215, 240
yam 125
yard 310
yawn v 25
year 163, 306

yeast 138
yellow 274
yellow card 223
Yemen 318
yes 322
yesterday 306
yoga 54
yoghurt 137
yolk 137, 157
you're welcome 322
Yugoslavia 316

Z
Zambia 317
zebra 291
zero 308
zest 126
Zimbabwe 317
zinc 289
zip 277
zone 315
zones 283
zoo 262
zoology 169
zoom lens 270

عربي

يرقق ٦٧
يركب ١٧٧
يركب بلاط ٨٢
يركض ٢٢٩
يركل ٢٢١، ٢٢٣
يرمي ٢٢١، ٢٢٥، ٢٢٧، ٢٢٩، ٢٤٥
يريح ١٣٩
يزرع ٩١
يزرع في أصص ٩١
يزن ٣١٠
يزيل الأعشاب الضارة ٩١
يزيل الثلج ٦٧
يزيل الزهور الميتة ٩١
يزيل الورق ٨٢
يسأل ١٦٣
يسار ٢٦٠
يسبح ٢٣٨
يستحم ٧٢
يستعدل ٣٩
يستعرض ١٧٧
يستعير ١٦٨
يستقبل ١٧٧
يستيقظ ٧١
يسجل ٢١٢
يسجل الدخول ١٧٧
يسجل هدف ٢٢٣
يسدد ٢٢٣، ٢٢٤
يسدد من قمزة ٢٣٣
يسروع ٢٩٥
يسقط الكرة ٢٢٠
يسقط المرساة ٢١٧
يسقط عن قرب ٢٣٣
يسقط في حفرة ٢٣٣
يسقي ٩٠، ١٨٣
يسكك ٩٠
يسلق ٦٧
يُسلِك ٢٧٧
يسمح بالخروج ٤٨
يسمد ٩١
يسند ٩١
يشاهد التليفزيون ٢٦٩
يشخر ٧١
يشذب ٩٠
يشرح ٦٧
يشطف ٣٨، ٧٦
يشعل ناراً ٢٦٦
يشغل التليفزيون ٢٦٩
يشم ٢٨٨
يشوي ٦٧
يصد ٢٢٩
يصرف نقداً ٩٧
يصطاد ٢٤٥
يصعد ٢١٧
يُصغر ١٧٢
يصف ١٩٥
يصفق ٢٥٥
يصقل ٨٣
يصل لقاعدة ٢٢٨
يصوب ٢٢٧
يصور ٢٧١
يصيح ٢٥
يضبط ١٧٩
يضبط البؤرة ٢٧١
يضبط الراديو ٢٦٩
يضبط المنبه ٧١
يضحك ٢٥
يضرب ١٦٥، ٢٢٥
يضرب الكرة بالرأس ٢٢٢
يُضيف ١٦٥
يطبخ بالبخار ٦٧
يطبخ في الفرن ٦٧
يطبع ١٧٢
يطرح ١٦٥
يُطعم ٩١، ١٨٣، ٢٤٥
يطفئ بالنفخ ١٤١
يطلب ١٥٣
يطلق سراح ٢٤٥
يطلو ٨٣
يطير ٢١١
يعادل ١٦٥
يعبئ ٧٦
يعترض ٢٢٧
يعجن ١٣٨
يعد ١٦٥
يعدو على الواقف ٢٥١
يعسوب ٢٩٥
يعقد صداقات ٢٦
يُعيد التسخين ١٥٤
يغربل ١٣٨
يغرز ١٨٣
يغرق ٢٣٩
يغسل ٣٨، ٧٧
يغطس ٢٣٨
يغمى عليه ٢٥، ٤٤
يغير ٢٠٩
يغير السرعة ٢٠٧
يغير القناة ٢٦٩
يغير عجلة ٢٠٣
يفرش ٣٨، ٥٠
يفرش السماد ٩٠
يفرش المائدة ٦٤
يفرش الوقاية ٩١
يفرمل ٢٠٧
يفك ٢٧٧
يفوز ٢٧٣
يقدم الأكل ٦٤
يقرأ ١٦٢
يقسم ١٦٥
يقشر ٤١
يقص ٣٨
يقطع ٧٩، ٩١، ٢٧٧
يقطف ٩١
يقع في الحب ٢٦
يقفز ٢٢٧
يقفل التليفزيون ٢٦٩
يقلب ٦٧
يُقلع ٢١١
يقلم ٩١
يقلي ٦٧
يقود ١٩٥
يقود دراجة ٢٠٧
يقوم ٧١
يقيس ٣١٠
يكبر ١٧٢
يكتب ١٦٢
يكتب وصية ٢٦
يكسو ١٣٩
يكسو بالأعشاب ٩٠
يكشط ٧٧، ٧٩
يكنس ٧٧
يكوي ٧٦
يلاصق ٢٢٧
يلتقط الطعم ٢٤٥
يلحم ٧٩
يلصق ٨٢
يلصق ورق الحائط ٨٢
يلعب ٢٢٩، ٢٧٣
يُلقي ٢٢٩
يلم ٩٠
يلمع ٧٧
يمد ٢٥١
يمرر ٢٢٣
يمسح ٧٧
يمسك ٢٢٠، ٢٢٧
يُمسك ٢٢٩
يمسك الكرة ٢٢٥، ٢٢٩
يمشط ٣٨
يملأ ٨٢
يملط ٨٢
اليمن ٣١٨
يموت ٢٦
يمين ٢٦٠
يناقش ١٦٣
ينام ٧١
يناول ٢٢٠، ٢٢١
يناير ٣٠٦
ينحت ٧٩
ينزل ٢١٧
ينزلق ٢٢٩
ينسخ ١٧٢
ينشر ٧٩
ينصب خيمة ٢٦٦
ينطط ٢٢٧
ينظف بالخيط ٥٠
ينفخ ١٣٩
ينفض الغبار ٧٧
ينقذ ٢٢٣
ينقع ١٣٠
ينقل الشتل ٩١
ينقلب ٢٤١
ينهد ٢٥
يهاجر ٢٦
يهبط ٢١١
يهوي ٩١
يهوي بالعصا ٢٣٣
يوتد ٩١
يوجا ٥٤
يودع ٩٦
يوزع ٢٧٣
يوسفي ١٢٦
يوسفي ساتسوما ١٢٦
يولد ٢٦
يوليو ٣٠٦
يوم ٣٠٦
اليوم ٣٠٦
يوم الأحد ٣٠٦
يوم الأربعاء ٣٠٦
يوم الاثنين ٣٠٦
يوم الثلاثاء ٣٠٦
يوم الجمعة ٣٠٦
يوم الخميس ٣٠٦
يوم السبت ٣٠٦
يوم الميلاد ٢٧
يوم عمل ٣٠٦
اليونان ٣١٦
يونيو ٣٠٦

نهاية الفهرست العربي (يبدأ صفحة ٣٥٩).

End of Arabic index (starting on page 359).

عربي

نفاثة خاصة ٢١١
نفاثة ماء ٩٥
نفاخة البودرة ٤٠
نفايات ١٧٧
نفايات عضوية ٦١
نقار ٢٩٢
نقالة ٨٨، ٩٤
نقرة ١٥
نقطة ٢٢٨، ٢٧٣
نقل الحركة ٢٠٢
نكاف ٤٤
نمر ٢٩١
النمسا ٣١٦
نمش ١٥
نمل ٢٩٥
نمل أبيض ٢٩٥
نموذج ١٩٠، ٢٧٦
نهار ٣٠٥
نهايات مشققة ٣٩
نهاية ٣٢١
نهر ٢٨٤
نهر جليدي ٢٨٤
نواة ١٢٢، ١٢٩، ١٣٠
نواة داخلية ٢٨٢
نواة قلبية ٤٤
نوتة ملاحظات ١٧٣
نوتة موسيقية ٢٥٥، ٢٥٦
نودلز ١٥٨
نورس ٢٩٢
نوعة ١١٣
نوفمبر ٣٠٦
نول ٢٧٧
نوع ٧٤
نين ١٢٤، ١٢٩
نيبال ٣١٨
النيجر ٣١٧
نيجيريا ٣١٧
نيكاراجوا ٣١٤
نيكل ٢٨٩
نيلون ٢٧٧
نيلي ٢٧٤
نيوزيلندا ٣١٩

ه
هاتشباك ١٩٩
هاتف ٩٩، ١٧٢
هاتف طوارئ ١٩٥
هاتف فيديو ٩٩
هاتف لاسلكي ٩٩
هاتف محمول ٩٩
هاتف يعمل بالبطاقة ٩٩
هاتف يعمل بالنقد ٩٩
هادئ ٣٢١
هاواي ٣١٤
هاون ٦٨، ١٦٧
هايتي ٣١٤
هبوط عبر حبل ثابت ٢٤٨
هجوم ٢٢٠

هدف ٢٢٢، ٢٢٣، ٢٢٤، ٢٤٩
هذا/هذه ٣٢٢
هراسة ٦٨، ١٨٧
هراوة ٩٤
هرم ١١٤
هرمون ٢٠
هرولة ٢٤٣
هرة ٢٨٣
هضبة ٢٨٤
هضمي ١٩
هلال ٢٨٠
همستر ٢٩٠
الهمالايا ٣١٣
هنا ٣٢٠
هناك ٣٢٠
هندب ٢١٨
هندب ١٢٣
هندباء ١٢٢
هندباء إيطالية ١٢٣
هندباء برية ١٢٣
هندسة ١١٥، ١١٩
هندوراس ٣١٤
هواء ٢٤١، ٢٨٦
هوائي راديو ٢١٤
هوكي ٢٢٤
هوكي جليد ٢٢٤
هولندا ٣١٦
هيدروفويل ٢١٥
هيرزجوفينا ٣١٦
هيكل ٥١، ٢٠٣، ٢٠٦، ٢١٤، ٢٤٠،
٣١٧
هيكل تسلق ٢٦٣
هيكل خارجي ٢٠٢
هيكل عظمي ١٧

و
وابل من المطر ٢٨٦
واثق ٢٥
واجب منزلي ١٦٣
واحد ٣٠٨
واد ٢٨٤
واق ٢٣٦
واق من التناثر ٦٦
واق من الرياح ٣٣
واق من الطين ٢٠٥
واقف على لوح ٢٤١
واقي الفم ٢٣٧
والدان ٢٣
وتد ٩٠، ٢٤٩
وتد خيمة ٢٦٦
وتد ضبط الأوتار ٢٥٨
وتر ١٧، ١٦٤، ٢٣٠، ٢٥٨
وتر أخيلس ١٦
وثائقي ١٧٨
وثب طويل ٢٣٥
وثب بالزانة ٢٣٥
وجات سريعة ١٠٧
وجبة ٦٤

وجبة برغر ١٥٤
وجبة طفل ١٥٢
وجه ١٤
وجه القدم ١٥
وحد المعالجة المركزية ١٧٦
وحدة أدراج ١٧٢
وحدة التخلص من النفايات ٦١
وحدة الرعاية المركزة ٤٨
وحدة الفرز ٦١
وحدة تشغيل للقرص الصلب ١٧٦
وحيد القرن ٢٩١
وخز بالإبر ٥٥
وربي ١٦
ورد ١١
وردي ١٤٥، ٢٧٤
ورشة العمل ٧٨
ورق ١١
ورق الحمام ٧٢
ورق الغار ١٣٣
ورق اللف ١١١
ورق بنقش بارز ٨٣
ورق ترشيح ١٦٧
ورق حائط ٨٢، ١٧٧
ورق صنفرة ٨١، ٨٣
ورق كريشة ٢٧٥
ورقة ١٢٢، ٢٩٦
ورنيش ٧٩، ٨٣
وريد ١٩
وزة ١١٩، ٢٩٣
وزن ١٦٦
وزن عند الولادة ٥٣
وزير ٢٧٢
وسائط إعلامية ١٧٨
وسادة ٢٢٤
وسادة المفتاح ٩٧
وسادة تغيير ٧٤
وسادة حبر ١٧٣
وسادة ساق ٢٢٥
وسادة فرملة ٢٠٧
وسادة للأكواب ١٥٠
وسادة للركبة ٢٠٥
وسط ١٢
وسكي ١٤٥
وشاح ٣١، ٣٦
وشاح تعليق ٤٦
وشم ٤١
وصفة طبية ٤٥
وصلة ٣٦، ٢١٢
وصول ٢١٣
وضع الجسم ٢٣٢
وعاء ٣١٠، ٣١١
وعاء الصابون ٧٣
وفل ١٥٧
وقائع ١٧٤

وقت ٣٠٤
وقت إضافي ٢٢٣
وقوع ٢٦٩
وقوف ٢٣٧
وقيد ٢٦٦
وكيل سفر ١١٤، ١٩٠
ولادة ٤٩، ٥٣
ولادة بالمساعدة ٥٣
ولاعة ١١٢
الولايات المتحدة الأمريكية ٣١٤
ولاية ٣١٥
ولد ٢٣، ٢٧٢
ولد الخنزير ١٨٥
ونش ١٨٧، ٢١٦
ويسكي سكوتش وماء ١٥١

ي
يأخذ دش ٧٢
يأكل ٦٤
اليابان ٣١٨
ياردة ٣١٠
ياقة ٣٢
ياقوت ٢٨٨
ياقوتية الكرم ٢٩٧
يام ١٢٥
يبحث ١٧٧
يبدأ اللعب ٢٤٠
يبدأ الدراسة ٢٦
يناير ٩٠، ١٨٣
يبشر ٦٧
يبكي ٢٥
يبني ١٨٦
يتأجر ٥٨
يتثاءب ٢٥
يتخرج ٢٦
يتدرب ٢٥١
يترأس ١٧٤
يترتب الفراش ٧١
يتزلج ٢٢٤
يتزوج ٢٦
يتشمس ٢٦٤
يتصل ١٧٧
يتطف ٧٧
يتطف بالحك ٧٧
يتعدى ١٩٥
يتعرج في إبحاره ٢٤١
يتعلق بلاعب ٢٢٠، ٢٢١
يتعلم ١٦٣
يتقاعد ٢٦
يتكاثر ٤٤
يتكاثر ٩١
يتمنى ٢٥١
يتهجى ١٦٢
يثبت ٢٧٧
يثبت الشعر ٣٨
يثق ٧٩

يثني ٢٥١
يثور ٢٨٣
يجدف ٢٦٨
يجدف ٢٤١
يجر ١٩٥
يجر للخارج ٢٤٥
يجري بالكرة ٢٢٢
يجري ٩٠
يجف ٧٦
يجمد ٦٧
يحبب ١٦٣
يحاذي الرصيف ٢١٧
يحاذي المخاض ٥٢
يحجز ١١٨
يحجز رحلة ٢١٢
يحرث ١٨٣
يحصد ٩١، ١٨٣
يحصل على وظيفة ٢٦
يحضر ١٧٤
يحطم رقم قياسي ٢٣٤
يحف ٣٩
يحفر ٩٠
يحفظ ١٧٧
يحلب ١٨٣
يحمض ٢٧١
يحمل ١٧٧
يخبز ٦٧، ١٣٨
يخت ٢١٥، ٢٤٠
يخسر ٢٧٣
يخفق ٦٧
يخفى ٦٧، ١٣٨، ٢٧٣
يخيط ١٥٨
يخيط ٢٧٧
يخيم ٢٦٦
يد ١٣، ١٥
يد الهاون ٦٨، ١٦٧
يُدخل للعلاج ٤٨
يدفع ١٥٣، ٢٣٣
يدفع من أعلى ٢٢٧
يدلق ٦٧
يدور ٧٩
يدور بسرعة ٧٦
يدوس الدواسة ٢٠٧
يدون ملاحظات ١٦٣
يدوي ٢٠٠
يذهب للسرير ٧١
يذيع ١٧٨
يراوغ ٢٢٣
يرتد للخلف ١٩٥
يرتق ٢٧٧
يرد ٩٩
يرزق بمولود ٢٦
يرسل ١٧٧، ٢٣١
يرسم ١٦٢
يرسو ٢١٧
يرش ٩١
يرعى ٩١
يرفع ٢٥١

نبتون ٢٨٠	مولد تيار متناوب ٢٠٣	مهن ١٨٨، ١٩٠،	منسق شخصي ١٧٣	ممر جبلي ٢٨٤
نبض ٤٧	مولد كهربائي ٢٠٧	مهندس معماري ١٩٠	منشار تلسين ٨١	ممر سفلي ١٩٤
نبيذ ١٤٥، ١٥١	موناكو ٣١٦	موازن ٢٠٧	منشار دائري ٧٨	ممر مشاة ٢٦٢
نتيجة ٤٩، ٢٧٣	موتينيجرو ٣١٦	مواش ١٨٢، ١٨٥	منشار قطع النماذج ٧٨	ممرضة ٤٥، ٤٨، ٥٢، ١٨٩
نجار ١٨٨	مياه معدنية ١٤٤	مواصلات ١٩٢	منشار معادن ٨١	ممسحة ٧٧
نجم ٢٨٠	ميداليات ٢٣٥	مواعيد ٣١١	منشار منحنيات ٨١	ممشى ٨٥، ٢١٢
نجم البحر ٢٩٥	ميدان ١٩٥، ٢٩٤	موتوراريللا ١٤٢	منشار يدوي ٨١، ٨٩	ممشى ساحلي ٢٦٥
نجيل ٨٧، ٣١٢	ميدان تنافس ٢٤٣	موجة ٢٤١، ٢٦٤	منشفة شاطئ ٢٦٥	ممطر ٢٨١
نجيل حول حفرة ٢٣٢	ميزاب ٢٩٩	موجة طويلة ١٧٩	منصة ١٧٦، ١٨٦، ٢٣٥، ٢٦٨	ممل ٣٢١
نحات ١٩١	ميزان ٤٥، ٥٣، ٦٩، ٩٨،	موجة قصيرة ١٧٩	منصة إطلاق ٢٨١	مملح ١٢١، ١٢٩، ١٣٧، ١٤٣
نحاس ٢٨٩	١١٨، ١٦٦، ٣١٠	موجة متوسطة ١٧٩	منصة سماعة ٢٦٨	مملح ومدخن ١١٨
نحت ٢٧٥	ميزان برنبرك ١٦٦	مودم ١٧٦	منصة عالية ٢٥٦	المملكة المتحدة ٣١٦
نحل ٢٩٥	ميزان تسوية ٨٠، ١٨٧	موديل ١٦٩	منصة محمولة ٩٥	المملكة العربية السعودية
نحو ٣٢٠	الميكانيكا ٢٠٢	موريتانيا ٣١٧	منضدة بجوار السرير ٧٠	٣١٨
نخالة ١٣٠	ميكانيكي ١٨٨، ٢٠٣	موريشيوس ٣١٧	منضدة عمل ٧٨	ممنوع التوقف ١٩٥
نخل ٢٩٦	ميكة ٢٨٩	موز ١٢٨	منطقا ٢١١	ممنوع الدخول ١٩٥
نخلة ٨٦	ميكروفون ١٧٩، ٢٥٨	موزامبيق ٣١٧	منطقة ٣١٥	مموج ٣٩
نرجس ١١١	ميكروليت ٢١١	موزع ٢٠٣	منطقة الأمازون ٣١٢	من ٣٢٠
نرنج ١٢٦	ميل ٣١٠	موس شريط ١٧٣	منطقة الجزاء ٢٢٣	من أجل ٣٢٠
النرويج ٣١٦	ميليجرام ٣١٠	موس حلاقة ٧٣	منطقة المرمى ٢٢١، ٢٢٣	من الداخل ٢٠٠
نزهة ٢٦٣	ميليلتر ٣١١	موس للرمي ٧٣	منطقة دفاع ٢٢٤	من فضلك ٣٢٢
نزيف ٤٦	ميليمتر ٣١٠	موسم ثقوب ٨٠	منطقة صناعية ٢٩٩	من فوق ٣٢٠
نزيف الأنف ٤٤	ميناء ٥٠، ٢١٤، ٢١٦، ٢١٧	موسم ١٢٩	منطقة غير مقصوصة	منديل ورق ١٠٨
نزيل ١٠٠	ميناء حاويات ٢١٦	موسوعة ١٦٣	٢٣٢	منارة ٢١٧
نساء ١٦٢	ميناء ركاب ٢١٦	موس دوفر ١٢٠	منطقة لعب الجولف ٢٣٢	مناطق ٢٨٣، ٢٩٩
نسبة مئوية ١٦٥	ميناء صيد ٢١٧	موس ليمون ١٢٠	منطقة محايدة ٢٢٤	مناطق استوائية ٢٨٣
نسج ٢٧٧		موسية ١٤١	منطقة نهائية ٢٢٠	مناظر طبيعية ٢٨٤
نسر ٢٩٢	ن	موسيقار ١٩١	منطقة هجوم ٢٢٤	منافع تغير حفاظات ١٠٤
نسفة ٧٣	ناب ٥٠، ٢٩١	موسيقى ١٦٢، ٢٥٥	منظف ٤١، ٧٧، ١٢١، ١٨٨	منبه ٧٠
نشرات ٩٦	ناد للقمار ٢٦١	موسيقى روك صاخبة ٢٥٩	منظف للفم ٧٢	منتج ١٠٧، ١٣٦
نص ٢٥٤	نادر ٣٢٠	موسيقى شعبية ٢٥٩	منظم ٢٣٩، ٢٦٩	منتجات الألبان ١٠٧، ١٣٦
نصف إقامة ١٠١	نادل ١٤٨، ١٥٢	موسيقى كلاسيكية ٢٥٥، ٢٥٩	منظم السرعة ٢٠٧	منتجات البقالة ١٠٦
نصف الكرة الجنوبي ٢٨٣	نادلة ١٩١	موضة ٢٧٧	منظم المكتب ١٧٢	منتجات المخبز ١٠٧
نصف الكرة الشمالي ٢٨٣	ناسا مخيم ٢٦٦	موضع مخصص	منظومة شمسية ٢٨٠	منتزه ٢٦٢
نصف قطر ١٦٤	ناس ١٢	للأوركسترا ٢٥٤	منظومة هاي فاي ٢٦٨	منتزه بموضوع مشترك
نصف لتر ٣١١	ناصية ٢٩٨	موظف ٢٤	منعكس ٥٢	٢٦٢
نصل ٦٠، ٦٦، ٧٨، ٨٩،	ناضج ١٢٩	موظف استقبال ١٠٠، ١٩٠	منع الملابس ٧٦	منتزه قومي ٢٦١
تصميم مناظر ١٧٩	ناطحة سحاب ٢٩٩، ٣٠٠	موظف بريد ٩٨	منفذ ٢٥	منتصف الليل ٣٠٥
نطار الحبل ٢٥١	ناظور ١٦٣	موظف تنفيذي ١٧٤	منغوليا ٣١٨	منتصف النهار ٣٠٥
نطاق ١٨٤	ناظور مزدوج ٢٨١	موظف محكمة ١٨٠	منفاخ ٢٠٧	منجلة ٧٨
نطاق المشاة ٢٩٩	نافذة ٥٨، ٩٦، ٩٨، ١٧٧، ١٨٦،	موعد ٤٥، ١٧٥	منفذ ٦١، ١٧١، ٢٨٣	منحة دراسية ١٦٩
نطفة ٢٠	١٩٧، ٢٠٩، ٢١٠، ٢١٤	موفينة ١٤٠	منفذ الرش ٨٩	منحدر ٢٨٤
نظارات أمان ٨١، ١٦٧	نافورة ٨٥	موقع اللاعبين ٢٢٩	منفذ هواء ٢١٠	منحدر تزلج ٢٤٦
نظارة واقية ٢٤٧	ناقص ١٦٥	موقع المحلفين ١٨٠	منفصل ٥٨	منحدر خروج ١٩٤
نظارة ٥١	ناقلة بترول ٢١٥	موقع الوارد ١٧٧	منفضة ٧٧	منحدر نهري ٢٨٤
نظارة شمس ٥١، ٢٦٥	ناقلة بضائع ٢١٥	موقع بالإنترنت ١٧٧	منقار ٢٩٣	منخر ١٦٥
نظارة واقية ٢٣٨	ناقوس ٢٥٧	موقع بناء ١٨٦	منقلة ١٦٥	منخر ١٤
نظافة الأسنان ٧٢	ناميبيا ٣١٧	موقع ضارب الكرة ٢٢٨	منوية ٢١	منخفض ٣٢١
نظام ١٧٦	نبات الظل ٨٧	موقع ملقي الكرة ٢٢٨	مهاجم ٢٢٢	منخل ٦٨، ٨٩،
نظام مسمار ٦٠	نبات بأبصيص ٨٧، ١١٠	موقع نصب خيمة ٢٦٦	مهبل ٢٠	مندهش ٢٥
نظيف ٣٢١	نبات زاحف ٨٧	موقف تاكسيات ٢١٣	مهد ٧٥	منديل ٣٦
نعامة ٢٩٢	نبات زيني ٨٧	موقف حافلات ١٩٧، ٢٩٩،	مهدي ١٠٩	منديل مائدة ٦٥، ١٥٢
نعم ٣٢٢	نبات شائك ٢٩٧	موقف ركن ٢٠٧	مُهر ١٨٥	منديل ورق ١٥٤
نعناع ١١٣، ١٣٣	نباتات ٢٩٦	موقف عربات ٢٩٨	مهرب حريق ٩٥	منزل ٥٨
نغمة ٢٥٦	نباتات الحديقة ٨٦	موقف معاقين ١٩٥	مهروس ١٥٩	منزل الدمية ٧٥
نفاثة أسرع من سرعة	نباتات مزهرة ٢٩٧	موكب ٢٧	مهرجون ٢٣٥، ٢٣٨	منزل المزرعة ١٨٢
الصوت ٢١١	نباتات مائية ٨٦	موكل ١٨٠	مهمة عمل ١٧٥	منزل لعبة ٧٥
		مولد ٦٠		منزل ٢٦٣

مصباح حائط ٦٢
مصباح خلفي ٢٠٧
مصباح رواق ٥٨
مصباح قراءة ٢١٠
مصبوغ ٣٩
مصدر ربح ٢٦٥
مصدر كهربائي ٢٦٦
مصدر هواء ١٩٩
مصدم ١٩٨
مصدوم ٢٥
مصر ٢١٧
مصرف ٦١، ٧٢، ٢٩٩
مصعد ٥٩، ١٠٠، ١٠٤
مصعد بكرسي ٢٤٦
مصفاة ٦٨
مصفرة ٧٨
مصفف الشعر ١١٥
مصمم ١٩١، ٢٧٧
مصنع ٢٩٩
مصنع خزف ٢٧٥
مصهر ٦٠
مصوبة ٢٧١
مصور ١٩١
مضاد التجمد ١٩٩
مضاد للالتهاب ١٠٩
مضاد للتجاعيد ٤١
مضخة بنزين ١٩٩
مضخة ثدي ٥٣
مضرب ٢٢٥، ٢٢٨، ٢٣٠، ٢٣١
مضرب ١١٥
مضمار ٢٣٤، ٢٤٣
مضيف ٦٤
مضيفة ١٤، ٢١٠
مضيفة طائرة ١٩٠
مطار ٢١٢
مطبخ ٦١، ١٥٢، ٢١٤
مطبوخ بالماء ١٥٩
مطبوخ في الفرن ١٥٨
مطبوعة دورية ١٦٨
مطر ٢٨٧
مطرب متجمد ٢٨٦
مطرب رئيسي ٢٥٨
مطرقة ٨٠، ٢٧٥
مطرقة الباب ٥٩
مطرقة ثقيلة ١٨٧
مطعم ١٠١، ١٥٢
مطعم البرغر ١٥٤
مطعم بيتزا ١٥٤
مطعم وجبات خفيفة ١٤٨
مطفأ ٤٧
مظروف ٩٨، ١٧٣
مظلة ٣٦، ١٤٨، ٢٣٣
مظلة هبوط ٢٤٨
مظهر ٢٨
مع ٣٢٠
مع السلامة ٢٣٢
معادلة ١٦٥، ٢٣٣
معادن ٢٨٩

معالج ٥٥، ١٧٦
معالم الحديقة ٨٤
معامل بالبخار ١٥٩
معامل بالتوابل والخل ١٥٩
معامل بالدخان ١٥٩
معبد ٣٠٠
معبد يهود ٣٠٠
معبر مشاة ١٩٥
مُعبل ٨٦
معجنات ١٤٠، ١٤٩
معجون أسنان ٧٢
معدات ٢٣٣
معدات ٢٣٣، ٢٢٨
معدات التنظيف ٧٧
معدات مكتب ١٧٢
معدل الفائدة ٩١
معدن ٧٩
معدة ٢١٥، ٢١٦
معرض ٢٦١
معرفة ٢٤
نَظرية الأسلاك المعزولة ٨١
معرة ١٨٥
معزز ٢٨١
معطر ١٣٠
معطف سميك ٣١
معطف مطر ٣١، ٣٢
معطف ٤٧
معلف ١٨٣
معلومات ٢٦١
معلومات سياحية ٢٦١
معمرة ٨٦
معمل ١٦٦
معهد الرقص ١٦٩
معين ١٦٤
معين منحرف ١٦٤
مغادرة ٢١٣
مغبن ١٢
المغرب ٢١٧
مغرفة ٦٨
مغسلة ١١٥
مغلق ٢٦٠، ٣٢١
مغمي عليه ٤٧
مغنطيس ١١٧
مغنية ١٩١
مغنيزيوم ١٠٩
مفاتيح اختيار الغرزة ٢٧٦
مفتاح ٥٩، ٦٥، ٨٠، ١٧١، ٢٠٧
مفتاح إنكليزي ٨١، ٢٠٣
مفتاح المصابيح ٢٠١
مفتاح ربط ٨٠
مفتاح ربط انضباطي ٨٠
مفتاح ربط صندوقي ٨٠
مفتاح صول ٢٥٦
مفتاح غرفة ١٠٠
مفتاح فا ٢٥٦
مفترق طرق ١٩٤
مفتش ٩٤

مفتش تذاكر ٢٠٩
مفتوح ٢٦٠، ٣٢١
مفرش ٦٤
مفرش فردي ٦٤
مفرش للأرض ٢٦٧
مفروم ١١٩
مفصل ١٧، ٢٥
مفصل الفخذ ١٢
مفك ٨٠
مفك فيليبس ٨٠
مفكرة ٧٥
مقابض ٣٧
مقابل ٣٢٠
مقاطعة ٣١٥
مقاعد أمامية ٢٥٤
مقالة ١٦٣
مقام ١٦٥
مقاييس ٣١٠
مقبض ٦٠، ٨٠
مقبض ٣٦، ٨٨، ١٠٦، ١٨٧، ٢٠٠، ٢٣٠
مقبض الفرامل ٢٠٧
مقبض طوارئ ٢٠٩
مُقبل ١٥٣
مقدم ١٧٨، ٢٤٠
مقدم برنامج موسيقي ١٧٩
مقدم خدمة ١٧٧
مقدمة ٢١٠، ٢٥٦
مقدونيا ٣١٦
مقراض ٨٩
مقراض بأذرع طويلة ٨٨
مقراض تقليم صغير ٨٩
مقراض للأظافر ٤١
مقسوم على ١٦٥
مقشر ٦٨
مقشرة ٦٨
مقشور ١٢١
مقص ٣٨، ٤٧، ٨٢، ١٨٨، ٢٧٦
مقص للأظافر ٤١
مقصاب ٣٨
مقصورة ٢٠٩، ٢٥٤
مقصورة نوم ٢٠٩
مقطورة ٢٦٦
مقطورة أمتعة ٢١٢
مفاتيح ١٦، ٦٤، ٢٠٤، ٢٠٩، ٢١٠
مقعد السائق ١٩٦
مقعد المرحاض ٧٢
مقعد خلفي ٢٠٠
مقعد دوار ١٧٢
مقعد طفل ١٩٨، ٢٠٧
مقعد طويل ٢١٢
مقعد لراكب إضافي ٢٠٤
مقعد نزهة ٢٦٦
مقلاة ٦٩، ١٥٩

مقلاة مستديرة ٦٩
مقلمة ١٦٣
مقلي ١٥٩
مقهى ٢٦٢
مقهى ١٤٨، ٢٦٢
مقهى على الرصيف ١٤٨
مقهى على شرفة ١٤٨
مقياس ١٥٠، ١٥١
مقياس الزيت ٢٠٢
مقياس الوقود ٢٠١
مقياس درجة الحرارة ٢٠١
مقياس سوائل ٣١١
مقياس مسافة رحلة ٢٠١
مكبر صوت ٢٦٨
مكبس الثوم ٦٨
مكتب ٢٤، ٦٣، ١٧٢، ١٧٤، ٢٢٧، ٢٢٨
١٧٤
مكتب استعارة الكتب ١٦٨
مكتب البريد ٩٨
مكتب التسجيل ٢١٣
مكتب الحجز ٢٥٥
مكتب الخلط ١٧٩
مكتب القبول ١٦٨
مكتب تذاكر ٢٠٩، ٢١٦
مكتب صرافة ٩٧
مكتب عقارات ١١٥
مكتب محامي ١٨٠
مكتب مدير الموقع ٢٦٦
مكتبة ١١٥، ١٦٨، ٢٩٩
مكسو بالشوكولاتة ١٤٠
مكسيكالمكسيك ٣١٤
مكشطة ٨٢
مكشوفة ١٩٩
مكعب ١٦٤
مكعب ثلج ١٥١
مكمل ٥٥
مكمل ٧٧
مكنسة ٧٧
مكنسة كهربائية ٧٧، ١٨٨
مكواة ٧٦
مكواة فضاء ٢٨١
مكون الثلج ٦٧
مكونات صلبة ٨٦
مكيفة ٣٨
ملاءة ٧١، ٧٤
ملابس الأطفال ٣٠
ملابس الرجال ٣٢، ١٠٥
ملابس الليل ٣١
ملابس النساء ٣٤، ١٠٥
ملابس النساء الداخلية ١٠٥
ملابس تحتية ٣٥
ملابس حافظة للحرارة ٢٦٧
ملابس داخلية ٣٢
ملابس غير رسمي ٣٣
ملابس كرة القدم ٣١
ملابس متسخة ٧٦
ملابس مقاومة للماء ٢٦٧
ملابس نظيفة ٧٦

ملاحة بالأقمار الصناعية ٢٠١
ملاحظات ١٧٥، ١٩١
ملاحون ٢٤١
ملاط ١٨٧
ملاط رقيق ٨٣
ملاكمة ٢٣٦
ملاكمة بالأرجل ٢٣٦
ملاوي ٣١٧
ملح ٦٤، ١٥٢
ملحق ١٧٧
ملح ٤٦
ملدافيا ٣١٦
المليديف ٣١٨
ملعب ٢٢٥، ٢٢٦، ٢٢٧، ٢٢٨،
٢٣٤
ملعب أطفال ٢٦٣
ملعب أيمن ٢٢٩
ملعب اليسار ٢٢٨
ملعب تنس ٢٣٠
ملعب خارجي ٢٢٩
ملعب داخلي ٢٢٨
ملعب رجبي ٢٢١
ملعب رملي ٢٦٣
ملعب كرة قدم ٢٢٠، ٢٢٢
ملعب متنقل ٧٥
ملعب مركزي ٢٢٨
ملعقة ٦٥
ملعقة الحساء ٦٥
ملعقة خشب ٦٨
ملعقة غرف ٦٨
ملعقة قهوة ١٥٣
ملعقة قياس ١٠٩
ملعقة مخرمة ٦٨
ملف ١٧٢، ١٧٣، ١٧٧
ملف بالرافعة ١٧٣
ملف يعلق ١٧٣
ملفاف بلقم ٧٨
مُلق ٢٢٩
ملقاط ١١٧
ملقط ٤٠، ٤٧، ٥٣، ١٥٠
ملك ٢٧٢
ملكيت ٢٨٩
ملم المروج ٨٨
ملوق ١١٧
ملين ١٠٩
ملين اللحم ٦٨
مليون ٣٠٩
ممارسة جنسية ٢٠
ممثل ٢٣١
ممثل ١٩١، ٢٥٤
ممثلة ٢٥٤
ممثلون ١٧٩
ممحاة ١٦٣
ممر ١٠٦، ١٦٨، ٢١٠، ٢١٢،
٢١٤، ٢٥٤

محصول ١٨٢
محطة ٢١٢
محطة إذاعة ١٧٩
محطة بنزين ١٩٩
محطة حافلات ١٩٧
محطة فضاء ٢٨١
محطة قطار ٢٠٨
محطة معدية ٢١٦
محفظة ٣٧، ٩٧
محل أحذية ١١٤
محل الحلوى ١١٣
محلفون ١٨٠
محمر ١٢٩
محور خبز ٦٦
محور ٦، ٢٠٥
محول ٦
المحيط المتجمد الشمال ٣١٢
المحيط الهادي ٣١٢
المحيط الهندي ٣١٣
محيط دائرة ١١٤
المحيط الأطلنطي ٣١٢
المحيط الجنوبي ٣١٣
مخ ١٩
مخاطبة الجمهور ٢٠٩
مخبر ٩٤
مخبز ١١٤، ١٣٨
مختزل ١٨١
مخدة ٦٢، ٧٠
مخدة ارتطام ٧٤
مخرج ٦١، ٢١٠، ٢٥٤
مخرج طوارئ ٢١٠
مخروط ١١٤، ١٨٧
مخزن الأمتعة ١٩٦
مخزن بضائع ٢١٥
مخطط الشقة ٤٠
مخطوبان ٢٤
مخفي ٤٠
مخلب ٢٩١، ٢٩٣
مخلل ١٥٩
مخمص ١١٤
مخيم ٢٦٦
مد ٢٥١
مدار ٢٨٠
مدار الجدي ٢٨٣
مدار السرطان ٢٨٣
مدافع ٢٢٢
مدبسة ٢٧٦
مدخرات ٩٦
مدخل ٥٩، ١٩٤
مدخن ١١٨، ١٢١، ١٤٣
مدخنة ٥٨، ٢١٤
مدرأ ١٤١
مدرب شخصي ٢٥٠
مدرج ٢١٢، ٢٥٦
مدرس ٥٤، ١٣٢، ١٩٠
مدرسة ١٦٢، ٢٩٩

مدعو ٦٤
مدعى عليه ١٨١
مدغشقر ٣١٧
مدفع رشاش ١٨٩
مدمة ٨٨
مدير ٢٤، ١٧٤
مدير عام ١٧٥
مدير الميناء ٢١٧
مدير بنك ٩٦
مدينة ٢٩٨، ٢٩٩
مدينة الفاتيكان ٣١٦
مدينة الملاهي ٢٦٢
مذنب ١٨١، ٢٨٠
مر ١٢٦، ١٢٧
مرآة ٤٠، ٦٣، ٧١، ١١٧
مرآة جانبية ١٩٨
مرآة رؤية خلفية ١٩٨
مراحل ٢٣
مراع ٢٨٥
مراقب الطفل ٧٥
مراقب خط ٢٢٣، ٢٣٠
مراقبة الجوازات ٢١٣
مراكب السرعة ٢٤١
مراهق ٢٣
مربط حبال ٢١٤
مربع ١٦٤، ٢٧٢
مرتيني ١٥١
مرتب ٢٨٥
مرتبة ٧٠، ٧٤
مرتبة تملأ بالهواء ٢٦٧
مرتبك ٢٥
مرتع ٢٥
مرتفع ٢٨٥
مرجة ٨٥، ٩٠
مرجرين ١٣٧
مرجه ١٥٠
مرحاض ٦١، ٧٢
مرحبا ٣٢٢
مردقوش ١٣٣
مرزبان ١٤١
مرساة ٢١٤، ٢٤٠
مرشة ٨٩
مرشح ٢٧٠
مرشد هواء ٢٠٢، ٢٠٤
مرشد الخيط ٢٧٦
مرشد الورق ١٧٦
مرشد سياحي ٢٦٠
مرشد لمقاعد ٢٥٥
مرشفة ١٦٧
مرض ٤٤
مرض ينتشر بممارسة الجنس ٢٠
مرطب ٤١
مرعى ١٨٢

مرفاع ٢١٤
مرقاب ٥٣
مرقاق ٦٩
مركب صيد ٢١٧
مركبة ١٩٦، ٢٣٢
مركبة جر ٢٠٣
مركبة خدمات ٢١٢
مركبة شراعية ٢١٥
مركز ١٦٤
مركز إطفاء الحريق ٩٥
مركز البستنة ١١٥
مركز التسوق ١٠٤
مركز الشرطة ٩٤
مركز رئيسي ١٧٥
مركز صحي ١٦٨
مرلانوس ١٢٠
مرص ٢٢١
مرهم ٤٧، ١٠٩
مروحة ٦٠، ٢٠٢، ٢١١، ٢١٤
مروحة رأسية ٢١١
مرور ١٩٤
مري ١٩
مريخ ٢٨٠
مريض ٤٥، ٤٨، ٣٢١
مريلة ٣٠، ٥٠، ٦٩
مريمية ١٣٣
مرينج ١٤٠
مزاب بار ١٥١
مزاب سياحي ٢٦٠
مزارات ٢٦١
مزارع ١٨٢، ١٨٩
مزخرف ٨٢
مزذاب ٥٨
مزرعة ١٨٢، ١٨٤
مزرعة أغنام ١٨٣
مزرعة الألبان ١٨٣
مزرعة الزراعية ١٨٣
مزرعة خنازير ١٨٣
مزرعة دواجن ١٨٣
مزرعة سمكية ١٨٣
مزرعة عنب ١٨٣
مزرعة فواكه ١٨٣
مزلاج ٥٩
مزيل رائحة العرق ٧٣، ١٠٨
مزيل لطلاء الأظافر ٤١
مزين ١٨٨
مساء ٣٠٥
مساق الخير ٣٢٢
مسابقة ٢٣٣
مساحة ١٦٥، ٣١٠
مساحة شباك أمامي ١٩٨
مساحة مبللة ٧٤، ١٠٨
مساحة مطهرة ٤٧
مسار لركوب الخيل ٢٦٣
مساعد ٢٤
مساعد طبي ٩٤
مساعد طيار ٢١١
مسافة ٣١٠

مسافر يومي ٢٠٨
مسام ١٥
مسامير ٢٣٣
مستأجر ٥٨
مستحلب ٨٢
مستخرج جر ٦٦
مستخرجة قلب التفاح ٦٨
مستخضر ٨٥
مستدق الظهر ١٣
مستقل ٤٩، ٥٥
مستشار مالي ٩٧
مستشفى ٤٨
مستطيل ١٦٤
مستعرض ١٧٧
مستعمرة ٣١٥
مستلزمات الرضع ١٠٧
مستلزمات المكتب ١٧٣
مستلزمات الملابس ١٠٥
مستلزمات منزلية ١٠٧
مستودع ٢١٦
مستوصف ١٠٨
مستودق ٦٣
مسجل أقراص مصغر ٢٦٨
مسجل فيديو ٢٦٩
مسحاج تخديد ٧٨
مسحوق ٧٧، ١٣٢، ١٣٣
مسحوق الحليب ١٣٧
مسحوق العظم ٨٨
مسدس ٩٤
مسدس غراء ٧٨
مسرح ٢٥٤، ٢٩٩
مسرحية ٢٥٤
مسرحية موسيقية ٢٥٥
مسطح البار ١٥٠
مسطرة العمل ٦٦
مسطرة ١٦٣، ١٦٥
مُسقط ٢٣٣
مسك ٢٣٧
مسكر ١٤٥
مسكرة ٤٠
مسكن ٥٦
مسكن للألم ١٠٩
مسكن للألم ٤٧
مسكنات الألم ٤٧
مسلفة ١٨٢
مسمار ٨٠
مسمار قلاووظ ٨٠
مسن ٢٣١
مسن السكين ٦٨، ١١٨
مسند ٢٠٥
مسند دراجة ٢٠٧
مسند ذراع ٢٠٠، ٢١٠
مسند صينية ٢١٠
مسند للرأس ٧٠، ٢٠٠
مسند للقدم ٧١
مشاهدة الطيور ٢٦٣

مشاهدة المعالم ٢٦٠
مشاهدون ٢٥٤
مشاية ٢٥٠
مشبك ٢١، ٣٦
مشبك أنف ٢٣٨
مشبك تمساحي ١٦٧
مشبك رباط العنق ٣٦
مشبك زينة ٣٦
مشبك شعر ٣٨
مشبك قوي ١٧٣
مشبك ملابس ٧٦
مشبك ورق ١٧٣
مشتبه فيه ٩٤، ١٨١
مشترى ٢٨٠
مشجمة رسمية ٢٢٠
مشحون ٦
مشط ٣٨
مشط صدر ٣٥
مشط صدر للرياضة ٣٥
مشرح ١٢١
مشرط ٨١، ١٦٧
مشرعة ٩٥
مشروب خفيف ١٤٤، ١٥٤
مشروب معلب ١٥٤
مشروب مولت ١٤٤
مشروبات ١٠٧، ١٤٤، ١٥٦
مشروبات ساخنة ١٤٤
مشروبات كحولية ١٤٥
مشط ٢٨
مشط ٢٥٨
مشط القدم ١٧
مشط اليد ١٧
مشعل ٦
مشعل ٩٩
مشعل اسطوانة ٢٦٨
مشغل سي دي ٢٦٨
سي دي شخصي ٢٦٨
مشغل
مشغل كاسيت ٢٦٩
مشغول ٩٩، ٣٢١
مشمش ٢٨٦
مشمش ١٢٦
مشهد ٢٥٤
مشورة قانونية ١٨٠
مشوى ١٥٩
مشي ٢٤٣
مشي لمسافات طويلة ٢٦٣
مشيق ٣٢١
مشيمة ٥٢
مصابيح ٩٤
مصارعة ٢٣٦
مصارعة يابانية ٢٣٧
مصاصة ١١٣، ١٤٤، ١٥٤
مصب النهر ٢٨٥
مصباح ٦٢، ٢١٧، ٢١٧، ٢٩٨
مصباح إضاءة ٦٠
مصباح بجوار السرير ٧٠
مصباح بنزن ١٦٦

ل
لؤلؤية ١١٠، ٢٩٧
لا ٢٢٢
لا تتضمن الخدمة ١٥٢
لا تثني ٩٨
لا يتأثر بالفرن ٦٩
لا يلتصق ٦٩
لاتونيا ٣١٦
لاعب ٢٢١، ٢٣١، ٢٧٣
لاعب احتياطي ٢٢٣
لاعب جمباز ٢٣٥
لاعب جولف ٢٣٢
لاعب كرة القدم ٢٢٠، ٢٢٢
لاعب كرة سلة ٢٢١
لاعب كريكيت ٢٢٥
لاعب هوكي جليد ٢٢٤
لافتة ٢٩٨
لافقريات ٢٩٥
لاكتور ١٣٧
لامع ٨٣، ٢٧١
اللانقطية ٥١
لاوس ٣١٨
لب ١٢٤، ١٢٦، ١٢٧، ١٢٩
لب خارجي ٢٨٢
لباب ١٣٧
لباس بلاستيك ٣٠
لباس سباحة ٢٣٨، ٢٦٥
لبان ١١٣
لبن خضر ١٣٧
لبن رائب ١٣٧
لبن رائب بالفواكه ١٥٧
لبن رائب مجمد ١٣٧
لبنان ٣١٨
لبنة ١٣١
لتر ٣١١
لتوانيا ٣١٦
لثة ٥٠
لجام ٢٤٢، ٢٤٣
لحاء ١٢٦، ٢٩٦
لحاف ٧١
لحام ١١٨
لحم أبيض ١١٨
لحم أحمر ١١٨
لحم الضأني ١١٨
لحم خال من الدهن ١١٨
لحم خنزير مجفف ١٤٣
لحم غير مطبوخ ١٤٢
لحم مطبوخ ١١٨، ١٤٣
لحن ٢٥٩
لحوم ودواجن ١٠٧
لدغة ٤٦، ٢٩٥
لسان ١٩، ٣٧، ١١٨، ١٧٣
لسان المزمار ١٩
لسان داخل البحر ٢١٧
لعب ٧٥
لعب ٢٧٣، ١٠٥
لعب الألواح ٢٧٢

لعبة ٧٥، ٢٧٣
لعبة الراكيت ٢٣١
لعبة الكرة الطائرة ٢٢٧
لعبة الكريكيت ٢٢٥
لعبة الهوكي ٢٢٤
لعبة بولينج ٢٤٩
لعبة طرية ٧٥
لعبة فيديو ٢٦٩
لعبة لاكروس ٢٤٩
لعبة متحركة ٧٤
لغات ١٦٢
لغة ٢٣٠
لفافة محشوة ١٥٥
لفت ١٢٤، ١٨٤
لفة ٣١١
لفح ٤٦
لقب ٢٣
لقلاع ٢٩٢
لقم النجارة ٨٠
لقم ثقب ٨٠
لقم مفك ٨٠
لقمة الحجر ٨٠
لقمة المعدن ٨٠
لقمة تأمين ٨٠
لقمة ثقب ٧٨
لقمة لخشب مستو ٨٠
لكم ٢٣٧
لمس الخط ٢٢٠
لمفاوي ١٩
لوبيا ١٣١
لوح ٢٤١
لوح الشق ٦٨
لوح الكتف ١٧
لوح الكلابير ١٧٩
لوح تجفيف الصحون ٦٧
لوح صلد ٧٩
لوح كتابة ١٧٣
لوح من رقائق مضغوطة ٧٩
لوحة ٢٧٤
لوحة أجهزة ٢٠١
لوحة إعانة ١٧٣
لوحة إعلانات ١٧٣
لوحة ألوان ٢٧٤
لوحة الاسم ١٠٤
لوحة المفاتيح ٩٩
لوحة النتيجة ٢٢٥
لوحة خلفية ٢٢٦
لوحة رقم السيارة ١٩٨
لوحة سهام بريشة ٢٧٣
لوحة شطرنج ٢٧٢
لوحة فنية ٦٢، ٢٦١
لوحة مفاتيح ١٧٢، ١٧٦،
٢٥٨
لوز ١٢٩، ١٥١
لوكسمبورغ ٣١٦
لون البشرة ٤١
لياقة بدنية ٢٥٠

ليبيا ٢١٧
ليبيريا ٣١٧
ليتشينا ١٢٨
ليختنشتاين ٣١٦
ليسوتو ٣١٧
ليفة ٧٣
ليل ٣٠٥
ليلة الافتتاح ٢٥٤
ليموزين ١٩٩
ليمون ١٢٦
ليمون مالح ١٢٦

م
مؤخرة ٢٤٠
مؤشر ١٩٨، ٢٠٤
مأكولات سريعة ١٥٤
مأوى حافلات ١٩٧
ماء ١٤٤، ٢٣٨
ماء أبيض ٥١
ماء التونك ١٤٤
ماء الصودا ١٤٤
ماء البلدية ٢٩٩
ماء على الأطراف ١٨٢
ماء مكربن ١٤٤
ماء من صنبور ١٤٤
مائة ٣٠٨
مائتان ٣٠٨
مائدة ٦٤، ١٤٨
مائدة فطور ١٥٦
ماجستير ١٦٩
مادة تقصير ٧٧
مادة تلميع ٧٧
مادة حافظة ٨٣
مادة مذيبة ٨٣
مارات ٣٠٦
مارس ٣٠٦
ماراكاس ٢٥٧
ماس صلد ٧٩
ماس ٢٨٨
ماسحة ١٧٦
ماسك ٧٨، ١٦١، ٢٢٩
ماسك أصابع القدم ٢٠٧
ماسورة ٢٠٢
ماسورة الإمداد ٦١
ماسورة الفائض ٦١
ماسورة النفايات ٦١
ماسورة عادم ٢٠٣، ٢٠٤
ماكياج ٤٠
ماكينات ١٨٧
ماكينة خياطة ٢٧٦
مال ٩٧
مالي ٨٣
مالح ٨٩، ١٨٧
مالطة ٣١٦
مالي ٣١٧
الميزاريا ٣١٩
مانجو ١٢٨
مانشيجو ١٤٢
مانع أشعة الشمس ١٠٨
مانع الحمل ٢١
مانع للتسرب ٨٣

مايو ٣٠٦
مايونيز ١٣٥
مباراة ٢٣٠، ٢٣٧
مباراة زوجية ٢٣٠
مباراة فردية ٢٣٠
مباراة قفز ٢٤٣
مبارزة ٢٤٩
مباريات ٢٤٣، ٢٤٧
مبان ٢٩٩، ٣٠٠
مبتسر ٥٢
مبرد ٨١
مبرد للأظافر ٤١
مبستر ١٣٧
مبسط ٥٩، ٦٨
مبشرة ٦٨
مبكر ٣٠٥، ٣٢٠
مبلغ ٩٦
مبلل ٣٢١
مبنى شقق للسكن ٢٩٨
مبنى أثري ٢٦١
مبنى الأدشاش ٢٦٦
مبنى البلدية ٢٩٩
مبنى على الأطراف ١٨٢
مبنى مكاتب ٢٩٨
مبنى نوم الطلاب ١٦٨
مبيد أعشاب ١٨٣
مبيد أعشاب ضارة ٩١
مبيض ٢٠
متأخر ٣٠٥، ٣٢٠
متاجر أخرى ١١٤
متبل ١٤٣، ١٥٩
متجانس ١٣٧
متجر أثاث ١١٥
متجر آلات التصوير ١١٥
متجر اسطوانات ١١٥
متجر الأغذية الصحية ١١٥
متجر الأنتيكات ١١٤
متجر الحيوانات الأليفة ١١٥
متجر السلع المستعملة ١١٥
متجر الفنون ١١٥
متجر بيع الخمور ١١٥
متجر تجزئة كبير ١٠٥
متجر سوق حرة ٢١٣
متجر هدايا ١١٤
متحدث ١٧٤
متحف ٢٦١
متر ٣١٠
متر مربع ٣١٠
مترحلق على الماء ٢٤١
متسلق ٢٤٦
متسلق ٨٧
متسلسل ٢٣٢
متصل بالإنترنت ١٧٧
متعامد ١٦٥
متعفن ١٢٧
متمخزن ٢٣٣
متقدم ٢٣٠

متهم ١٨٠
متوازي ١٦٥
متوازي الأضلاع ١٦٤
متيولا ١١٠
مُثار ٢٥
مثانة ٢٠
مثبت ٥٠
مثبت شعر ٣٨
مثقاب ضغط هوائي ١٨٧
مثقاب كهربائي ٧٨
مثقاب يدوي ٨١
مثقاب يعاد شحنه ٧٨
مثقب ٥٠
مثلث ١٦٤
مثلث قائم الزاوية ١٦٥
مثلثة الرؤوس ١٦
مثمن ١٦٤
مجداف ٢٤١
المجر ٣١٦
مجرفة ٨٨
مجرة ٢٨٠
مجرفة ٧٧، ١٨٧
مجرم ١٨١
مجرى تزلج ٢٤٦
مجس ٥٠
مجفف ٧٦، ١٢٩، ١٤٣
مجفف بالدوران ٧٦
مجفف شعر ٣٨
مجفف ومملح ١٥٩
مجلات ١٠٧
مجلة ١١٢، ١٦٨
مجلة أطفال ١١٢
مجلدين ٧٩
مُجمد ٦٧، ١٢١، ١٢٤
مجمد الثلاجة ٦٧
مجموعة ٢٢٨، ٢٣٠
مجموعة أدراج ٧٠
مجموعة البطاريات ٧٨
مجموعة القوائم ٢٢٥
مجموعة برامج ١٧٦
مجموعة من النجوم ٢٨١
مجوهر ١١٧
مجوهرات ٣٦
محار ١٢١
محار مروحي ١٢١
محارة ١٢١
محاسب ٩٧، ١٩٠
محاصيل ١٨٤
محاضر ١٦٩
محام ١٨٠، ١٩٠
محامي ١٧٩
محرج ٢٥
محرر ١٩١
محرك ٦٧
محرك مزدوج ٢١٠
محرك ٨٨، ٢٠٢، ٢٠٤، ٢٠٨،
٢١٠
محرك قابل للفصل ٢١٥
محشو ١٥٩

عربي

كمية ٣١١	كريمة ذاتية الدبغ ٤١	كحول أبيض ٨٣	ك
كناري ٢٩٢	كريمة لطفح الحفاظ ٧٤	كدمة ٤٦	قلب ١٨، ٤٩، ١١٩، ١٢٢، ١٢٧،
كندا ٣١٤	كريمة للوجه ٧٣	كرات قطن ٤١	٢٧٣، ٢٨٣
كنزة ٣٣	كسافا ١٢٤	كراث ١٢٥	قلبي وعائي ١٩
كنغر ٢٩١	كسبرة ١٣٣	كاش الزهرة ٢٩٧	قلعة ٣٠٠
كنيسة ٢٩٩، ٣٠٠	كستيرد ١٤٠	كراث أندلسي ١٢٥	قلق ٢٥
كهرباء ٦٠	كستنا ١٢٩	كراسة ١٢٣	قلقاس رومي ١٢٥
كهربائي ١٨٨	كسر ٤٦، ١٦٥	كراسة رسم تخطيطي	قلم تلوين ١٦٣
كهف ٢٨٤	كسرولة ٦٩	٢٧٥	قلم حبر ١٦٣
كوا كارب ٢٩٤	كساوا ١٣١	كراويا ١٣١	قلم رصاص ١٦٣، ٢٧٥
كوارتز ٢٨٩	كسكسي ١٣٠	كرة ٧٥، ١٤٩، ٢٢١، ٢٢٤، ٢٢٦،	قلم للحاجب ٤٠
كوب حجامة ٥٣	كسوة ١٤١	٢٢٨، ٢٣٠	قلنسوة ٢١، ٣٦، ٢٢٨
كوب شرب ٧٥	كسوف ٢٨٠	كرة إرسال فائزة ٢٣٠	قلوب النخل ١٢٢
كوب للبيض ٦٥، ١٣٧	كشافات أمامية ١٩٨، ٢٠٥	كرة أرضية ٢٨٢	قليل من ٣٢٠
كوبا ٣١٤	كشتبان ١٧١	كرة البولينج ٢٤٩	قماش ٢٧٦، ٢٧٧
كوخ شاطئ ٢٦٤	كشمش ١٢٧، ١٢٩	كرة الجولف ٢٣٣	قماش للرسم بالزيت ٢٧٤
كور أنجلير ٢٥٧	كشمش أبيض ١٢٧	كرة السلة ٢٢٦	قمة ١٦٤
كورسيكا ٣١٦	كشمش أسود ١٢٧	كرة الطفو ٦١	قمة اسطوانة ٢٠٢
كورنيش ٣٠٠	كشمش شائك ١٢٧	كرة القدم ٢٢٢	قمة البرج ٣٠٠
كوريا الجنوبية ٣١٨	كعب ٣٧	كرة القدم الأمريكية ٢٢٠	قمة مستدقة ٣٠٠
كوريا الشمالية ٣١٨	كعبرة ١٧	كرة الماء ٢٣٩	قمح ١٣٠، ١٨٤
كوسة ١٢٤، ١٢٥	كعك ١٤٠	كرة المضرب ٢٣١	قمر ٢٨٠
كوستاريكا ٣١٤	كعك إسفنجي ١٤٠	كرة ساقطة ٢٣٠	قمر جديد ٢٨٠
كوع ١٣	كعك الاحتفالات ١٤١	كرة شاطئ ٢٦٥	قمر صناعي ٢٨١
كوكب ٢٨٠، ٢٨٢	كعك الفواكه ١٤٠	كرة قدم ٢٢٠، ٢٢٢	قمرة ٢١٤
كوكتيل ١٥١	كعك شوكولاتة ١٤٠	كرة قفز ٢٣٦	قمرة ٢٣٣
كولا ١٤٤	كعك الزفاف ١٤١	كرة كريكيت ٢٢٥	قمع ١٦٦
كولاج ٢٧٥	كعكة شعر ٣٩	كرتون ٢٧٥	قميص ٣٣
كولومبيا ٣١٥	كعكة عيد ميلاد ١٤١	كرتونة ٣١١	قميص نوم ٣١، ٣٥
كوم كوات ١٢٦	كف ١٥	كرز ١٢٦	قناة ١٧٨، ٢١٩
كومبيوتر ١٧٢، ١٧٦	كفالة ١٨١	كرسي ٦٤	قناة ناقلة ٢١
كومبيوتر كفي ١٧٥	كفت ٦٩	كرسي بعجل ٤٨، ٧٥	قناع ١٨٩، ٢٠٥، ٢٢٨، ٢٣٦،
كومبيوتر محمول ١٧٥،	كفة السماعة ٤٥	كرسي شاطئ ٢٦٥	٢٣٩، ٢٤٩
١٧٦	كفة الكم ٣٢	كرسي طبيب الأسنان ٥٠	قناع الوجه ٢٢٥
كومة سماد ٨٥	كفتة بالصلصة ١٥٨	كرسي مرتفع ٧٥	قناع تنظيف ٤١
كون ٢٨٠	ككاتوه ٢٩٣	كرسي وثير ٦٣	قنديل البحر ٢٩٥
كونتراباص تشيللو ٢٥٦	كل ٣٢٠	كرفس ١٢٢، ١٢٤	قنطرة ٣٠١
الكونغو ٣١٧	كل سنتين ٨٦	كركم ١٣٢	قنفذ ٢٩٠
كونغو ٢٣٦	كلابات تمويج ٣٨	كركي ٢٩٢	قهوة ١٤٤، ١٤٨، ١٥٣، ١٥٦،
الكويت ٣١٨	كلابة ١١٧	كُرلنج ٢٤٧	قهوة أمريكية ١٤٨
كويكب ٢٨٠	كلارينيت ٢٥٧	كرم ١٨٣	قهوة بالحليب ١٤٨
كيرغيزستان ٣١٨	كلارينيت باص ٢٥٧	كرمة ١١٣	قهوة سادة ١٤٨
كيس ٣١١	كلاسيكي مُحدث ٣٠١	كرنب لرؤيسي ١٢٣	قهوة مثلجة ١٤٨
كيس التسوق ١٠٦	كلب ٢٩٠	كرنب بروكسل ١٢٣	قهوة مخفوقة بالحليب
كيس العشب ٨٨	كلب البحر ٢٩٠	كرنب بري ١٢٣	١٤٩
كيس بلاستيك ١٢٢	كلمات أغنية ٢٥٩	كرنب ساقي ١٢٣	قوس ١٥، ٨٥، ١٦٤، ٢٤٩،
كيس تزيين المعجنات ٦٩	كلمنتين ١٢٦	كرنب صيني ١٢٣	قوس قزح ٢٨٧
كيس شاي ١٤٤	كليات ١٦٩	كرنب لفتي ١٢٥	قوصرة ٣٠١
كيس للنوم ٢٦٧	كلية الفنون ١٦٩	كرنب ملفوف ١٢٣	قوطي ٣٠١
كيس معلق للتدريب ٢٣٧	كلية الموسيقى ١٦٩	كرنفال ٢٧	قوي ٣٢١
كيس نقود ٣٧	كُم ٣٤	كرواتيا ٣١٦	قيادة من اليسار ٢٠١
كيس هواء ٢٠١	كما ١١٣، ١٢٥	كرواسان ١٥٦	قيادة من اليمين ٢٠١
كيلوجرام ٣١٠	كماليات ٣٦، ٣٨	كروي ١٦٤	قياسات ١٦٥
كيلومتر ٣١٠	كمان ٢٥٦	كريم ١٤٠	قيثارة ٢٥٦
كيمياء ١٦٢	كمباري ١٤٥	كريم باتيسيري ١٤٠	قيثارة باس ٢٥٨
كيندو ٢٣٦	كمبوديا ٣١٨	كريم كراملة ١٤١	قيثارة كهربائية ٢٥٨
كينيا ١٣٠	كمثرى ١٢٦	كريم للسمار ٢٦٥	القيصرية ٥٢
كينيا ٣١٧	كمون ١٣٢	كريمة ١٠٩	قيقب ٢٩٦
			قيم البار ١٥٠، ١٩١

فرنسا ٢١٦
فريزيا ١١٠
فريق ٢٢٠، ٢٢٩
فستان ٢١، ٢٤
فستان زفاف ٣٥
فستان سهرة ٢٤
فستق ١٢٩
فشار ٢٥٥
فشل الضربة ٢٢٨
فص ١٢٦
فص ثوم ١٢٥
فصل ١١٢
فصول ٣٠٧
فضاء ٢٨٠
فضة ٢٣٥، ٢٨٩
فضلات ذبيحة ١١٨
فطائر ١٤٣، ١٥٧
فطر ١٢٥
فطور ١٥٦
فطور إنجليزي ١٥٧
فطيرة ١٥٥، ١٥٨
فطيرة القشدة ١٤١
فقرات صدرية ١٧
فقرات عنقية ١٧
فقرات قطنية ١٧
فك ١٤، ١٧
فلاش ٢٧٠
الفلبين ٣١٩
فلذة ١٤١
فلسطين ٣١٨
فلسفة ١٦٩
فلفل ١٤، ١٢٤، ١٥٢
فلفل حريف ١٢٤، ١٣٢، ١٤٣
فلفل حلو ١٣٢
فلكة ٨٠
فلوت ٢٥٧
فم ١٤
فن ١٦٢
فناء ٥٨، ٨٤
فنان ٢٧٤
فنجان الشاي ٦٥
فنجان القهوة ٦٥
فندق ١٠٠، ٢٦٤
فنزويلا ٣١٥
فنلندا ٣١٦
فنون ٢٧٤، ٢٧٦
فني آلة تصوير ١٧٨
فني صوت ١٧٩
فواكه ١٢٦، ١٢٨
فواكه البحر ١٢١
فواكه جافة ١٢٩، ١٥١
فواكه ذات النواة ١٢٦
فواكه طازجة ١٥٧
فودكا ١٤٥
فوط ٧٣
فوطة حمام ٧٣
فوطة صحية ١٠٨

فوطة يد ٧٣
فوق ٣٢٠
فوق الجاحية ٥٢
فوق السوية ٢٣٣
فول ١٢٢
فول الصويا ١٣١
فول سوداني ١٢٩، ١٥١
فوهة بركان ٢٨٣
في ٣٢٠
في الزيت ١٤٣
في خارج ٣٢٠
في داخل ٣٢٠
في شراب ١٥٩
في صلصة ١٤٣
في محلول ملحي ١٤٣
فيبرافون ٢٥٧
فيتامينات ١٠٨
فيتامينات متعددة ١٠٩
فيتنام ٣١٨
فيجوا ١٢٨
فيجي ٣١٩
فيروز ٢٨٩
فيروس ٤٤
فيضان ٢٨٧
فيل ٢٧٢، ٢٩١
فيل البحر ٢٩٠
فيلم ٢٦٠، ٢٧١
فيلم أشعة أكس ٥٠
فيلم خيال علمي ٢٥٥
فيلم رئيسي ٢٦٩
فيلم رعاة بقر ٢٥٥
فيلم غرامي ٢٥٥
فيلم مرعب ٢٥٥
فيلم مغامرات ٢٥٥
فيلم هزلي ٢٥٥
فيليه ١١٩
فيما بعد ٣٠٤، ٣٢٠
فينج شوي ٥٥
فيولا ٢٥٦

ق
قائد أوركسترا ٢٥٦
قائم ٢٢٥
قائم بالخرط ١٣٩
قائم مرضي ٢٢٠، ٢٢٢
قائمة ١٤٨، ١٥٣، ١٥٤
قائمة أسعار ١٥٤
قائمة غداء ١٥٢
قائمة قراءة ١٦٨
قائمة نبيذ ١٥٢
قائمة وجبة المساء ١٥٢
قابس ٦٠
قابض لقم ٧٨
قابل للذوبان ١٠٩
قابل للكسر ٩٨
قابل للكسر ٥٢
قاذفة قنابل ٢١١
قارئ أخبار ١٩١، ١٧٩

قارب تجديف ٢١٤
قارب نجاة ٢١٤
فأرة ٢٨٢، ٣١٥
قارورة ١٦٦
قارورة زجاج ١٦٦
قاض ١٨٠
قاطع ٥٠
قاطعة أسلاك ٨١
قاطعة أنابيب ٨١
قالب الغذاء ١٠٥
قاعة سينما ٢٥٥
قاعة طعام ١١٨
قاعة فنون ٢٦١
قاعة محاضرات ١٦٩
قاعة محكمة ١٨٠
قاعة مغادرة ٢١٣
قاعدة ثابتة ٩٩
قاعدة للماكياج ٤٠
قالب القطع المائل ٨١
قاموس ١٦٣
قانون ١٨٠
قالق ٢٤١
قب ٢٠٦
قبة ٣٠٠
قبرص ٣١٦
قبض على ٩٤
قبضة اليد ١٥
قبضة تركيز ١١٧
قبضة يد ٢٣٧
قبطان ٢١٤
قبعة ٣٦
قبعة ركوب ٢٤٢
قبعة شمس ٣٠، ٢٦٥
قبعة صلبة ١٨٦
قبعة طباخ ١٩٠
قبل ٣٢٠
قبل بعد ٣٠٤، ٣٢٠
قبل الولادة ٥٢
قبو ٣٠٠
قبيح ٣٢١
قطمرة ٥٢
قحاح ٢٨٨
قدح ٦٥
قدر بسيط ١٥١
قدر واحد ١٥١
قدران ١٥١
قدرة ٦٠
قدم ١٢، ١٥، ٣١٠
قدم مربع ٣١٠
قديد ١٢٠
قديم ٣٢١
قذر ٣٢١
قذف الكرة ٢٢٦
قرار محلفين ١٨١
قربوس ٢٤٢
قرد ٢٩١
قرص ٢٩٤
قرص ١٤٠، ١٥٥، ١٧٦، ٣٢٤

قرص دوائي للحنجرة ١٠٩
قرص سي دي ٢٦٩
قرص عسل النحل ١٣٤
قرص محشو ١٤٢
قرض ٩٦
قرطاسية ١٠٥
قرع البلوط ١٢٥
قرع جوز أرمد ١٢٥
قرع عسلي ١٢٥
قرفة ١٣٣
قرفصاء ٢٥١
قرقوعة ٧٤
قرميد السقف ١٨٧
قرن ١٢٢، ٢٩١، ٣٠٧
قرن استشعار ٢٩٥
قرن الوعل ٢٩١
قرنبيط ١٢٤
قرنبيط لرؤيسي ١٢٣
قرنفش ١٢٨
قرنفل ١١٠، ١٣٣
قرنية ٥١
قرية ٢٩٩
قريص ٢٩٧
قرحية ٥١
قسطل الماء ١٢٤
قسم ١٦٩
قسم الأحذية ١٠٤
قسم الأطفال ١٠٤
قسم الأمتعة ١٠٤
قسم التدخين ١٥٢
قسم التسويق ١٧٥
قسم الحسابات ١٧٥
قسم الشؤون القانونية ١٧٥
قسم المبيعات ١٧٥
قسم خدمة العملاء ١٧٥
قسم شؤون الأفراد ١٧٥
قسم عدم التدخين ١٥٢
قسيمة إيداع ٩٦
قسيمة سحب ٩٦
قشارة الخشب ٧٨
قشدة ١٣٧، ١٥٧
قشدة حامضة ١٣٧
قشدة سائلة ١٣٧
قشدة كثيفة ١٣٧
قشدة مخفوقة ١٣٧
قشر ١٢١، ١٢٩، ١٣٧
قشرة ١٢٧، ١١٩، ١٣٦، ١٣٩، ١٤٢
قشرة أرضية ٢٨٢
قشرة الرأس ٣٩
قشرة جوز الطيب ١٣٢
قشعريرة ٤٤
قشور ٢٩٤
قشيرات ١٣٢
قص قصير ٣٩
قصب السكر ١٨٤
قصبة ١٢
قصبة صغرى ١٧

قصبة هوائية ١٨
قصبة إثارة ٢٥٥
قصة مسلسلة ١٧٨
قصدير ٢٨٩
قصر النظر ٥١
قصر من الرمل ٢٦٥
قصرية ٧٤
قصير ٣٢، ٣٢١
قضاضة ٢٩٠
قضبان ٧٤، ٢٠٨
قضيب ٢١
قضيب أثقال ٢٥١
قضيب الطول ٤٥
قضيب الفوط ٧٢
قضيب بكرتين ٢٥١
قضيب زجاجي ١١٧
قضيب عجلة ٢٠٧
قضيب مكهرب ٢٠٩
قضبة محكمة ١٨٠
قطار ٢٠٨
قطار أنفاق ٢٠٨
قطار بخاري ٢٠٨
قطار بضائع ٢٠٨
قطار بين المدن ٢٠٩
قطار ديزل ٢٠٨
قطار عالي السرعة ٢٠٨
قطار كهربائي ٢٠٨
قطار مرتفع ٢١٢
قطارة ١٠٩، ١٦٧
قطاع ٢٨٢
قطب ٢٨٢
قطب شمالي ٢٨٣
قطعة ٢٩٠
قطر ١٦٤
قطر ٣١٨
قطرات ١٠٩
قطع ١١٩
قطعة ٢٧٢، ٣١١
قطعة حلوة ١١٣
قطعة شوكولاتة ١١٣
قطن ١٨٤، ٢٧٧
قطيع ١٨٣
قفا ١٣، ٣٠، ٣٦، ٢٢٤، ٢٢٨، ٢٣٣، ٢٣٦، ٢٤٦
قفار الثعلب ٢٤٧
قفاز الفرن ٦٩
قفاز للحديقة ٨٩
قفازات ملاكمة ٢٢٧
قفدانة ٤٠
قفز ٢٣٧، ٢٤٣
قفز بالبنج ٢٤٨
قفز بالزانة ٢٣٤
قفز بمظلات ٢٤٨
قفص صدري ١٧
قفل ٥٩، ٢٠٧
قفل أطفال ٧٥
قفل الباب ٢٠٠
قلاح ٥٠

عصافة ١٣٠
عصب ١٩، ٥٠
عصب بصري ٥١
عصبي ١٩، ٢٥
عصفور ٢٩٢
عصي الجولف ٢٣٣
عصير ١٢٧
عصير الأناناس ١٤٩
عصير البرتقال ١٤٩
عصير التفاح ١٤٩
عصير الطماطم ١٤٤، ١٤٩
عصير العنب ١٤٤
عصير فواكه ١٥١
عصيري ١٢٧
عضة ٤٦
عضد ١٧
عضلات ١٦
عضلة ذات الرأسين ١٦
عضوي ٩١، ١١٨، ١٢٣
عطارد ٢٨٠
عطر ٤١
عطر لبعد الحلاقة ٧٣
عطس ٤٤
عطل ٢٠٣
عطلة ٢١٢
عطلة نهاية الأسبوع ٣٠٦
عطور ١٠٥
عظام ٤٩
عظم ١٢١
عظمة ١٧، ١١٩
عظمة القص ١٧
عظمة فخذ ١٧
عفواً ٣٢٢
عقب ١٣، ١٥، ٣٧
عقد ٣٦، ٣٠٧
عقد من اللؤلؤ ٣٦
عقرب ٢٩٥
عقرب الثواني ٣٠٤
عقرب الدقائق ٣٠٤
عقرب الساعات ٣٠٤
عقلة ١٥
عقيق ٢٨٨، ٢٨٩
عقيق يماني ٢٨٩
علاج ٤٩
علاج بالأعشاب ٥٥
علاج بالبلورات ٥٥
علاج بالتنويم ٥٥
علاج بالزيوت الضرورية ٥٥
علاج بالضغط ٥٥
علاج بالعوامل الطبيعية ٥٥
علاج بالماء ٥٥
علاج بالمياه ٥٥
علاج باليدين ٥٤
علاج بديل ٥٤
علاج جماعي ٥٥
علاج نفسي ٥٥
علاجات عشبية ١٠٨

علاقات ٢٤
علاقة ملابس ٧٠
علامات الطريق ١٩٤
علامة التنقيط ٢٥١
علامة الزيادة ٢٥١
علامة الطبيعة ٢٥١
علامة تجارية ٣١
علامة هوية ٥٣
علبة ١٤٥، ٣١١
علبة العدسات ٥١
علبة حليب ١٣٦
علبة رش ٣١١
علبة سجائر ١١٢
علبة شوكولاتة ١١٣
علبة طلاء ٨٣
علبة مناديل ورق ٧٠
علّم ٢٢١، ٣٢٣
علّم ركن ٢٢٣
علم الأحياء ١١٢
علم الحيوان ١٦٩
علم الفلك ٢٨١
علوم ١٦٢
علوم ١٦٦
على ٣٢٠
على طول ٣٢٠
عم ٢٢
عمارة هندسية ٣٠٠
عمارة شقة ٥٩
عُمان ٣١٨
عمق ١٦٥
عمل ١٧٠
عمل الدنتلة ٢٧٧
عمل لحاف ٢٧٧
عمل نماذج ٢٧٥
عملة أجنبية ٩٧
عملة معدنية ٩٧
عملة ورقية ٩٧
عملية ٤٨
عمود إدارة ٢٠٢
عمود المقعد ٢٠٦
عمود خيمة ٢٦٦
عمود فقري ١٧
عمولة ٩٧
عميل ٣٨، ٩٦، ١٠٤، ١٠٦، ١٧٥
عن ٣٢٠
عن إذنك ٣٢٢
عناية بالقدمين ٤١
عنب ١٢٧
عنب الدب ١٢٧
عنبر ٤٨
عنبر الأطفال ٤٨
عنبر الولادة ٤٨
عند ٣٢٠
عنصر تسخين ٦١
عنق ١٢، ٢٥٨، ٢٩٧
عنق الرحم ٢٠، ٥٢، ٢١
عنكبوت ٢٩٥

عنوان ٩٨، ١٦٨
عنوان البريد الإلكتروني ١٧٧
عنوان
عنوان الرد ٩٨
عنين ٢٠
عواطف ٢٥
عوامة ٢١٥
عوامة ٢١٧، ٢٣٨
عوامة إنقاذ ٢٤٠
عود الصليب ١١١
عيادة ٤٥، ٤٨
عيد الشكر ٢٧
عيد الفصح (لليهود) ٢٧
عيد القيامة ٢٧
عيد النور للهندوس ٢٧
عيد جميع القديسين ٢٧
عيد ميلاد المسيح ٢٧
عيدان ١٣٣
عين ١٤، ٥١، ٢٤٤
عين حمراء ٢٧١
عيون ٤٩

غ

غابة ٢٨٦
غابة ٢٨٥
غاضب ٢٥
غال ٣٢١
غانا ٣١٧
غثيان ٤٤
غداء ٦٤
غداء عمل ١٧٥
غدة ١٩
غدة درقية ١٨
غدة صماء ١٩
غذاء ١٤٩
غراء خشب ٧٨
غراء ٢٩٢
غرب ٣١٢
غُرزة ٢٧٧
غرف ١٠٠
غرف تجربة الملابس ١٠٤
غرفة ٥٨
غرفة اجتماعات ١٧٤
غرفة الجلوس ٦٢
غرفة الطعام ٦٤
غرفة الطوارئ ٤٨
غرفة المحرك ٢١٤
غرفة المنافع ٧٦
غرفة النوم ٧٠
غرفة انتظار ٤٥
غرفة بأعلى دور ٥٨
غرفة خاصة ٤٨
غرفة عمليات ٤٨
غرفة قراءة ١٦٨
غرفة قيادة ٢١٠
غرفة لفرد واحد ١٠٠
غرفة لفردين ١٠٠

غرفة مزدوجة ١٠٠
غرفة مظلمة ٢٧١
غرلة ٢١
غروب الشمس ٣٠٥
غرين ٨٥
غزال ١١٨، ٢٩١
غسالة ٧٦
غسالة الصحون ٦٦
غسل الشباك الأمامي ١٩٩
غسول للجسم ٧٣
غسيل ٧٦
غسيل سيارة ١٩٩
غصن ٢٩٦
غضروف ١٧
غطاء ٦١، ٦٦، ٦٩
غطاء أرضي ٨٧
غطاء الإطار ٢٠٢
غطاء العربة ٧٥
غطاء المخدة ٧١
غطاء عدسة ٢٧٠
غطاء محرك ١٩٨
غطاس ٢٣٨، ٢٣٩، ٢٣٩
غطوة ٣١
غلاف أيوني ٢٨٦
غلاف جوي ٢٨٢، ٢٨٦
غلاية ٦١، ٦٦
غليون ١١٢
غواصة ٢١٥
غوريلا ٢٩١
غيانا الفرنسية ٣١٥
غيانة ٣١٥
غير لأمع ٨٣، ٢٧١
غير مبستر ١٣٧
غير مشحون ٦٠
غير مملح ١٣٧
غير موصول ٩٩
غير رسمي ٣٤
غينيا ٣١٧
غينيا الاستوائية ٣١٧
غينيا بيساو ٣١٧

ف

فنة الأوراق المالية ٩٧
فأر ١٧١، ٢٩٠
فأس ٨٨
فائز ٢٧٣
فاتح ٢٣١
فاتح للشهية ١٥٥
فارة ٨١
فارغ ٣٢١
فازول ١٣١
فاصل ١٧٣، ١٩٤
فاصوليا الرِيد ١٣١
فاصوليا فرنسية ١٣١
فاصولية ١٢٢

فاصولية أسبانية ١٢٢
فاكس ٩٨، ١٧٢
فاكهة ١٠٧
فاكهة استوائية ١٢٩
فاكهة النجمة ١٢٨
فاكهة مسكرة ١٢٩
فاكهة الكيوي ١٢٨
فاكهة محفوظة ١٣٥
فانواتو ٣١٩
فانيلا ١٣٢
فاول ٢٢٣، ٢٢٦
فبراير ٣٠٦
فتات الخبز ١٣٩
فتاحة زجاجات ٦٨، ١٥٠
فتاحة علب ٦٨
فتحة ٢٧١
فتحة النفخ ٢٩٠
فتحة سقف ٢٠٢
فتحة للعين ٢٦٩
فتحة مستديرة ٣٣
فترة ما بين الشوطين ٢٢٣
فترة راحة ٢٢٠
فجر ٣٠٥
فجل ١٢٤
فجل الخيل ١٢٥
فحص ٥٠
فحص الجوازات ٢١٢
فحص الدم ٤٨
فحص طبي ٤٥
فخذ ٢٦، ٢٧٥، ٢٨٨
فخذ ١٢، ١١٩
فخذ خنزير ١١٩، ١٤٣، ١٥٧
فخور ٢٥
فراشة ٢٩٥
فراولة ١٢٧
فرج ٢٠
فرخ الضفدع ٢٩٤
فرس ٢٧٢
فرس البحر ٢٩١، ٢٩٤
فرس النبي ٢٩٥
فرش ٧٤
فرشاة ٣٨، ٤٠، ٧٧، ٨٣، ٢٧٤
فرشاة أسنان ٧٢
فرشاة الشفة ٤٠
فرشاة المرحاض ٧٢
فرشاة عجين ٨٢
فرشاة للحاجب ٤٠
فرشاة للظهر ٧٣
فرشاة لورق الحائط ٨٢
فرشاة معجنات ٦٩
فرط السحب ٩٦
فرع ١٧٥، ٢٩٦
فرقة الإطفاء ٩٥
فرملة ٢٠٠، ٢٠٤، ٢٠٦
فرملة يد ٢٠٣
فرن ٦٦، ١٥٩
فرن للمخيمات ٢٦٧
فرن ميكروويف ٦٦

طيران بمظلة غير جاسئة | طبقة سوسفير ٢٨٦ | ضوء المسرح ٢٥٩ | صيد من الشاطئ ٢٤٥
عجين بوف ١٤٠ | طبقة علوية ١٤١، ١٥٥ | ضوء خلفي ٢٠٤ | صيدلي ١٠٨، ١٨٩
عجين شو ١٤٠ | ٢٤٨ | طبقة ميسوسفير ٢٨٦ | ضيق ٣٢١ | صيدلية ١٠٨
عجين فيلو ١٤٠ | طيور ٢٩٢ | طبلة ٢٥٧، ٢٥٨ | | صيف ٢١، ٣٠٧
عجين لورق الحائط ٨٢ | طيور الصيد ١١٩ | طبيب ٤٥، ١٨٩ | ط | الصين ٣١٨
عداء ٢٣٤ | | طبيب أسنان ٥٠، ١٨٩ | طائرة ٢١٠، ٢١٢ | صينية ١٥٢، ١٥٤
عداد الضوء ٢٧٠ | ظ | طبيب بيطري ١٨٩ | طائرة بجناحين مزدوجين | صينية أقراص الكعك ٦٩
عداد دورات ٢٠١ | ظفر ١٥ | طبيب تخدير ٤٨ | ٢١١ | صينية الإفطار ١٠١
عداد سرعة ٢٠١، ٢٠٤ | ظفر إصبع القدم ١٥ | طبيب توليد ٥٢ | طائرة بحرية ٢١١ | صينية الورق ١٧٢
عداد صور ٢٧٠ | ظل ٤١ | طبيب عيون ٥١، ١٨٩ | طائرة خفيفة ٢١١ | صينية بذور ٨٩
عداد كهرباء ٦٠ | ظلة ١٤٨ | طبيب نساء ٥٢ | طائرة شراعية ٢١١، ٢٤٨ | صينية خبز ٦٩
عداد موقف ١٩٥ | ظنبوب ١٧ | طبيعة ١٦٢، ١١٩ | طائرة عمودية ٢١١ | صينية طلاء ٨٢
عدة ٢٤٥ | ظهارة قميص ٣٥ | طحال ١٨ | طائرة مقاتلة ٢١١ | صينية فطائر ٦٩
عدة الإصلاح ٢٠٧ | ظهر ١٣، ٦٤ | طراز النهضة ٣٠١ | طابع ٩٨ | صينية فلان ٦٩
عدة الطبل ٢٥٨ | ظهر جانبي ٢٤٠ | طرازات الحدائق ٨٤ | طابعة ١٧٢، ١٧٦ | صينية كعك ٦٩
عدس أحمر ١٣١ | ظهر مقعد ٢١٠ | طرخشقون ٢٩٧ | طابق ٥٨ |
عدس بني ١٣١ | ظهرية عريضة ١١ | طرخون ١٣٣ | طابق أرضي ١٠٤ | ض
عدسات لاصقة ٥١ | | طرد ٩٩، ٢٢٣ | طابعة ٢٧٢ | ضابط شرطة ٩٤
عدسة ٥١، ٢٧٠ | ع | الطرز ٣٠١ | طاجيكستان ٣١٨ | ضابط محكمة ١٨٠
عدسة تزويم ٢٧٠ | عائق رملي ٢٣٢ | طرف ٢٦، ١٣٢، ٢٤٦ | طاحنة ٥٠ | ضاج ٣٢١
عدسة ذات بؤرتين ٥١ | عائق مائي ٢٣٢ | طري ١٢٩ | طارد للحشرات ١٠٨، ٢٦٧ | ضاحكة ٥٠
عدسة شيئية ١٦٧ | عائلة ٢٢ | طري ٣٣١ | طارش ١٢١، ١٢٧، ١٣٠ | ضاحية ٢٩٩
عدسة عينية ١٦٧ | عابرة محيطات ٢١٤ | طريق ثنائي الاتجاه ١٩٥ | طاسة ١١٢ | ضارب ٢٢٥، ٢٢٨
عدو ٢٥١، ٢٦٣ | عادي ٣٩ | طريق سريع ١٩٤ | طاسة خلاط ١٦، ٦٩ | ضاغط النسيج ٢٧٦
عدوى ٤٤ | عارضة ١٨١، ٢٠٧، ٢٣٢، | طريق ضيق ٥٨ | طالب ١٦٩ | ضباب ٢٨٧
العراق ٣١٨ | ٢٥٠، ٢٤٠، ٢٣٥، | طريق علوي ١٩٤ | طاولة ٩٨، ١٠٠، ١٤٢، ٢٧٢ | ضبارة ١٧٧
عربة ١٦، ٢٠٨، ٢١٣ | عارضة قيادة ٢٠٧ | طعم ٢٤٤ | طاولة الزينة ٧١ | ضجر ٢٥
عربة أطعمة ١٥٤ | عازف الغيتار ٢٥٨ | طفاية حريق ٩٥ | طاولة السندوتشة ١٤٣ | ضرب ٢٣٧
عربة إطفاء الحريق ٩٥ | عازف باس ٢٥٨ | طفاية سجائر ١٥٠ | طاولة القهوة ٦٢ | الضربات ٢٣١
عربة أطفال ٧٥ | عاشر ٣٠٩ | طفح جلدي ٤٤ | طاولة الكي ٧٦ | ضربة ٢٢٨، ٢٣٣
عربة الإلقاء ١٨٧ | عاصفة ٢٨٦، ٢٨٧ | طفل ٢٣، ٣٠، ٣١ | طاولة عجن ٨٢ | ضربة أمامية ٢٣١
عربة الثلوج ٢٤٧ | عاصمة ٣١٥ | طقم أسنان ٥٠ | طاووس ٢٩٣ | ضربة براوية ٢٣٠
عربة الحلويات ١٥٢ | عاقر ٢٠ | طقم ورق اللعب ٢٧٣ | طب ١٦٩ | ضربة تدريب ٢٣٣
عربة المطعم ٢٠٩ | عاكس ٥٠، ٢٠٤، ٢٠٧ | طلاء ٨٣ | طباخ ١٩٠ | ضربة جزاء ٢٢٣
عربة حقائب ٢٠٨ | عال ٣٢١ | طلاء للأظافر ٤١ | طباخ رئيسي ١٥٢ | ضربة حرة ٢٢٢
عربة كبل ٢٤٦ | عالم ١٩٠ | طلاء مساعد ٨٣ | طباخ مساعد ١٥٢ | ضربة خلفية ٢٣١
عرض ١٦٥، ١٧٤، ١٧٤ | عام ١٦٣، ٣٠٦ | طماطم ١١٨، ١٥٧ | طباشير ٨٥، ١٦٢، ٢٨٨ | ضربة ركنية ٢٢٣
غرف ٢٤٢، ٢٩١ | عاملون ١٧٥ | طماطم الكرز ١٢٤ | طباشير ترزي ٢٧٦ | ضربة في الصميم ٢٧٣
عرق السكر ١٤٥ | عامود ٣٠٠ | طفاقات ٢١ | طبال ٢٥٨ | ضربة في قوس علوي ٢٣١
عرق سوس ١١٣ | عامود قصير ٢٩٨ | طن ٣١٠ | طبخ ٦٧ | ضربة قاضية ٢٣٧
عرقوب ١٦ | عبد الشمس ١٨٤، ٢٩٧ | طنان ٢٩٢ | طبخ على نار هادئة ٦٧ | ضربة قاطعة ٢٣٧
عروة ٣٢ | عبر ٣٢٠ | طوابع ١١٢ | طبع ٢٧١، ٢٧٥ | ضربة قوية ٢٣١
عروض ١٠٦ | عبوس ٢٥ | طوافة ٢٤٤ | طبق ٦٥ | ضربة مباشرة ٢٣١
عريض ٣٢١ | عتبة ٢٥٨ | طوب ١٨٧ | طبق استقبال الفضائات | ضرة ١٥
عزل ٦١ | عتبة عليا ١٨٦ | طوق ١١٣ | ٢٦٩ | ضريبة ٩٦
عسكري ٢٧٢ | عتلة إطارات ٢٠٧ | طوق ٢٣٦ | طبق الحساء ٦٥ | ضيف ٦٤
عسل جامد ١٣٤ | عتيقة ١٩٩ | طوق الأنف ٢٤٢ | طبق بتري ١٦٦ | ضيق ٣٢١
عسل رائق ١٣٤ | عثة ٢٩٥ | طوق الحاجب ٢٤٢ | طبق جانبي ٦٥، ١٥٣ | ضغط الإطار ٢٠٣
عشاء ٦٤، ١٥٨ | عجة ١٥٨ | طوق شعر ٣٨ | طبق رئيسي ١٥٣ | ضغط الصدر ٢٥١
عشب ٥٥، ٨٦ | عجل ١١٨، ١٨٥ | طوق للذراع ٢٣٨ | طبق كبير ٦٥ | ضغط دم ٤٤
عشرة ٣٠٨ | عجل البحر ٢٩٠ | طول ١٦٥، ٣١٠ | طبق ٦٥ | ضفة ٢٨٤
عشرون ٣٠٨ | عجل ١٩٨، ٢٠٧ | طول موجي ١٧٩ | طبخ ٢٨٣ | ضفدع الطين ٢٩٤
عصا ٢٢٤، ٢٣٥، ٢٤٩ | عجلة أمامية ١٩٦ | طون ١٢٠ | طبقة أوزون ٢٨٦ | ضفدعة ٢٩٤
عصا تزلج ٢٤٦ | عجلة التوازن ٢٧٦ | طويل ٣٢، ٣٢١، ٣٢١ | طبقة التربة العليا ٨٥ | ضفيرة ٣٩
عصا ركوب ٢٤٢ | عجلة المقدمة ٢١٠ | طي الورق ٢٧٥ | طبقة الصوت ٢٥٦ | ضفيرتان صغيرتان ٣٩
عصا قائد ٢٥٦ | عجلة خلفية ١٩٧ | طيار ١٩، ٢١١ | طبقة تروبوسفير ٢٨٦ | ضلع ١٧، ١١٩، ١٢١
عصا هوكي ٢٢٤ | عجلة قيادة ٢٠١ | طية ٣٢ | طبقة ثيرموسفير ٢٨٦ | ضلوع ١٥٥
عصار ١٤٩ | عجلة من المطاط ٢٦٥ | طيران بطائرة شراعية ٢٤٨ | طبقة ستراتوسفير ٢٨٦ | ضمادة ٤٧
عصاري ٨٧ | عجين ١٣٨ | | طبقة سفلية ٢٨٦ | ضوء الشمس ٢٨٦

عربي

سيراليون ٣١٧
سيربيون ١١٩
سيسارون ١٢٥
سيف ٢٣٦
سيف الغراب ١١٠
سيمفونية ٢٥٦
سينما ٢٥٥، ٢٩٩

ش
شائب ٢٧٣
شاحن بنزين ٢٠٣
شاحنة ١٩٤
شارة ٩٤
شارة هوية ١٨٩
شارع ٢٩٨
شارع جانبي ٢٩٩
شارع واسع ٢٩٩
شارع ينتج الدخول ٢١٦
شارع ٤٧، ٩٧، ١٧٢، ١٧١،
٢٥٥، ٢١٩
شاشة معلومات ٢١٣
شاطئ ٢٦٤
شاقول البناء ٨٢
شامبو ٣٨
شامة ١٤
شاهد ١٨٠
شاي ١٤٤، ١٤٩، ١٥٧، ١٨٤
شاي أخضر ١٤٩
شاي بالحليب ١٤٩
شاي بالليمون ١٤٩
شاي بالنعناع ١٤٩
شاي بابونج ١٤٩
شاي سادة ١٤٩
شاي عشبي ١٤٩
شاي مثلج ١٤٩
شباك ٢٢٢، ٢٢٦، ٢٢٧
شباك أمامي ١٩٨
شبت ١٣٣
شبشب ٣١
شبشب شاطئ ٣٧
شعبان ٦٤
شباك ٢١٧
شبكة ١٧٦، ٢٣١
شبكة حفظ ٢٤٤
شبكة خطوط قطارات ٢٠٩
شبكة صيد ٢٤٤
شبكة للبعوض ٢٦٧
شبكية ٥١
شبه المنحرفة ١٦
شبه جزيرة ٢٨٢
شبه منفصل ٥٨
شتاء ٣١، ٣٠٧
شتلة ٩١
شجرة ٨٦، ٢٩٦
شجرة البق ٢٩٦
شجرة الخبز ١٢٤
شحان تربيني ٢٠٣
شخصيات رواية ٢٥٤

شد عضلي ٢٣٩
شرائح الهليون ١٢٠
شراب ١٠٩
شراب البرتقال ١٤٤
شراب القبقب ١٣٤
شراب الليمون ١٤٤
شراب حليب مخفوق ١٣٧
شراع ٢٤١
شراع أمامي ٢٤٠
شراع رئيسي ٢٤٠
شراع طائر ٢٤٨
شرشف ٧٠
شرطة ٩٤
شرطي ١٨٩
شرطي مرور ١٩٥
شرفة ٥٩، ٢٥٤
شرفة خشبية ٨٥
شرفة دائرية ٢٥٤
شرق ٣١٢
شرك ٢٤٤
شركة ١٧٥
شرنقة ٢٩٥
شروق الشمس ٣٠٥
شري ١٤٥
شريان ١٩
شريحة ١٢١، ١٣٩، ١٤٠،
شريحة زجاجية ١٦٧
شريحة كتف ١١٩
شريحة مع ضلعها ١١٩
شريط ٢٧، ٣٩، ١١١، ١٤١،
٢٣٥
شريط بالوسط ١٩٤
شريط الأدوات ١٧٧
شريط القائمة ١٧٧
شريط تمرير ١٧٧
شريط حاجب ٨٣
شريط عازل ٨١
شريط فيديو ٢٦٩
شريط قياس ٨٠، ٢٧٦
شريط كاسيت ٢٦٩
شريط لاصق ٤٧، ١٧٣
شريط لحام ٨١
شريك أعمال ٢٤
شست ٢٨٨
شطرنج ٢٧٢
شطني ١٣٥
شظية ٤٦
شعاع ٢٠٧
شعاع ١٤
شعر قصير ٣٩
شعر مستعار ٣٩
شعير ١٣٠، ١٨٤
شغل الإبرة ٢٧٧
شفة ١٤
شفر ٢٠
شفرة التعرف ١٠٦
شفق ٢٨٦
شفنين ١٢٠

شفنين بحري ٢٩٤
شق ١٨٢
شق البطاقة ٩٧
شق الغومة الفرجية ٥٢
شقة ٥٩
شقراء ٣٩
شقراء ٢٣٥
شكراً ٣٢٢
شكل سداسي ١٦٤
شكوى ٩٤
شكيمة ٢٤٢
شلال ٢٨٥
شلة خيوط ٢٧٧
شمال ١٢٢، ١٣٣
شمال ٣١٢
شمال وسط أمريكا ٣١٤
شمبانيا ١٤٥
شمس ٢٨٠
شمسية ٢١٤
شمعة ٦٣
شمعة ٤٤
شمعة إشعال ٢٠٣
شمعة عيد ميلاد ١٤١
شهاب ٢٨٠
شهادة ميلاد ٢٦
شهر ٣٠٦
شهر عسل ٢٦
شهريا ٣٠٧
شوارب ٢٩٠
شواية ٦٩
شواية في الهواء الطلق ٢٦٧
شورت ٣٠، ٣٣
شورت تحتي ٣٣
شوط ٢٣٣
شوفان ١٣٠
شوفان مطبوخ ١٥٧
شوكة ٦٥، ٨٨، ١٥٣، ٢٤٤
شوكة قطع ٦٨
شوكة يدوية ٨٩
شوكولاتة ١١٣
شوكولاتة بالحليب ١١٣
شوكولاتة بيضاء ١١٣
شوكولاتة ساخنة ١٤٤، ١٥٦
شوكولاتة سادة ١١٣
شياتسو ٥٤
شيدر ١٤٢
شياك ٩١
شيك سياحي ٩٧
شيلي ٣١٥

ص
صائد سمك ٢٤٤
صابون ٧٣
صاحب الملك ٥٨
صاحب عمل ٢٤
صار ٢٤٠
صاروخ ٢١١
صاروخ انطلاق ٢٨١
صالون ١٩٩

صباح ٣٠٥
صباح الخير ٣٢٢
صبار ٨٧
صبغة الشعر ٤٠
صبغة للخشب ٧٩
صبي جمع الكرات ٢٣١
صحافة ١٧٨
صحة ٤٢
صحراء ٢٨٥
الصحراء الغربية ٣١٧
الصحراء الكبرى ٣١٣
صحفي ١٧٩، ١٩١
صحن الإبرة ٢٧٦
صحي ٣٢١
صحيح ٣٢١
صخور ٢٨٤، ٢٨٨
صخور بركانية ٢٨٨
صخور متحولة ٢٨٨
صخور معدنية ٢٨٩
صد ٢٣١، ٢٣٧
صداع ٤٤
صدر نصفي ٤٤
صدر عبد ميلاد ٤٤
صدر ١٢، ١١٩
صدرة ٢٣، ٣٣، ٢٥، ٢٥١
صدرية ضيقة ٣٥
صدرية ١٦، ٣٠، ٣٣
صدغ ١٤
صدمة ٢٦٥
صدمة ٤٧
صدمة كهربائية ٤٦
صديق ٢٥
صديق ٢٤
صديق مراسلة ٢٤
صراف ٩٦، ١٠٦
صراف آلي ٩٧
صراف بالمقاس ١٥٠
صربيا ٣١٦
صرح ٢٦١
صرصار الليل ٢٩٥
صرصر ٢٩٥
صرع ٤٤
صرف ٩١
صريمة الجدي ٢٩٧
صب ٣٣١
صعود الجليد ٢٤٧
صعود الصخور ٢٤٨
صغير ٣٢١
صغير السن ٣٢١
صف ١٦٣، ٢١٠، ٢٥٤
صف منازل ٥٨
صفاد البدين ٩٤
صفار ١٣٧، ١٥٧
صفاة إنذار ٩٤
صفر ٢٣٠، ٣٠٨
صفصاف ٢٩٦
صفقة ١٧٥
صفن ٢١
صقر ٢٩٢

صقلية ٣١٦
صقيع ٢٨٧
صلب ١٢٤، ١٢٩، ٣٢١
صلب غير قابل للصدا ٧٩
صلصال ٨٥، ٢٧٥
صلصة ١٣٥، ١٤٣، ١٥٥
صلصة طماطم ١٥٤
صمام ٢٠٧
صمام إيقاف ٦١
صمام الضغط ٦١
صمة ٧٢
صمغ ٢٧٥
صمولة ٨٠
صنارة حبك ٢٧٧
صناعة الخبز ١٣٨
صناعة المجوهرات ٢٧٥
صناعي ٣١
صنبور البيرة ١٥٠
صنج ٢٥٧
صندل ٣١، ٣٧
صندوق ٥١
صندوق إسعافات أولية ٤٧
صندوق إعادة التدوير ٦١
صندوق الخطابات ٥٨، ٩٩
صندوق الرسائل ١٠٠
صندوق العدة ٨٠
صندوق النفايات ٦١، ٦٧
صندوق بريد ٩٩
صندوق تروس ٢٠٢، ٢٠٤
صندوق عدة ٢٤٤
صندوق علوي ٢١٠
صندوق مجوهرات ٣٦
صندوق مصاهر ٦٠، ٢٠٣
صندوق ملفات ١٧٣
صنوبر ٢٩١
صنوبرية ٨٦
صهارة ٢٨٣
صوابة جليد ٢٨٧
صواميل عجلة ٢٠٣
صواني ٢٨٨
صوت فوق سمعي ٥٢
صور متحركة ١٧٨
صورة ٢٧١
صورة شخص ٢٧١
صوف ٢٧٧
صوف الشاة ٧٤
صوف سلكي ٨١
الصومال ٣١٧
صومعة ١٨٣
صونة ٢٧
صياد سمك ١٨٩
صيد السمك ٢٤٤
صيد بالحراب ٢٤٥
صيد بحري ٢٤٥
صيد بذبابة اصطناعية ٢٤٥
صيد سمك من ماء حلو
٢٤٥
صيد في البحار العميقة ٢٤٥

زيت عصرة باردة ١٣٥
زيت فستق العبيد ١٣٥
زيت مكنة ١٣٤
زيت نباتي ١٣٥
زيتون ١٥١
زيتون أخضر ١٤٣
زيتون أسود ١٤٣
زيتون محشو ١٤٣
زيرفون ٢٩٦
زيق العنق ٣٤
زيمبابوي ٣١٧
زيوت ١٣٤

س
سؤال ١١٣
سائح ٢١٠
سائس ٢٤٣
سائق ١٩٦
سائق تاكسي ١٩٠
سائق حافلة ١٩٠
سائق سباق ٢٤٩
سائق شاحنة ١٩٠
سائل ٧٧
سائل تنظيف ٥١
سائل للترطيب ٤١
سائل مطهر ٥١
سائل معطر ٤١
سابع ٣٠٩
ساتر من الأثرية ٨٣
ساحة ٢٠٩
ساحة أمامية ١٩٩
ساحة رياضة ١٦٨
ساحل ٢٨٥
ساحل العاج ٣١٧
سادس ٣٠٩
ساردينيا ٣١٦
ساطور ٦٨
ساعات الزيارة ٤٨
ساعة ٣٦، ٣٠٤
ساعة كبيرة ٦٢
ساعة توقيت ١٦٦، ٢٣٤
ساعة حائط ٣٠٤
ساعة شمسية ٢٦٢
ساعد ١٢
ساعي بريد ٩٨، ١٩٠
ساق ١٢، ١٣، ٦٤، ١١١، ١١٢،
١١٩، ١٢٢، ٢٩٧
ساكسوفون ٢٥٧
ساكن ١٤٤
سان مارينو ٣١٦
سانت فنسنت وجزر
غرينادين ٣١٤
سانت كيتس ونيفس ٣١٤
سانت لوتشيا ٣١٤
ساو توم وبرنسيب ٣١٧
ساونا ٢٥٠
سباحة ١٥
سباح ٢٣٨

سباح الإنقاذ ٢٣٩، ٢٦٥
ساحة ٢٣٨
سباحة توقيعية ٢٣٩
سباحة حرة ٢٣٩
سباحة صدر ٢٣٩
سباحة ظهر ٢٣٩
سباحة فراشة ٢٣٩
سباحة في الفضاء ٢٤٨
سباق ٢٣٤
سباق الطرق الوعرة ٢٤٩
سباق تتابع ٢٣٥
سباق حواجز ٢٤٣
سباق خيول ٢٤٣
سباق دراجات بخارية ٢٤٩
سباق سيارات ٢٤٩
سباق عربات ذات عجلتين
٢٤٣
سباق على أرض مستوية
٢٤٣
سباق غوص ٢٣٩
سباق مركبة ٢٤٣
سباك ١٨٨
سباكة ٦١
سبانخ ١٢٣
سبتمبر ٣٠٦
سبج ٢٨٨
سبعة ٣٠٨
سبعة عشر ٣٠٨
سبعمائة ٣٠٨
سبعون ٣٠٨
سبق تسجيله ١٧٨
سبورة ١٦٢
سبورة ورق ١٧٤
ستارة ٦٣، ٢٥٤
ستارة الدش ٧٢
ستارة شبكية ٦٣
ستة ٣٠٨
ستة عشر ٣٠٨
ستج سفينة ٢١٤
ستج مؤخرة سفينة ٢١٤
سترة ٣٢، ٣٤
سترة إنقاذ ٢٤٠
سترة رياضية ٣٣
سترة صوف ٣٢
سترة فضفاضة ٣٣
سترة مطر ٣٢
ستريو ٢٦٩
ستريو السيارة ٢٠١
ستماتة ٣٠٨
ستون ٣٠٨
سجائر ١١٢
سجادة ٥٤، ٧١، ٢٣٥
سجادة الباب ٥٩
سجادة الحمام ٧٢
سجادة للنوم ٢٦٧
سجافة ٧١
سجل ١١٨، ١٥٥، ١٥٧
سجل الدم ١٥٧

سجق متبل ١٤٢
سجل ١٠٠
سجل جرائم ١٨١
سجن ١٨١
سحاب ٢٨٧
سحلية ٢٩٣
سخان ٦٠، ٦٧
سخان سيراميك ٦٦
سد ٣٠٠
سداد ١٣٤، ١٦٦
سدادة قطنية ١٠٨
سرة ١٢
سرج ٢٠٦، ٢٤٢
سرج لجلوس جانبي ٢٤٢
سرخس ٨٦
سردين ١٢٠
سرطان ٤٩
سرطان البحر ١٢١، ٢٩٥
سرعات ٢٠٦
سروال تحتي ٣٣، ٣٥
سروال عرضي ٣٣
سري لانكا ٣١٨
سريحة ٣٥
سرير ٧٠
سرير بعجل ٤٨
سرير تشميس ٧٤
سرير طفل ٧٤
سرير فردي ٧١
سرير مزدوج ٧١
سرير معسكر ٢٦٦
سرير وإفطار ١٠١
سريع ٣٢١
سطح المكتب ١٧٧
سطو على منزل ٩٤
سعة ١٥٢
سعر ١٩٩، ٣١١
سعر السهم ٩٧
سعر الصرف ٩٧
سعيد ٢٥
سرجل ١٢٨
سفينة حاويات ٢١٥
سفينة حربية ٢١٥
سفينة نقل للقمر ٢٨١
سقالات ١٨٦
سقف ٥٨، ٦٢، ٢٠٣
سقي ٨٩
سقيمة ٨٥
سكتة ٢٥٦
سكتة دماغية ٤٤
سكرابل ٢٧٢
سكواش ٢٣١
سكوتر ٢٠٥
سكين ٦٥، ٨٠
سكين الخبز ٦٨
سكين المطبخ ٦٨
سكين حرق ٨٢
سلاح ٢٤٩

سلاطة خضراء ١٥٨
سلاطة مخلوطة ١٥٨
سلامة ٧٥، ٢٤٠
سلامي ١٤٢
سلة ١٠٦، ٢٠٧، ٢٣٦، ٢٤٥
سلة الصادر ١٧٢
سلة الغسيل ٧٦
سلة الفواكه ١٢٦
سلة اللعب ٧٥
سلة الوارد ١٧٢
سلة خياطة ٢٧٦
سلة طعام ٢٦٣
سلة فرش السرير ٧٦
سلة معدنية ١١٠
سلة معلقة ٨٤
سلة موسى ٧٤
سلة نفايات ١٧٢
سلحفاة ٢٩٣
سلحفاة بحرية ٢٩٣
سلسلة ٣٦، ٢٠٦
سلسلة الباب ٥٩
سلسلة تليفزيونية ١٧٨
سلسلة جبال ٢٨٢
سلطانية ٦٥
سلطة ١٤٩
السلفادور ٣١٤
سلق سويسري ١٢٣
سلك ٧٩
سلك إطالة ٧٨
سلك رفيع ٦٠
سلم ٥٩، ٩٥، ١٨٦، ٢٥٦
سلم نقالي ٨٢
سلمون ١٢٠
سلمون مرقط ١٢٠
سلوفاكيا ٣١٦
سلوفينيا ٣١٦
سماء ٨٨، ٩١
سماق ٨٦
سماعات شخصية ٢٦٨
سماعات ٤٥، ٩٩، ١٧١، ٢٥٨،
٢٦٨
سماعة متحركة ٩٩
سماق ١٢٩
سمان ١١٩
سمراء ٣٩
سمسار مالي ٩٧
سمسار عقارات ١٨٩
سمك ١٠٧، ١٢٠، ٢٩٤
سمك السيف ١٢٠، ٢٩٤
سمك الضفادع ١٢٠
سمك ذهبي ٢٩٤
سمك مدخن ١٤٣
سمك ورقائق بطاطس ١٥٥
سمندر ٢٩٤
سميد ١٣٠
سمين ٣٢١
سمين ٢٠٦، ١٦٣، سن

سن ترس ٢٠٧
سناد رقبة ٤٦
سنارة ٢٤٤
سنام ٢٩١
سنة ٥٠
سنتيمتر ٣١٠
سنجاب ٢٩٠
سندوتش ١٥٥
سندوتش سجق ١٥٥
سندوتش متعدد الطبقات
١٥٥
سندوتش محمص ١٤٩
سندوتش مكشوف ١٥٥
سنط ١١٠
سنغافورة ٣١٩
السنغال ٣١٧
سنوكر ٢٤٩
سنوي ٨٦
سنوياً ٣٠٧
سهام بريشة ٢٧٣
سهل ٢٨٥، ٣٢١
سهل الطبخ ١٣٠
سهم ٢٤٩
سوار ٣٦
سوازيلاند ٣١٧
سوبرماركت ١٠٦
السودان ٣١٧
سور ٨٥، ١٨٢
سوريا ٣١٨
سورية ١٤١
سوريبا ٣١٨
سورينام ٣١٥
سوسن ١١٠
سوفليه ١٥٨
سوق ١١٥
سوق الأوراق المالية ٩٧
سوناتة ٢٥٦
سوية ٢٣٣
سويت شيرت ٣٣
السويد ٣١٦
سويسرا ٣١٦
سين ٣٢١
سياج ٨٥، ٩٠، ١٨٢، ٢٤٣
سيارة ١٩٨، ٢٠٠، ٢٠٢،
٢٠٣
سيارة رياضية ١٩٩
سيارة شرطة ٩٤
سيارة صغيرة ١٩٩
سيبيريا ٣١٣
سيجار ١١٢
سيخ ٦٨
سيد ٢٣
سيدة ٢٣
سيدة أعمال ١٧٥
سيدر ١٤٥
سير الأمتعة ٢١٢
سير كامة ٢٠٣
سير متحرك ١٠٦
سير مروحة ٢٠٣

دون جلد ١٢١
دون عظم ١٢١
ديرل ١٩٩
ديسمبر ٣٠٦
ديك ١٨٥
ديك بري ١١٩، ٢٩٣
ديك رومي ١١٩، ١٨٥، ٢٩٣
ديناري ٢٧٣
ديوبتر ٥١
ديوسبيروس ١٢٨

ذ
ذئب ٢٩٠
ذئب البحر ١٣٠
ذات بابين ٢٠٠
ذات ثلاثة أبواب ٢٠٠
ذاكرة ١٧٦
التوصل العشوائي ١٧٦
ذاكرة
ذبابة ٢٩٥
ذبابة اصطناعية ٢٤٤
ذراع ١٣، ٩٥
ذراع التعشيق ٢٠١
ذراع الدفة ٢٤٠
ذرة ١٣٠، ١٨٤
ذرة صفراء ١٣٢
ذروة ٢٠٩
ذقن ١٤
ذكر ١٢، ١٣، ٢١
ذكرى ٢٦
الذنب ١٧
ذهب ٢٣٥، ٢٨٩
ذيل ١٢١، ٢١٠، ٢٤٢، ٢٨٠،
٢٩٠، ٢٩٣، ٢٩٤
ذيل الفرس ٣٩
ذيل جرار ٣٥

ر
رئة ١٨
رأس ١٢، ١٩، ٨٠
رأس الدش ٧٢
رأس السنة ٢٧
رأس المرشة ٨٩
رأس المضرب ٢٣٠
رأسا على عقب ٢٣٥
رؤية ٥١
رائد فضاء ٢٨١
راب ٢٥٩
رابع ٣٠٩
رادار ٢١٤، ٢٨١
راديو ١٧٩، ٢٦٨
راديو بساعة ٧٠
راسي ٢٧١
رافدة ١٨٦
رافعة ٥١، ١٥٠، ٢٠٣
رافعة شوكية ١٨٦، ٢١٦
راقصة ١٩١
راكب ٢١٦، ٢٤١، ٢٤٢

راكون ٢٩٠
رام ٢٢٥
رانفة أفقية ٢١٠
رانفة ١٣٩
رباط ١٧، ٣٧
رباط عنق ٣٢
رباط مطاط ٢٩
رباط محصم ٢٣٠
رباط جورب ٢٥
راعية الدف ١٩٩
رباعية الرؤوس ١٦
رجحية ٩٧
ربط ٣٧
ربط بالمرسى ٢١٧
ربطة عنق كفراشة ٣٦
ربع ساعة ٣٠٤
ربع غالون ٣١١
ربما ٣٢٢
ربو ٤٤
ربيع ٣٠٧
رجبي ٢٢١
رجل ٣٣
رجل أعمال ١٧٥
رجل الإطفاء ٩٥، ١٨٩
رحلة بالحصان ٢٤٣
رحلة داخلية ٢١٢
رحلة دولية ٢١٣
رحم ٢٠، ٥٢
رخام ٢٨٨
رخيص ٣٢١
رداء ١٦٩
ردف ١٣، ١٦
ردهة ١٠٠، ١٠٤، ٢٥٥
رسائل ١٠٠
رسالة صوتية ٩٩
رسالة نصية ٩٩
رسام ١٩١
رسغ ١٣، ١٥
رسم ٢٧٥، ٢٧٤
رسم بنكي ٩٦
رسم بياني ٤٨
رسم دخول ٢٦٠
رسمي ٣٤
رسول ٩٩
رسوم متحركة ٢٥٥
رشاشة ٨٩، ١٠٩
رشاشة سوائل ٣١١
رصيف ٢٠٨، ٢١٦، ٢٩٨
رضفة ٢٨٢
رضيع ٢٣، ٣٠
رطب ٢٨٦
رطل ٣١٠
رعاية الأسنان ١٠٨
رعاية الجلد ١٠٨
رعاية الرضيع ٧٤
رعد ٢٨٦
رعلة ١١١

رغوة ١٤٨
رغوة حلاقة ٧٣
رغوة للحمام ٧٣
رغيف ١٣٩
رغيف على شكل مزمار ١٣٩
رف ٦٧، ١٠٦
رف أمتعة ٢٠٩
رف العدة ٧٨
رف المستوقد ٦٣
رف للكتب ٦٣، ١٦٨
رفراف جناح ٢١٠
رفع الرأس والصدر ٢٥١
رفع وخفض الجسم ٢٥١
رفوف ٦٦
رفيع ٣٢١
رفيق ٢٣، ٢٤
رفيقة ٢٣، ٢٤
رق ٢٥٧
رقائق بطاطس ١١٣، ١٥١
رقص ٢٥٩
رقص على الجليد ٢٤٧
رقعة ٢٠٧
رقعة خضراوات ١٨٢
رقم ٢٢٦
رقم الخط ١٩٦
رقم الغرفة ١٠٠
رقم بوابة ٢١٣
رقم حساب ٩٦
رقم رحلة ٢١٢
رقم رصيف ٢٠٨
رقم سري ٩٦
رقم شخصي ٢٢٤
رقم قياسي ٢٣٤
رقمي ٢٦٩
ركاب ٢٤٢
ركاسة ٢٤٠
ركبة ١٢
ركل ٢٣٧
ركلة ٢٣٩
ركوب الواح بعجل ٢٤٩، ٢٦٣
ركوب الأمواج ٢٤١
ركوب الخيل ٢٤٢، ٢٦٣
ركوب الدراجات ٢٦٣
ركوب الرياح ٢٤١
ركوب رمث ٢٤١
ركوب كنو ٢٤١
ركوكو ٣٠١
رم وكولا ١٥١
رماد ٢٨٣
رمادي ٢٣، ٢٧٤
رمان ١٢٨
رماية بالقوس والسهم ٢٤٩
رماية نحو هدف ٢٤٩
رمث نجاة ٢٤٠
رمز بريدي ٩٨
رمش ١٤، ٥١
رمضان ٢٧

رمكين ٦٩
رمل ٨٥، ٢٦٤
رمي ٢٣٧
رمي الجلة ٢٣٤
رمي الرمح ٢٣٤
رمي القرص ٢٣٤
رمية تماس ٢٢٣
رمية مدخنة ١٥٧
رهان ٢٧٣
رهن ٩٦
رواق ٥٨
روب ٣١، ٣٢، ٣٨
روب حمام ٧٣
روديو ٢٤٣
روزنة ٥٨
رول ١٣٩، ١٤٣
رومانيا ٣١٦
ري كي ٥٥
رياح موسمية ٢٨٧
رياضات أخرى ٢٤٨
رياضات الشتاء ٢٤٧
رياضة على الجليد ٢١٨
رياضة صيد السمك ٢٤٥
رياضة مائية ٢٤١
رياضي ١٩١، ٢٣٤
ريحان ١٣٣
ريشة ٢٣١، ٢٩٣

ز
زئبق ٢٨٩
زائد ١٦٥
زائدة دودية ١٨
زامبيا ٣١٧
زان ٢٩١
زاوية ١٦٤
زبد ١٣٧، ١٥٦
زبد البحر ١٢١
زبد الفول السوداني ١٣٥
زبرجد ٢٨٨
زبون ١٥٢
زبيب ١٢٩
زجاج ٦٩
زجاجة ٦١، ٧٥، ١٣٥، ٣١١
زجاجة للماء ٢٦٧
زجاجة ماء ٢٠٦
زجاجة ماء ساخن ٧٠
زحل ٢٨٠
زحلوفة ٢٦٣، ٢٤١، ٢٤٦
زخرف ١٤١
زخرفة السقف ٦٣
زر ٣٢
زر استدعاء ٤٨
زر توقف ١٩٧
زر شوكولاتة ١٤١
زرافة ٢٩١
زردية لقطع الأسلاك ٨٠
زردية مقورة ٨٠
زريبة خنازير ١٨٥

زعتر ١٣٣
زعفران ١٣٢
زعنفة ٢١٠، ٢٣٩، ٢٩٠
زعنفة صدرية ٢٩٤
زعنفة ظهرية ٢٩٤
زغاف ٣١
زقاق ٢٩٨
زلزال ٢٨٣
زمام ٢٧٧
زمرد ٢٨٨
زمن ٢٣٤
زميل ٢٤
زنبرك ٧١
زنبق ١١٠
زنجبيل ١٢٥، ١٣٣
زند ١٧
زنزانة ١٨١
زنزانة شرطة ٩٤
زنك ٢٨٩
زهر ٢٧٢
زهرة ٢٨٠، ٢٩٧
زهرة الأوركيد ١١١
زهرة الربيع ٢٩٧
زهرية ٦٣، ١١١
زهور ١١٠
زهور مجففة ١١١
زهيرة ١٢٢
زواحف ٢٩٣
زوبعة ٢٨٧
زوج ٢٢
زوج ابنة ٢٢
زوج أخ ٢٢
زوج أخت ٢٢
زوج الأم ٢٣
زوجة ٢٢
زوجة ابن ٢٢
زوجة أخت ٢٣
زوجة الأب ٢٣
زورق بخاري ٢١٤
زورق مطاطي قابل للنفخ
٢١٥
زي ٢٠٥، ٢٥٥
زي البالية ١٩١
زي دفتري ٣٠
زي رجبي ٢٢١
زي رسمي ٩٤، ١٨٩
زي كرة قدم ٢٢٢
زي مدرسي ١٦٢
زي مقاوم للماء ٢٤٥
زيت ١٤٢، ١٩٩
زيت البندق ١٣٤
زيت الجوز ١٣٤
زيت الذرة ١٣٥
زيت الزيتون ١٣٤
زيت اللوز ١٣٤
زيت بذور السمسم ١٣٤
زيت بذور العنب ١٣٤، ١٣٥
زيت عباد الشمس ١٣٤

درس ۱٦۳
درع ۳٥
درفة ٥۸
دش ۷۲
دعامة ۳۰۱
دعامة ركبة ۲۲۷
دعسوقة ۲۹٥
دعم ۱۸۷
دفاع ۱۸۱، ۲۲۰
دفاع عن النفس ۲۲۷
دفة ۲۱۰، ۲٤۱
دفتر ۱۷۲
دفتر شيكات ۹٦
دفع ۹٦، ۱۸۰
دفع الأرجل ۲٥۱
دفع الحساب ۱۰٦
دقيق ۱۳۸
دقيق أبيض ۱۳۸
دقيق بني ۱۳۸
دقيق ذاتي النفخ ۱۳۹
دقيق عادي ۱۳۹
دقيق قوي ۱۳۹
دقيق من حبوب كاملة ۱۳۸
دقيقة ۳۰٤
دكان ۲۹۸
دكتوراه ۱٦۹
دلاية ۳٦
دلفين ۲۹۰
دلو ۷۷، ۸۲، ۲٦٥
دلو الثلج ۱٥۰
دليل ۱۸۱
دليل المتجر ۱۰٤
دمعة ٥۱
دمية ۷٥
دمية ترزي ۲۷٦
دنتلة ۳٥
دهن ۱۱۹
دهني ۳۹، ٤۱
دواء ۱۰۹
دواء للكحة ۱۰۸
الدواجن ۱۱۹
دواجن مفروضة ۱٥٥
دواسة ۱۱، ۲۰٦
دواسة تسريع ۲۰۰
دواسة فرامل ۲۰٥
دودة ۲۹٥
دور علوي ۲٥٤
دور علوي مكشوف ۲٦۰
دورات المياه ۱۰٤، ۲٦٦
دوران ۲۳۸
دورق ٦٥، ۱٥۱
دورق قياس ٦۹، ۳۱۱
دوري ۲۲۳
دوس ۲۰۷
دولاب خراف ۲۷٥
دومينو ۲۷۳
دون السوية ۲۳۳

د
داء السكري ٤٤
دائرة ۱٦٤
دائرة تنافسية ۲۲٤
دائرة قطبية شمالية ۲۸۳
دائرة وسط ۲۲۲، ۲۲٤، ۲۲٦
دائم الخضرة ۸٦
دائما ۳۲۰
داخل ۳۲۰
دار الجمارك ۲۱٦
دار النادي ۲۳۲
دارة لف الخرطوم ۸۹
داكن ۲۸٦
داكن ٤۱، ۳۲۱
دالية ۱٦
دامة ۲۷۲
الدانمرك ۳۱٦
دب ۲۹۱
دب الشجر ۲۹۱
دب قطبي ۲۹۱
دب كدمية ۷٥
دبابيس رسم ۱۷۳
دبابيس ورق ۱۷۳
دباسة ۱۷۳
دبرياج ۲۰۰، ۲۰٤
دبغ ٤۱
دبلوم ۱٦۹
دبور ۲۹٥
دبوس ۲۷٦
دبوس أمان ٤۷
دجاج مقلي ۱٥٥
دجاجة ۱۱۹، ۱۸٥
دحريج ۱۲۱
دخان ۱۳۰
درابزين ۱۹٦
درابزين أفقي ٥۹
درابزين رأسي ٥۹
دراجة ۲۰٦
دراجة بخارية ۲۰٤
دراجة تجوال ۲۰٦
دراجة تمرينات ۲٥۰
دراجة سباق ۲۰٥، ۲۰٦
دراجة لراكبين ۲۰٦
دراجة للجبال ۲۰٦
دراجة للشوارع ۲۰٦
دراجة للطرق الوعرة ۲۰٥
دراسات عليا ۱٦۹
دراسة ۱٦۰
درج ٦٦، ۷۰، ۱۷۲
درج متحرك ۱۰٤
درج نقود ۱۰٦، ۱٥۰
درجة الحرارة ۲۸٦
درجة جامعية ۱٦۹
درجة رجال الأعمال ۲۱۱
درجة سياحية ۲۱۱
درز ۳٤

خط بليمسول ۲۱٤
خط جانبي ۲۲۰، ۲۲٦، ۲۳۰
خط قضبان ۲۰۹
خط قطري ۱٦٤
خط وراء المرمى ۲۲۱
خطأ ۲۳۰
خطاب ۹۸
خطاف ۱۸۷، ۲۷۱، ۲۹۳
خطاف اللحم ۱۱۸
خطاف سمك ۲٤٤
خطر ۱۹٥
خطم ۲۹۳
خطوط ۱٦٥
خطيب ۲٤
خطية ۲٤
خفاش ۲۹۰
خفاف ۲۸۸
خفافة ٦۸
خفق ٦۷
خفيف ۲۲۱
خل ۱۳٥، ۱٤۲
خل المولت ۱۳٥
خل النبيذ ۱۳٥
خل بلسمي ۱۳٥
خل عصير التفاح المخمر
۱۳٥
خلاصات الزيوت ٥٥
خلاط ٦٦
خلاط أسمنت ۱۸٦
خلال ۲۲۰
خلع ٥۰
خلف ۲۲۰
خلفية ۲٥٤
خلنج ۲۹۷
خمسة ۳۰۸
خمسة عشر ۳۰۸
خمسمائة ۳۰۸
خمسون ۳۰۸
خميرة ۱۳۸
خندق ۳۰۰
خنزير ۱۱۸، ۱۸٥
خنزير مملح ۱۱۸، ۱٥۷
خنفساء ۲۹٥
خواضات ۲٤٤
خوخ ۱۲٦، ۱۲۸
خوخ أملس ۱۲٦
خوذة ۹٥، ۲۰٤، ۲۰٦، ۲۲۰،
۲۲۸
خيار ۱۲٥
خياط ۱۱٥، ۱۹۱
خياطة ۱۹۱
خيزران ۸٦، ۸۹، ۹۱، ۱۲۲
خيشوم ۲۹٤
خيط ۲٤٤، ۲۷٦
خيط للأسنان ٥۰، ۷۲
خيط مجدول ۸۹
خيمة ۲٦۷
خيوط جراحية ٥۲

خرط ٦۷
خرطوم ۸۹، ۹٥، ۲۹۱
خرطوم الامتصاص ۷۷
خرم ۲۷
خروج ۷٥
خروج السائل الأمنيوني
٥۲
خروف ۱۸٥
خريج ۱٦۹
خريطة ۱۹٥، ۲٦۱
خريطة لمبنى ۲٦۱
خريطة العالم ۳۱۲
خريطة قطارات الأنفاق
۲۰۹
خريطة مبنى ۲٦۱
خريف ۳۱، ۳۰۷
خزان ٦۱
خزان الماء ۲۰۲
خزان زيت ۲۰٤
خزان سائل الفرامل ۲۰۲
خزان غسالة الشباك ۲۰۲
خزان مبرد ۲۰۲
خزان وقود ۲۰٤
خزانة ٦۲، ٦٦، ۷۰، ۲٦۹
خزانة بقفل ۲۳۹
خزانة حفظ ملفات ۱۷۲
خزانة في الحائط ۷۱
خرف وصيني ۱۰٥
خس ۱۲۳
خشب ۷۹، ۱۸۷، ۲۳۳، ۲۷٥
خشب رقائقي ۷۹
خشب صلد ۷۹
خشب لين ۷۹
خشخاش ۲۹۷
خصار ۳٥
خصم ۲۲٦
خصم مباشر ۹٦
خصوبة ۲۰
خصيب ۲۰
خصية ۲۱
خضاضة الكوكتيل ۱٥۰
خضراوات ۱۰۷، ۱۲۲، ۱۲٤
خضري ۱۱٤، ۱۸۸
خط أحادي ۲۰۸
خط إرسال ۲۳۰
خط الاستواء ۲۸۳
خط البداية ۲۳٤
خط الرمية الحرة ۲۲٦
خط الضارب ۲۲٥
خط الطول ۲۸۳
خط العرض ۲۸۳
خط الفاول ۲۲۹
خط القاعدة ۲۳۰
خط اللمس ۲۲۱
خط المرمى ۲۲۰، ۲۲۳، ۲۲٤
خط النقاط الثلاث ۲۲٦
خط النهاية ۲۲٦، ۲۳٤
خط الوسط ۲۲٦

خيض ۲۰
حيوانات ۲۹۰، ۲۹۲، ۲۹٤

خ
خاتم ۳٦
خادم ۱۷٦
خارج ۳۲۰
خارج الحدود ۲۲٦
خاسر ۲۷۳
خاطئ ۲۳۱
خال ۲۳
خالة ۲۳
خالي من الرصاص ۱۹۹
خالية الدسم ۱۳۷
خامات ۷۹، ۱۸۷
خامس ۳۰۹
خانق ۲۰٤
خباز ۱۳۹
خبب ۲٤۳
خبز ۱۳۸، ۱٥۷
خبز أبيض ۱۳۹
خبز الذرة ۱۳۹
خبز الشيلم ۱۳۸
خبز الصودا ۱۳۹
خبز الكعك ٦۹
خبز بني ۱۳۹، ۱٤۹
خبز بيتا ۱۳۹
خبز عبري ۱۳۹
خبز فرنسي ۱۳۸
خبز فواكه ۱۳۹
خبز محمص ۱٥۷
خبز مخرط ۱۳۸
خبز مضاف له بذور ۱۳۹
خبز مفلطح ۱۳۹
خبز من حبوب كاملة ۱۳۹
خبز من عجينة محمضة
۱۳۹
خبز نان ۱۳۹
خبيصة ۱۱۱
ختامة ۱۷۲
خثرة بريد ۹۸
خثارة الليمون ۱۳٤
خجول ۲٥
خد ۱٤
خدمات ۹۳
خدمات الخادمة ۱۰۱
خدمات الطوارئ ۹٤
خدمات الغسيل ۱۰۱
خدمة العملاء ۱۰٤
خدمة الغرف ۱۰۱
خرامة ۱۷۳
خرخار ۲٤۱
خردل ۱٥٥
خردل إنجليزي ۱۳٥
خردل الحبوب الكاملة ۱۳٥
خردل فرنسي ۱۳٥
خرشوف ۱۲٤

جوكر ٢٧٣
جولة ٢٢٧
جولة مع مرشد ٢٦٠
جولف ٢٢٢
جيب ٣٢
جيب الألف ١٩
جيبوتي ٣١٧
جيد ٢٢١
جيصية ١١٠
جيل ٢٢
جيل الدش ٧٣
جينز ٣١

ح
حاطئ ٢٢٢
حاجب ١٤، ٥١، ٨٨
حاجب أشعة الشمس ٢١٥، ١٠٨
حاجبة تلف على بكرة ٦٢
حاجبة فينيسية ٦٢
حاجز ٢٥٦
حاجز أمان ٢٤٦
حاجز تصادم ١٩٥
حاجز فحص تذاكر ٢٠٩
حاجز هواء ٢٠٥
حادث ٤٦
حادث سيارة ٢٠٣
حار ١٢٤، ٢٨١، ٣٢١
حارة ٢٢٤، ٢٢٨
حارة الدراجات ٢٠٦
حارة خارجية ١٩٤
حارة داخلية ١٩٤
حارة وسطى ١٩٤
حارس أمن ١٨٩
حارس سجن ١٨١
حارس قاعدة ٢٢٨
حارس مرمى ٢٢٢، ٢٢٤
حارس وكيت ٢٢٥
حارق غازي ٦١
حاشية ٣٤
حاشية عشبية ٨٥
حاضرون ٢٧
حاضنة ٥٣
حافة ٢٠١، ٢٤٦
حافة رصيف ٢٩٨
حافة طريق ١٩٤
حافر ٢٤٢، ٢٩١
حافظة الخضراوات ٦٧
حافلة ١٩٦
حافلة سياح ١٩٧
حافلة سياحية ٢٦٠
حافلة صغيرة ١٩٧
حافلة كهربائية ١٩٦
حافلة مدرسة ١٩٦
حافلة مكوكية ١٩٧
حافلة من طابقين ١٩٦
حالب ٢١
حالة طارئة ٤٦

تصوير ۲۷۰
تصوير الأسنان بأشعة أكس ٥۰
تضميد الجرح ٤۷
تطريز ۲۷۷
تطعيم ٤٥
تطليل العين ٤۰
تعادل ۲۳۳، ۲۳۰
تعرض للضوء ۲۷۱
تعرف الفيلم ۲۷۰
تعريشة ۸۲
تعريشة أفقية ۸٤
تعلق على شراع ۲٤۸
تعليمات ۱۰۹
تعميد ۲٦
تغذي بالثدي ٥۳
تغذية بالتنقيط ٥۳
تفاح ۱۲٦
تفريسة ٤۸، ٥۲
تقاطع ۲۹۸
تقرير ۱۷٤
تقشير ٦۷
تقلص ٥۲
تقلصات ٤٤
تقويم ۳۰٦
تكاثر ۲۰
تكاثري ۱۹
تكبير ۲۷۱
تكدس مرور ۱۹٥
تكييف هواء ۲۰۰
تل ۲۸٤
تلسكوب ۲۸۱
تلغراف ۹۸
تلميذ ۱٦۲
تلميذة ۱٦۲
تليفزيون بشاشة عريضة
تليفونات داخلية ٥۹
تمارين أرضية ۲۳٥
تمارين رياضية ۲٥۱
تمثال صغير ۲۱۰
تمريرة ۲۲٦
تمساح ۲۹۳
تمساح أمريكي ۲۹۳
تمويج ۳۹
تمويل ۹۷
تموين ٦۰
تنزانيا ۳۱۷
تنره بأحذية بعجل ۲٦۳
تنس ۲۳۰
تنس ۱۲۰، ۲۸۷
تنس الريشة ۲۳۱
تنس طاولة ۲۳۱
تنسيق ۱۱۱
تنظيف جاف ۱۱٥
تنفس ٤۷
تنفس ۱۹
تنورة ۳۰، ۳٤
تهمة ۹٤، ۱۸۰

توائم ۲۳
توابل ۱۳۲
توا ۲٥۷
توبار ۲۸۸
توت ۲۹٦
توت أسود ۱۲۷
توت العليق ۱۲۷
توت لوغان ۱۲۷
توتر ٥٥
توجو ۳۱۷
توريد للمنزل ۱٥٤
توصيل ۹۸
توصيل بالأرض ٦۰
توقيت ۲۰۳
توقيع ۹٦، ۹۸
تونس ۳۱۷
تي شي ۲۳۷
تي شيرت ۳۰، ۳۳
تي كوندو ۲۳٦
تيار متردد ٦۰
تيار مستمر ٦۰
تيكيلا ۱٤٥
تيمور الشرقية ۳۱۹
تين ۱۲۹
تين شوكي ۱۲۸
تيوليب ۱۱۱

ث

ثالث ۳۰۹
ثامن ۳۰۹
ثان ۳۰۹
ثاني طابق ۱۰٤
ثانية ۳۰٤
ثدي ۱۲
الثديات ۲۹۰
ثرموس ۲٦۷
ثرموستات ٦۱
ثعبان ۲۹۳
ثعلب ۲۹۰
ثقب ۲۰۳، ۲۰۷
ثقب أسود ۲۸۰
ثقل ۲٤٤
ثقيل ۳۲۱
ثلاثة ۳۰۸
ثلاثة عشر ۳۰۸
ثلاثمائة ۳۰۸
ثلاثون ۳۰۸
ثلاثي الأشهر ٥۲
ثلاجة ۱۷
ثلث ساعة ۳۰٤
ثلج ۱۲۰، ۲۸۷
ثلج وليمون ۱٥۱
ثمانمائة ۳۰۸
ثمانون ۳۰۸
ثمانية ۳۰۸
ثمانية عشر ۳۰۸
ثمر الكبوسين ۱٤۳
ثمرة زهرة الآلام ۱۲۸

ثنية فرنسية ۳۹
ثوب الثلج ۳۰
ثوب فضفاض ۳۰
ثور ۱۸٥
ثوم ۱۲٥، ۱۳۲
ثوم معمر ۱۳۳

ج

جؤجؤ ۲۱٤
جائع ٦٤
الجابون ۳۱۷
جاذبية ۲۸۰
جار ۲٤
جاروف ۲٦٥
جاز ۲٥۹
جاف ۳۹، ٤۱، ۱۳۰، ۱٤٥، ۲۸۱، ۳۲۱
جاكيت ۳٤
جالون ۳۱۱
جامايكا ۳۱٤
جامبيا ۳۱۷
جامع ۳۰۰
جامعة ۱٦۸، ۲۹۹
جانب ۱۲۹
جانب ضحل ۲۳۹
جانب عميق ۲۳۹
جبال روكي ۳۱۲
جبس ۸۳
جبل ۲۸٤
جبن ۱۳٦، ۱٥۷
جبن أزرق ۱۳٦
جبن الماعز ۱٤۲
جبن جامد ۱۳٦
جبن رومي ۱٤۲
جبن شبه جامد ۱۳٦
جبن شبه طري ۱۳٦
جبن طازج ۱۳٦
جبن طري ۱۳٦
جبن قشدي ۱۳٦
جبن مبشور ۱۳٦
جبهة ۱٤
جبيرة ٤۷
جد ۲۳
جدار ٥۸، ۱۸٦
جداف ۲٤۱
جدة ۲۳
جدري الماء ٤٤
جدول أعمال ۱۷٤
جدول المواعيد ۱۹۷
جدول رواتب ۱٥۱
جدول مواعيد ۲۰۹، ۲۱۱
جدي ۱۸٥
جذر ٥۰، ۱۲٤، ۲۹٦
جذر الشوندر ۱۲٥
جذر القلقاس ۱۲٤

جذع ۲۹٦
جذور ۳۹
جرّاب ۲۷، ۲۹۱
جراب الذكر ۲۱
جراح ٥۸، ۱۹۹، ٤۸
جراحة ٤۹
جرّار ۱۸۲
جرّام ۳۱۰
جرانيت ۲۸۸
جرّارة ۱۱۰
جرجير ۱۲۳
جرجير الماء ۱۲۳
جرح ٤٦
جرذ ۲۹۰
جرس ۱۹۷
جرس الباب ٥۹
جرعة ۱۰۹
جرف ۲۸٥
جرو ۲۹۰
جري ۲٤۳
جريب فروت ۱۲٦
جريدة ۱۱۲
جريمة ۹٤
جريناد ۳۱٤
جرينلند ۳۱٤
جزء للمرتلين ۳۰۱
الجزائر ۳۱۷
جزار ۱۳٦، ۱۸۸
جزارة ۱۱٤
جزازة العشب ۸۸، ۹۰
جزر ۱۲٤
جزر البليار ۳۱٦
جزر الفوكلاند ۳۱٥
جزر القمر ۳۱۷
جزر سليمان ۳۱۹
جزر غلاغاس ۳۱٥
جزيرة ۲۸۲
جسر ۱٥، ۳۰۰
جسر مبشور ۱۳٦
جسر داخل البحر ۲۱۷
جدة ۱٥
جغرافيا ۱٦۲
جفت ۱٦۷
جفن العين ٥۱
جلد ۱٤، ۱۱۹، ۱۲۸
جلد الرأس ۳۹
جلدية ٤۹
جلود ۲۰٥
جليد ۲۸۷
جمارك ۲۱۲
جمال ٤۰، ۱٥
جمبري ۲۳٥
جمباز إيقاعي ۲۳٥
جمباز كبير ۲۳۱
جمبري مقشور ۱۲۰
جمجمة ۱۷
جمع ۹۸

جمع الطوابع ۲۷۳
جمل ۲۹۱
جملون ۳۰۰
جمنازيوم ۱۰۱، ۲٥۰
جمهورية أفريقيا الوسطى ۳۱۷
جمهورية التشيكا ۳۱٦
جمهورية الكونغو الديمقراطية ۳۱۷
جمهورية دومنيك ۳۱٤
جميل ۳۲۱
جن ۱٤٥
جن وتونك ۱٥۱
جناح ۱۱۹، ۲۱۰، ۲۹۳
جنازة ۲٦
جنبة مزهرة ۸۷
جندب ۲۹٥
جنزير ۱۸۹
جنوب ۳۱۲
جنوب أفريقيا ۳۱۷
جنين ٥۲
جهاز أشعة أكس ۲۱۲
جهاز إعداد الطعام ٦٦
جهاز إعداد القهوة ۱٤۸، ۱٥۰
جهاز إنذار ٥۸
جهاز إنذار بتصاعد دخان ۹٥
جهاز إنذار بوجود حريق ۹٥
جهاز استنشاق ٤٤، ۱۰۹
جهاز الرد على المكالمات ۹۹
جهاز تجديف ۲٥۰
جهاز تدرب على درج ۲٥۰
جهاز تلقين آلي ۱۷۹
جهاز جمنازيوم ۲٥۰
جهاز حلاقة كهربائي ۷۳
جهاز عرض ۱۷٤
جهاز عرض الأشعة ٤٥
جهاز فاكس ۱۷۲
جهاز لتمرين شامل ۲٥۰
جهاز مسح ۱۰٦
جهد كهربائي ٦۰
جو ۲۸٦
جواتيمالا ۳۱٤
جوارب ۳۳، ۲٥۱
جواز سفر ۲۱۳
جوالة ۱۲۸
جوالة ۲۰٥
جوجو ۲۳٦
جورب طويل ۳٥
جورب نسائي ۳٤، ۳٥
جوري ۲۹۹
جورجيا ۳۱۸
جوز ۱۲۹
جوز الطيب ۱۳۲
جوز الهند ۱۲۹
جوز جندم ۱۲۸
جوزيات ۱۲۹، ۱٥۱

عربي

بقدونس ١٣٣
بقرة ١١٨، ١٨٥
بقسمات ١٣٩، ١٥٧
بقشيش ١٥٢
بقلة ١٢٠
بقول ١٣٠
بكرة ٢٤٤، ٢٧٦
بكرة الدنتلة ٢٧٧
بكرة خيط ٢٤٥، ٢٧٦
بكرة فيلم ٢٧١
بلاتين ٢٨٩
بلاذر ١٢٩، ١٥١
بلاستر ٤٧
بلاطة ٥٨
بلجيكا ٣١٦
بلح ١٢٩
بلح البحر ١٢١، ٢٩٥
بلد ٣١٥
بلطة ٩٥
بلعوم ١٩
بلغاريا ٣١٦
بلوتو ٢٨٠
بلوز ٢٥٩
بلوزة ٣٤
بلوط ٢٩٦
بلياردو ٢٤٩
بلير ٣١٤
بليون ٣٠٩
بن ١٤٤، ١٨٤
بن مطحون ١٤٤
بناء ١٨٦، ١٨٨
بنت ٢٢، ٢٧٣
بنجلاديش ٣١٨
بنخل ٩١
بندة ٢٩١
بندة مطاط ١٧٣
بندق ١٢٩
بندق برازيلي ١٢٩
بندق كوينزلندة ١٢٩
بنزين ١٩٩
بنط ١٧٧
بنطلون ٣٢، ٣٤
بنطلون ركوب ٢٤٢
بنك ٩٦
بنكرياس ١٨
بنما ٣١٤
بني ٢٧٤
بنين ٣١٧
به رصاص ١٩٩
بهارات ١٣٢
البهاما ٣١٤
بهشية ٢٩٦
بواب ٨٥، ١٨٢
بوابة الرسوم ١٩٤
بوابة السلم ٧٥
بواسطة ٣٢٠
بوتان ٣١٨
بوتقة ١٦٦

براز ٢٩٥
بساط ٦٣
بستاني ١٨٨
بستنة ٩٠
بستوني ٢٧٣
بستيل ١٥٥
بسط ١٦٥
بسطات حلوة ١٣٤
بسكويت شوكولاتة ١٣٥
بسكوت ١١٣، ١٤١
بسكوت فلورينتين ١٤١
بسلة ١٢٢
بسلة خضراء ١٣١
بسلة مشقوقة ١٣١
بشروس ٢٩٢
بشنة ١٥
بصل ١٢٤
بصل أخضر ١٢٥
بصلة ٨٦
بصمة الإصبع ٩٤
بضائع ٢١٦
بطارية ١١٧، ٢٠٢، ٢٦٠
بطارية إضاءة ٢١٧
بطاطة حلوة ١٢٥
بطاطس ١٢٤
بطاطس الموسم ١٢٤
بطاطس محمرة ١٥٤
بطاقة ٢٧، ٨٩، ١٧٢
بطاقة ائتمان ٩٦
بطاقة الخصم المباشر ٩٦
بطاقة بريدية ١١٢
بطاقة حمراء ٢٢٣
بطاقة صفراء ٢٢٣
بطاقة مجاملة ١٧٣
بطاقة مكتبة ١٦٨
بطانة ٣٢
بطانة طلاء ٨٣
بطانية ٧١، ٧٤
بطانية كهربائية ٧١
بطيطة ١٨٥
بلاطة ١١٩، ١٨٥
بلدية ٢٩٢
بلع ١١٢، ١٢١
بلساق ١٣، ١٦

١٣٧
١٣٧

تأمل ٥٤
تأمين ٢٠٣
تاج ٥٠
تاجر الكاكاو ١٤٨
تاجر الوجه ٤٠
تاجر جواهر ١١٤، ١٨٨
تارت بالفواكه ١٤٠
تاريخ ١٦٢، ٣٠٦
تاريخ الإرجاع ١٦٨
تاريخ الفنون ١٦٩
تاريخ انتهاء الصلاحية ١٠٩
تاريخ في محكمة ١٨٠
تازمانيا ٣١٩
تاسع ٣٠٩
تايلاند ٣١٨
تايوان ٣١٩
تبادل عدة ضربات ٢٣٠
تبغ ١١٢، ١٨٤
تبن ١٨٤
تتبيلة ١٥٨
تتضمن الخدمة ١٥٢
تثبيت ٢٣٧
خط مرصص بالكرة ٢٢١
تجاوز ٢١٢
تجاوز وزن الأمتعة ٢١٢
تجبير العظم ٥٤
تجربة ١٦٦
تجمد ٢٨٧
تجمهر مهاجمين ٢٢١
تجميل ٤٩
تجهيزات المنزل ١٠٥
تحت ٣٢٠
تحترية ٩١
تحديد الفائز بالتصوير ٢٣٤
تحرك للأمام ٢٥١
تحرير مقلاع العدسة ٢٧٠
تحقيق ٩٤
تحكم عن بعد ٢٦٩
تحكم في الفتحة ٢٧٠
تحكم في سرعة الغلاق ٢٧٠
تحمل ٣١٠
تحميلة ١٠٩
تحميل ٣١٠
تحويل ١٩٥
تحويل بنكي ٩٦
تحيات ٣٢٢
تخت ١٦٢
تخطيط ٢٧٥
من النفايات ٦١، ٢٦٦
تخلص
تخييم ٢٦٦
تداوى ١٠٩
تدرج ٢٩٣
تدخين ١١٢
تدريب الملاكم ٢٣٧
تدريب عضلة الذراع ٢٥١
تدريبات ٢٥١
تدريم الأظافر ٤١
تدليك ٥٤
تدوين النوتة ٢٥٦
تذاكر يانصيب ١١٢

تذكارات ٢٦٠
تذكرة ٢٠٩، ٢١٣
تذكرة حافلة ١٩٧
تراب ١٩٦، ٢٠٨
تربة ٨٥
تربتين ٨٣
تربية بدنية ١٦٢
تردد ١٧٩
ترس ٢٩٤
ترفيل ١٤١
ترفيه ٢٥٢
ترفيه منزلي ٢٦٨
ترقوة ١٧
ترقيع ٢٧٧
تركمانستان ٣١٨
تركيا ٣١٦
ترمالين ٢٨٨
ترمبون ٢٥٧
ترمس ٢٩٧
ترمومتر ٤٥، ١٦٧
ترينيداد وتوباغو ٣١٤
تزحلق على الماء ٢٤١
تزحلق نفاث ٢٤١
تزلج ٢٤٦
تزلج متعرج طويل ٢٤٧
تزلج السرعة ٢٤٧
تزلج بتسابق نحو السفح ٢٤٧
تزلج بحذاء ذات عجل ٢٤٩
تزلج ترفيهي ٢٤٧
تزلج على الجليد ٢٤٧
تزلج على لوحة ٢٤٧
تزلج مركبة ٢٤٧
تزلج في وضع الجلوس ٢٤٧
تزلج متعرج ٢٤٧
تزلج مع القفز ٢٤٧
تزلج نحو السفح ٢٤٧
تزيين ٨٢
تزيين بنسيج مشبك ٢٧٧
تسجيل ٢٦٩،٣٢٠
تسعة ٣٠٨
تسعة عشر ٣٠٨
تسعمائة ٣٠٨
تسعون ٣٠٨
تسمم ٤٦
تسوس ٥٠
تسوق ١٠٢
تشاد ٣١٧
تشذيب ٨٧
تشغيل ٢٦٩
تشغيل للأمام ٢٦٩
تشكيل الخشب ٢٧٥
تشكيل ليلائم الوصف ١٨١
تشييلو ٢٥٦
تصحيح الجسم ذاتياً ٥٤
تصريح ركوب ٢١٣
تصريح صيد ٢٤٥
تصميم استوديو ١٧٨

أغسطس ٣٠٦
أغنية ٢٥٩
أغوانه ٢٩٣
إفراج مشروط ١٨١
إفرير ٥٨، ٣٠١
أفريقيا ٣١٧
أفضل ٣٢١
إفطار ٦٤
أفغانستان ٣١٨
أفقي ٢٧١
أفوكادو ١٢٨
أقارب ٢٣
إقامة كاملة ١٠١
اقتصاد ١٦٩
أقحوان ١١٠
إقليم ٣١٥
أكتوبر ٣٠٦
أكريما ٤٤
الأكل ٧٥
إكلير ١٤٠، ١١١
أكواب زجاج ١٥٠
إكوادور ٣١٥
آلات ٢٥٦، ٢٥٨
آلات النفخ ٢٥٧
آلات نحاسية ٢٥٧
آلات وترية ٢٥٦
الاسكا ٣١٤
الألب ٨٧
البانيا ٣١٦
ألبوم صور ٢٧١
آلة التشذيب ٨٨
آلة التصوير ١٧٨، ٢٦٠
آلة تصوير فيديو ٢٦٠، ٢٦٩
آلة حاسبة ١٦٥
آلة عرض علوية ١٦٣
آلة مثلث ٢٥٧
ألعاب القوى ٢٣٤
ألعاب المضرب ٢٣١
ألعاب النزال ٢٣٦
ألف ٣٠٩
ألف عام ٣٠٧
ألم أسنان ٥٠
ألم بالبطن ٤٤
ألمانيا ٣١٦
ألواح بعجل ٢٤٩
ألواح متوسطة الكثافة ٧٩
ألوان ٣٩، ٢٧٤، ٢٧٤
ألوان أكريليك ٢٧٤
ألوان زيتية ٢٧٤
ألوان مائية ٢٧٤
ألومونيوم ٢٨٩
إلى ٣٢٠
إلى الأمام ٢٦٠
ألياف ١٢٧
ألياف طبيعية ٣١
آلية تعليق ٢٠٣، ٢٠٥
أم ٢٢
أم أربعة وأربعين ٢٩٥

الإمارات العربية المتحدة ٣١٨
إمارة ٣١٥
أماكن الجلوس ٢٥٤
أماكن متوفرة ٢٦٦
أمام ٣٢٠
أمامي ١٦
إمبير ٦٠
أمة ٣١٥
امتحان ١٦٣
امتداد ٥٨
أمتعة ١٠٠، ١٩٥، ٢١٣
أمشست ٢٨٨
أمر محكمة ١٨٠
امرأة ٢٣
أمراض نفسية ٤٩
أمريكا الجنوبية ٣١٥
أمس ٣٠٦، ٣٢٠
أمعاء صغرى ١٨
أمعاء كبرى ١٨
أمن ٢١٢
أمواج ٢٤١
أمين مكتبة ١٦٨، ١٩٠
الآن ٣٠٤، ٣٢٠
إناء ١٣٤، ٢١١
إناء النفيخة ٦٩
إناء تكوين القشرة السمراء ٦٩
إناء محكم القفل ١٣٥
أناناس ١٢٨
أنبوب الهواء ٢٣٩
أنبوب فالوب ٢٠
أنبوبة ٢١١
أنبوبة اختبار ١٦٦
الإنترنت ١٧٧
أنتيغوا وبربودا ٣١٤
أنثى ٢٠، ١٢
أنجولا ٣١٧
أندورا ٣١٦
إندونيسيا ٣١٩
الأندير ٣١٢
إنسان ٥١
أنسة ٢٣
إنسولين ١٠٩
أنظمة داخلية ٦٠
إنعاش ٤٧
أنف ١٤
إنفلونزا ٤٤
أنفليس ٢٩٤
انقطاع التيار ٦٠
انهيار ٢٤٧
أنواع الحافلات ١٩٦
أنواع القطارات ٢٠٨
أنواع الكاميرات ٢٧٠
أنواع المزارع ١٨٣
أنواع من النباتات ٨٦
آنية خزفية ٦٩
أنيسون ١٣٣

أهلاً ٣٢٢

أوان زجاجية ٦٥
أوان فخارية ٦٤
أوبال ٢٨٨
أوبرا ٢٥٥
أوبو ٢٥٧
أوتار صوتية ١٩
أوتوماتيكي ٢٠٠
أوراق مالية ٩٧
أوراق شاي ١٤٤
أورانيوس ٢٨٠
أورجواي ٣١٥
أوروبا ٣١٦
أوريجانو ١٣٣
أوزان ٣١٠
أوزبكستان ٣١٨
الأوضاع ٢٣٢
أوغندا ٣١٧
أوقية ٣١٠
أوكالبتوس ٢٩٦
أوكرانيا ٣١٦
أوركسترا ٢٥٤، ٢٥٦
أول ٣٠٩، ٣٢٠
أول أمس ٣٠٧
أول طابق ١٠٤
أوسية ١٢٧
إيجار ٥٨
إيداع ١٤٢
إيران ٣١٨
أيرلندا ٣١٦
أيس كريم ١٣٧، ١٤٩
إيصال ١٥٢
إيطاليا ٣١٦
إيقاع ٢٥٧، ٢٥٩
إيقاف ٢٦٩
أيقونة ١٧٧
إيكيدو ٢٣٦
أيورفيدية ٥٥

ب
بؤرة خاطئة ٢٧١
بائع ١٠٤، ١٨٨
بائع الجرائد ١١٢
بائع الزهور ١١٠، ١٨٨
بائع سمك ١١٤، ١٢٠، ١٨٨
باب ١٩٦، ١٩٨، ٢٠٩
باب أمامي ٥٨
باب أوتوماتيكي ١٩٦
باب الدش ٧٢
باب الطاقم ٢٨١
باب خلفي ١٩٨
بابايا ١٢٨
بابوا غينيا الجديدة ٣١٩
باتيه ١٤٢، ١٥٦
باحة ١٦٨
باخرة ٢١٤
بادنة ١٥٣
باذنجان ١٢٥

بار ١٥٠، ١٥٢
بار مصغر ١٠١
بارافان ٦٣
بارجواي ٣١٥
بارد ٢٨٦، ٣٢١
باروك ٣٠١
بازلت ٢٨٨
باستا ١٥٨
باصون ٢٥٧
باقة ١١١
باقة أعشاب ١٣٢
باقة ورد ٣٥
بأقلام ١٣١
باكانيا ١٢٩
باكستان ٣١٨
باكيت ٣١١
بالة ١٨٤
بالضبط ٣٢٠
بالغ ٢٣
بالقرب من ٣٢٠
باليه ٢٥٥
بامية ١٢٢
بايتات ١٧٦
باينت ٣١١
بروني ١٤٢
بغاء ٢٩٣
بتسوانا ٣١٧
بتلة ٢٩٧
بتولا ٢٩٦
بث ١٧٩
بث عبر كابلات ٢٦٩
بثرة ٤٦
بجانب ٣٢٠
بجعة ٢٩٣
بحار ١٨٩
بحث ١٦٩
بحر ٢٦٤، ٢٨٢
البحر الأبيض المتوسط ٣١٣
البحر الأحمر ٣١٣
البحر الأسود ٣١٣
بحر البلطيق ٣١٣
بحر الشمال ٣١٣
بحر العرب ٣١٣
البحر الكاريبي ٣١٢
بحر قزوين ٣١٣
بحيرة ٢٨٥
بخاخة ٨٩
بداية ٣٢١
بدر ٢٨٠
برزوم ٥٨
بدق ٧٩
بدن ١٢
بدن طلاء
بدون
بدون
بدون ثلج
بدون سرائح ،

بذر ١٣٠
بدلة ٢٠، ٣٢
بدلة تدريب ٢٢
بدلة ترلج ٢٤٦
بدلة رياضية ٣١
بذور ٨٨، ١٢٢، ١٢٧، ١٣١
بذور الخردل ١٣١
بذور الخشخاش ١٣٨
بذور السمسم ١٣١
بذور الشمار ١٣٣
بذور الفلفل الأسود ١٣٢
بذور القرع ١٣١
بذور عباد الشمس ١٣١
برى ١٨١
البرازيل ٣١٥
براندي ١٤٥
براية ١٦٣
بربادوس ٣١٤
البرتغال ٣١٦
برتقال ١٢٦
برتقالي ٢٧٤
برج ٣٠٠
برج التحكم ٢١٢
برج سباح الإنقاذ ٢٦٥
برج قيادة ٢١٤
برج مراقبة ٢١٥
برجل ١٦٥
برد ٤٤، ٢٨٦، ٢٨٦
برسيم ٢٩٧
برسيم حجازي ١٨٤
برعم ١١١، ٢٩٧، ١٥٥
برغر ١٥٤، ١٥٥
برغر دواجن ١٥٥
برغر نباتي ١٥٥
برغل ١٣٠
برق ٢٨٧
برق ١٣٦
برقوق ٢٦٤، ٢٨٢
برقوق مجفف ٢٩
بركان ٢٨٣
بركة ٨٥
بركة خ...
البرها...
بر...

بطري...
بطريق ...
بطولة ...
بطولة أخ...
بعد ٣٢...
بعد غد ال...
بعد الظهر ٣٠٥
بعض ٣٢...
بعوضة ٢٩...
بقالة ١١٤

357